傅野 著

改革

中國的重生之路

目次

前言

向歷史深處找尋

這是一本醞釀了將近四年的書。

大概是在二〇〇六的十一月份，那時候中央電視臺黃金時間正在熱播一部叫《大國崛起》的十二集紀錄片。看完後我便有了寫這本書的念頭。

這是中央電視臺第一部以世界性大國的強國歷史為題材並跨國攝製的大型電視紀錄片。中國的幾代領導人都曾反覆強調：中國的發展，要吸收和借鑒全人類的文明成果。

二〇〇三年十一月，中共中央政治局進行了第九次集體學習，學習的內容是：世界上九個主要國家自十五世紀以來的興衰史。

基於這樣的政治背景，中央電視臺推出了十二集電視系列片《大國崛起》來解讀十五世紀以來世界性大國崛起的歷史，探究其興盛背後的原因。

十五世紀以來，隨著美洲新大陸的地理大發現，世界各國開始相互認識、瞭解和競爭。在近現代，有九個國家在不同的歷史時期先後登場，對人類社會發展產生了重大影響。它們是：葡萄牙、西班牙、荷蘭、英國、法國、德國、日本、俄羅斯、美國。

我們其實都生活在歷史的延長線上。「一切歷史都是當代史」，這是義大利著名歷史學家克羅齊一九一七年提出的一個著名命題。

一九四七年一月，美學家朱光潛先生在〈克羅齊的歷史學〉一文中探求克羅齊的史學思想時，曾對這一命題做了如下闡述：沒有一個過去史真正是歷史，如果它不引起現實的思索，打動現實的興趣，和現實的心靈生活打成一片。過去史在我的現時思想活動中才能夠復蘇，才獲得它的歷史性。所以一切歷史都是現時史。注重歷史的現時性，其實就是注重歷史與現實的聯貫。

六十多年過去了，朱光潛對克羅齊這一命題的認識，現在仍然深刻地啟示著我們。

事實上，央視《大國崛起》的熱播，不過是美國政治歷史學家保羅·甘迺迪一九八五年出版的《大國的興衰》一次中文的影像版的演繹。

一個國家的復興，不是要去遺忘自己的歷史，然後沉浸在一次次簡單粗暴複製異國模式的集體性狂想中。

英國歷史學家威爾士在他的《大國的崛起》中這樣論斷：世界強國的崛起都有著各自的方式，但它們之間有些東西是相同的，那就是勇敢進取改革的精神，以及這個社會寬容大度的心態。

威爾士的追問和探究，得到了美國華裔學者艾米蔡（美國著名的「虎媽」）的回應。蔡在她的《大國興亡錄》中論證並揭露了一個令人入迷的事實：儘管統治世界力量各不相同，但是至少有一點是相通的，那就是它們因為寬容而成功、因狹隘而衰落。

當下中國正走在中華民族偉大復興的道路上，中國的富強，將創造人類發展史上的重大事件，這一過程深刻影響著世界格局。近代以來一百六十多年的追趕，使我們更需要去探索自己的一條強國富民的憲政之路。

三十多年前，鄧小平將改革開放的使命，嫁接到自「洋務運動」開始的中國現代化的整體進程之中。於是我們看到了他的愛國情懷、國際視野背後的歷史高度和良苦用心。

那麼，在中國的現代化進程中，應該以什麼樣的胸懷和態度來看待我們自己數千年歷史進程中的那些興衰的改革之道？

要知道，我們曾經的漢唐風韻也曾引領過世界潮流，中華文明也曾閃耀於世界之林。中國當下的發展，又可以從中借鑒什麼樣的經驗和教訓？

當我帶著這些問題，試圖在中國浩如煙海的書本中尋找答案時，發現沒有一本完整的關於這些問題的案例研究。

一切的改革其實都是從案例出發。關於那些久遠的改革故事，如零星的煙火消散在歷史深處，消失在人們選擇性遺忘的記憶裏。那些曾經引領時代的先知們，要麼躺在地下還被人爭議，要麼還釘在歷史的恥辱冊上被人謾罵。

一個國家的變革史，那些改革者的命運與警示，也應該是一個大國能夠得以崛起的一部分吧。

中國式改革啓示之一：改革人治化難題依然沒有破解

從商鞅到張居正，從呂日周到仇和。好像是個悖論：改革能夠得以成功的推動者，都無一例外的被打上了人治的烙印。

中國幾千年的改革史，人治始終是一個無法迴避的話題。

一方面，改革的推行，必須需要一定的威權基礎，否則，在中國強大的慣性思維面前，一切的美好設想只能夠是紙上談兵。

但改革者一旦沾染上人治的色彩，個人的命運也往往難逃悲劇的命運。變法最後也人亡政息。歷史已經無數次證明了這樣的擔憂，那些時代的先知們前仆後繼地付出了血的代價。

商鞅被車裂的畫面至今仍被歷史定格，張居正死後被官員們爭先恐後的彈劾清算都讓後來者們心有餘悸，仇和的鐵腕至今還在喋喋不休的爭論。儘管作為一個個體，他們有著自身的這樣或那樣的原因，但真正給他們帶來傷害的還是人治這一改革者揮之不去的魔咒。

人治是一個變革時代的必然產物，它映襯出的是中國幾千年改革政治制度設計的一次次缺席。

中國幾千年來的集權統治，存在於這樣一個獨特的政治環境中。幾千年的歷史，一直處在激烈的巨變中，改朝換代頻現，制度化的建設一直落後於時代，不但沒有建設發展，反之一直處於被破壞中。

即使在西方，現代經濟學奠基人凱恩斯對此也不得不發出這樣的人生感慨：從長遠觀點看，我們都已經死去。個人利益是短暫的，制度利益才是長久的。

亞里斯多德說：對於民主政體或寡頭政體同樣適用的真正上策，不是他們最大限度的權力膨脹，而是確保他們延續最長久受命的制度政策。

主政昆明的仇和對人治給出了這樣的答案：用人治推動法制，用不民主推動民主。

這算不算對中國現實的一種無奈？

在今後制度還沒有完善的相當長時間裏，改革者們如何才能夠長袖善舞的遊刃在改革與體制之間，輿論與民眾之間，這將極大的考驗著他們的政治智慧。

坦白的說，其實這是一個非常危險的政治遊戲。沒有一個人能夠保證，在這場關乎生死的遊戲中誰將能夠笑到最後。所以我們看到了張居正內心裏最為脆弱的一面，戰戰兢兢，如履薄冰。我們也看到了仇和無可奈何的詰問：為什麼人們總是把改革者只分成好人和壞人？

國家的崛起，進步，公平與正義，取決於社會、市場和權力這幾種力量的制衡。權力失控，市場微弱，社會空轉，這是中國改革三十多年來面臨的最大挑戰。

是繼續強化權力的控制，還是尋求權力制度化的變革？

溫家寶在二〇一〇年八月二十七日〈全國依法行政工作會議上〉給出了解釋：加快建設法治政府是政府建設和反腐敗的重要舉措。我們必須認識到，在和平建設時期，執政黨的最大危險是腐敗。而孳生腐敗的根本原因是權力得不到有效監督和制約。這個問題解決不好，政權的性質就會改變，就會「人亡政息」，這是我們面臨的一個極為嚴峻的重大考驗。

制度化的建設已經迫在眉睫。一旦成熟，這將會是一個國家和一個改革者的雙贏局面。

中國式改革啓示之二：改革高潮仍沒有到來，保守勢力仍然強大，改革需新引擎

英國歷史學家湯因比在研究過二十一種在歷史上曾出現過、後來相繼消亡的文明，他給出的結論是：這些文明死亡的原因，無一例外，都不是他殺，而是自殺——他們失去了創新的活力，被歷史淘汰出局。

經過這麼多年的改革開放，中國的改革似乎又進入了一個十字路口。中國向何處去？這是許多有識之士不得不思考的一個國家命題。

上世紀八〇年代，改革成為當時中國的一個流行詞，在中央的號召下，地方上的主政者們，無數次舉起改革的大旗，整個大地都燃燒起改革的火焰。從早期北方內蒙古卓資縣的張楚，到主政南方福建的項南，改革以星火燎原之勢席捲整個中國。

然而，放眼當下中國，改革之火已經暗淡。一度活力四射的中國社會呈現出少有的疲態。整個社會對改革的共識越來越少，對改革者的批評爭議越來越大，人們對公共政治事務已經沒有了熱情，整個民眾沉浸在大國崛起和中國模式的自大中，沉浸在一片大好形勢的承平歌舞中。民族主義甚至是民粹主義開始抬頭，拒絕創新、拒絕學習，這已成為改革的一大阻力。

不可否認，出現仇和這樣的地方改革者們並不難，難的是出現一批仇和式的職業改革家。在當下的政治生態中，推動改革仍然是一項風險極大的職業。

如何讓改革者群體輩出？建立科學合理的評估體系，這將成為執政黨首先要考慮的問題，如果沒有一批務實創新的改革家，談國家復興還為時尚早。

幾千年的歷史一再證明，儒學在中國創新變革中一直成為主要的反對力量。儒學盛行的年代，盛行的地方，改革的阻力就越大，反之亦然。

儒家強調的自我修行和自我反省，遮蔽了這樣的一個可怕的歷史事實：由於他們自己過於相信道德榜樣的力量，他們對任何國家內部變革，都曾表示出不屑一顧的懷疑。

這種敵對，曾經在帝國的歷史中反覆出現。他們把從儒家分裂出來的務實派改革官員視為儒家的叛徒。於是我們看到了這樣的一幕：當北宋宰相王安石試圖改革時，那些大儒們一個個不由分說的向他舉起了屠刀，中國歷史上一個個偉大的文化巨匠們，開始淪為改革的殺手。

這些儒生們不相信任何的法律與制度，他們只迷戀個人內心的修為，他們所有的行為只信奉孔子所說的：用政令來治理百姓，用刑法來整頓他們，老百姓只求能免於犯罪受懲罰，卻沒有廉恥之心；用道德引導百姓，用禮制去同化他們，百姓不僅會有羞恥之心，而且有歸服之心。

隨著資訊化時代的來臨，人們漸漸迷失了自己。如今儒學再次席捲國人，但一個負面的影響則是在很大程度上束縛著人們變革求新的思維發展。

一個封閉的國家註定是失敗的，將會被創造力所打敗。創造力產生競爭，它使人們總是想競爭、想做得更好。

我們可以從中得到這樣的反思：對於國家，歷史性的機遇稍縱即逝，它只屬於那些引領潮流的開創者。

正如湯因比所言，失去了創新的國家，終究會被歷史淘汰。

中國式改革啟示之三：社會對改革者缺乏必要的寬容

鄧小平說：改革是第二次革命，需要摸著石頭過河。這就決定了改革的複雜性和艱巨性。按照美國諾貝爾經濟獎得主科斯的理論，改革是對現有體制弊端的一次顛覆，是對各級階層和政治勢力產權交易的重新界定。肯定將會遭到既得利益集團的攻擊與圍剿。沒有任何一次的改革都是皆大歡喜的，引發衝突與爭議肯定無可避免，偶然的失誤也在情理之中，時代的發展總是交錯著這樣的規律。

如果說兩千四百年前，當商鞅推動新法，人們反對尚可理解，那麼今天，當呂日周基本安全著陸（轉到省政協工作）之後，曾感歎說，「看看歷史上的改革者們，我的遭遇已經算很好了，好歹算是提拔了，這也算是組織對我的一種肯定，我非常感激」，就有些不可理喻了。

甚至在一九九二年，鄧小平南巡講話以後，國內的一些思想界和輿論界，對鄧小平發動的這場現代化改革仍頗有微詞。

這一年，以哈耶克為代表的自由派經濟學家開始佔據了西方政府的財政政策，凱恩斯高度集中的經濟政策的技巧開始消退。

在經過各自的經濟挫折後，中國和西方都開始冷靜的審視了自己的財經政策。曾經兩個敵對的陣營，小心翼翼地越過意識形態上的錯位對壘，哈耶克和鄧小平，基於對市場的共同認識，他們隔空找到了交集。

曾一手推動了銅陵改革的現任中共中央政治局委員、廣東省委書記汪洋說：可以允許失敗，但不允許不改革。

不能一有爭議就否定改革者，繼而否定改革。

如果說在以前，對改革者持批評態度的是改革者本身所處的對立的利益集團，強大的儒生利益；那麼現在，對改革者普遍持批評的則是一向自詡為民意代表的大眾媒體。

中國的新聞媒體曾在改革開放中發揮著舉足輕重的作用，為改革搖旗吶喊，使得改革得以在全國深入人心，風起雲湧。

二〇〇三年，曾一手推動了輿論風暴的山西長治市委書記呂日周，在仇和昆明新政的調研中特別提出了這樣一個讓人警醒的問題：要控制社會媒體對改革者無休止的批評，為改革者營造一個良好的外部環境。

事實上，如果辯證的看待改革者本身所具有的爭議，如何站在國家和歷史的高度與深度，看到因為改革而帶來各階野之間的分歧，已經成為社會大眾媒體需要不斷學習的一個新課題。

由於媒體本身擔負有社會公器的職責，媒體對改革發出的任何聲音應該慎之又慎。而現在，媒體因為本身競爭的加劇，本身從業人員綜合素質的普遍欠缺，狹隘、浮躁、越俎代庖、迂腐的書生意氣、缺乏對中國歷史和中國政治現實土壤的瞭解，這已經成為一種媒體幼稚病。媒體本應擔負起改革啟蒙者的角色，卻變成了守舊勢力和過於脫離中國當下政治現實粗暴反對改革的工具。

如果不是得到群眾和高層的支持，仇和推動的系列新政，勢必在媒體密集的批評聲中宣告失敗。

在風雨如晦的漫長歲月裏，一代代的先知先行者們，為了完成強國富民的宏願，完成天下一統太平的藍圖，他們在那個時代所表現出來的種種狂想與熱情，甚至他們的瑕疵與幼稚。我們應該給予足夠的善意引導和耐心。

我們至今缺少一種真正從骨子裏對這些改革者們起碼的寬容，缺少對歷史深處的敬畏與敬意，缺少一種對國家蒼生的擔當。

如果我們要建成一個更好的世界，我們必須要有從頭做起的勇氣——即使意味著欲進先退。這是奧地利經濟學派自由主義代表人物哈耶克給出的忠告。它或許會給我們當下的改革帶來另外一種啟示。

中國式改革啓示之四：知識份子獨立參與社會改革依然沒有找到出路

清朝思想家魏源，曾就知識份子和國家的關係提出這樣一個著名的論斷：至治之世，士在公孤；小康之世，士在僚采；傾危之世，士在游寓；亂亡之世，士在阿谷。

魏源以深刻的社會洞察力給世人勾勒出一幅知識份子與國家命運的歷史掛圖。每當中華民族歷史的關頭，遭遇重大危機而要革新時，中國的那些知識份子們基本上都躲在深山遠谷裏忙著「採菊東籬下」了。

中國國家的歷史使命，知識份子至今還缺乏一種真正的國家責任的擔當。孔子說：天下有道則見，無道則隱。

法國偉大的思想啟蒙者盧梭卻認為：如果大臣的能力、法律的智慧甚至無數居民，都不能夠保護國家免受愚昧和侵害，那麼代表這個國家的智者又有何用？

我們也看到了這樣一幕：當中國古代知識份子的傑出代表王莽試圖依靠自己的專權去建立一個社會理想國時，最後發現那不過是一個幻滅的烏托邦。當康有為和梁啟超試圖以自己聖人理想去建立一個「大同社會」時，到最後才發現那不過是自己的黃粱一夢。

華裔歷史學家張灝對此一針見血地指出：中國傳統的政治理想期盼道德成就卓越者擔任政治領袖，其極致即聖人為王，這意味著政治領袖不但應該管理政治事務，而且要作精神導師。儒學始終未放棄人能成聖成賢的信念，認為政治權力可由內在德行的培養去馴化。傳統儒者雖表現出極高的「抗議精神與批判意識」，但並未能將此精神與意識轉為客觀制度的構想。

「烏托邦」一詞幾乎成為中國知識份子參與政治的專利。初登權力時的自信膨脹、挫折時的自暴自棄，構成了中國知識份子參與改革的政治基因。所有的宿命，其實都是這些知識份子們自身性格的投照。

中國千年的歷史表明：知識份子在強大的政治面前，常常頭破血流。獨立問政改革需要一段漫長的道路要走，在這條崎嶇的路上，他們應該堅持合作而不抵抗，補充而不僭越，聯盟而不孤絕，批評而不殺戮的政治立場。這樣他們才能夠安全著落，進退有保。戊戌新政的失敗，也是光緒和一幫知識份子對政治常識無知導致的一場改革悲劇。

晚年的梁啟超後來回憶他自己在戊戌變法中那段充滿青春激情的歲月時自責道：自己知識份子式的自我放縱、膚淺和前後矛盾最終摧毀了那場歷史變革。

曾一同參與這次變法的另外一個重要人物張元濟也曾回憶這一幕說：那時我們希望通過變法來改變國家的命運，到最後卻發現最後是一場夢。

許多年後，已經遠離了政治的張元濟，創辦了後來的商務印書館。他以自己的一次政治幼稚的失敗，回歸到了一個書生的本業中去了。

曾經和康有為有過短暫人生交集的孫中山則對此評論說：戊戌新政不過是一群迂腐無用的書生導演的一場鬧劇。

一手締造了新中國的毛澤東談到戊戌變法失敗時，則把康梁這樣的知識份子作為一個失敗的烏托邦的實踐者而提及——一個預見到變革但缺乏實際手段的一群人。

儘管如此，康梁等知識份子的一次國家救贖，仍然是當時知識份子階層的一次偉大超越。那時的知識份子就和當下一樣，不是虛無憤青的自戀，就是淪為權貴的掮客。

一九三九年，在紀念五四運動二十周年的大會上，毛澤東甚至告誡說：「知識份子如果不和工農民眾相結合，則將一事無成」。

從士人到知識份子，從傳統社會到現代中國，在這歷史的轉折時刻，在承擔批判社會的同時，想要繼續擔當社會啟蒙者的同時，知識份子自身進行必要的自我反省和救贖已很有必要。

如果有一天，改革拋棄了知識份子，那首先是知識份子放棄了自己的國家與歷史使命。

中國式改革啓示之五：改革一旦停滯，社會必將會進入劇烈震盪期

我們先看歷史上最為著名的幾次改革因為停滯而引發的歷史劇變，這樣一組觸目驚心的資料：

西元九年，王莽正式稱帝，進行新政改革，遭遇層層阻撓。西元二十三年，王莽被殺。歷時八年的王莽變法失敗。西元二十五年，農民起義領袖劉秀建立東漢。

西元八〇五年，唐朝王叔文為首的永貞革新失敗。五十四年後，浙東首領裘甫聚眾起義。八七四年，王仙芝率眾數千人在長垣（河南長垣縣）起義。次年，黃巢率眾數千人回應王仙芝，在冤句（山東菏澤縣西南）起義。創造了無數中華文明的龐大唐帝國，很快在農民起義中解體了。

西元一〇八二年，和王安石一起發動變法的宋神宗病逝，哲宗繼位。新法悉數被廢，歷時十六年的變法宣告失敗。四十五年後，也就是一一二七年，不可一世的文藝大國大宋在金人的鐵蹄下迅即傾覆。

西元一五八二年，張居正病逝。萬曆親政，罷黜張居正十年推行的新法。四十六年後，明崇

禎元年，也就是一六二八年，爆發李自成、張獻忠等農民起義。一六四四年，大明帝國覆滅。

西元一八九八年九月，慈禧率先發動政變，光緒帝被囚，康有為梁啟超亡命海外。一百零三天的戊戌變法失敗。十四年後，一九一二年，清帝國在革命炮火中結束了歷史使命。

我們看到了中國歷史上可怕的一幕：成功的改革不多，成功的暴力革命很多。一旦改革停滯不前，由此帶來的負面效應將被放大，一個甲子內，社會必將發生大的劇烈震盪，革命很有可能成為改革的替代品。

成功的改革家必須是超一流的政治家，成功的革命家只要二流的政治家即可。這是基於中國特有的政治生態。因此對改革家的寬容與保護尤顯可貴。

奠定美國現代政治思想學說的亨廷頓對此有著極為精闢的認識和分析：改革者的道路是艱難的。改革者不僅要比革命者更純熟地駕馭社會勢力，而且還必須更精確地控制社會變化。改革者不但要比革命者更善於操縱各種社會力量，而且在對社會變革的控制上也必須更加老練。他著眼於變革，但又不能變得太徹底；他要求逐步變革，而不是劇烈的變革。革命者對任何一種變動和混亂多少都會感到興奮，革命者長於破壞、推翻一個社會架構，而疏忽調整、建設一個社會架構；而一個改革者卻必須有選擇，有鑒別，比起革命者來，他要把更多的注意力放在變革的途徑、手段和時機上。他和革命者一樣，都關心各種變革之間的關係，但這些關係後果，對於他來說比對於革命者來說，意義卻更為重大。

正如著名政治經濟學家赫希曼所言：改革是一種變化，這種變化導致現存特權集團的權力受到抑制，而非特權集團的經濟和社會地位則相應的得到改善。

如果說，中國今天的改革開放，能夠取得如此輝煌的成就，那麼和三十多年前的那場農村土地承包改革則密不可分。

隨著中國的改革向縱深全面推進，中央政府更應該進一步解放思想，繼續強化農村改革的力度。繼續把三農問題作為國家的重中之重，加大農村鄉村結構建設和公共基礎的投入。當今許多地方政府熱衷於積極推進農村小城鎮化建設，因為地方政府動用公權力強制拆遷，導致了眾多群體性事件頻發。如果大量的農民離開自己的土地，生活沒有得到制度性保證，成為城市的無業流民後，則是一個非常危險的信號。中央政府對此應該給予高度重視。

亨廷頓在研究了中外歷史後對此告誡說：在現代化政治中，無論是在西方還是東方，對政治秩序起決定性作用的並不是知識份子和官僚階層，而是農民，農村扮演著關鍵性的鐘擺角色。如果農村支持現在存在的政治制度和政府，那麼該制度和政府就可免遭革命之虞。沒有哪一個社會集團會比擁有土地的農民更加保守，也沒有哪一個社會集團會比失去賴以生存的土地的農民更加想要革命。因此在某種意義上說，一個處於現代化之中的國家政府的穩定，端賴於它在農村推行改革的能力。

鄧小平在一九八四年就對此就有清醒的認識並發出過這樣的警告：如果我們像今天這樣，至少能使百分之八十的人穩定在農村，我們也許就解決了百分之八十的問題。我們必須設法防止他們流入城市。

因此，可以這樣毫不誇張地說：農村改革是中國推動一切改革的大後方，它的成敗穩定，將直接攸關這個國家未來的前途命運。

三十年前的鄧小平，預見了如果沒有政治體制改革，經濟體制必然深化不下去。這一現實不幸被言中。

必須承認，無論在西方還是在東方土地上，凡是物質現代化都需要有一個政治框架的保障。只要是伴隨過去三十年中國一路走來的人們，以及與今天的中國現實仍有接觸和感知的人們，都會深知其中的艱辛和無奈，也能對這份無奈抱有一份深深同情與理解。

中國的政治和經濟現實中，也正以不同的形式、相同的邏輯，然而卻是更為密集和激烈的形態呈現出來。

於是我們看到了這樣的一幕：社會各階野之間的貧富正在被拉大，權力性腐敗橫行，群體事件正借助現代傳播頻現於人們的視野，維持穩定成了政府的頭號政治任務，社會正逐步走向撕裂的對立。

在過去數百年西方現代化的歷史上，法治、公民自由和政治民主被證明是適合西方現代化的政治框架。在東方文化土壤上，中國的現代化是迄今對東西方經濟、政治和文化秩序唯一產生深刻衝擊的趨勢。

怎麼辦？

解決這一系列極為棘手的社會問題，唯一的手段只有一個：改革，改革，改革。

只有通過國家內部進一步深化改革，進行市場和權力制度化的重新界定，建立公平正義的和諧社會。

基於這樣的現實，當下進行政治體制的改革已經顯得緊迫。

胡錦濤二〇一〇年九月六日在〈深圳特區成立三十周年慶祝大會〉上強調：要堅定不移深化改革，提高改革決策的科學性，增強改革措施的協調性，全面推進經濟體制、政治體制、文化體制、社會體制改革，努力在重要領域和關鍵環節改革上取得突破。

溫家寶二〇一〇年八月二十一日也在深圳考察時以罕見的語氣這樣強調：必須永遠牢記，只有堅持推進改革開放，國家才有光明前途。我們要頭腦清醒、明辨是非，堅定信念、增強信心。要繼續解放思想，大膽探索，不能停滯，更不能倒退。停滯和倒退不僅會葬送三十多年改革開放的成果和寶貴的發展機遇，窒息中國特色社會主義事業的勃勃生機，而且違背人民的意志，最終只會是死路一條。

中國向何處去？

顯而易見的是，擺在中國目前可供選擇的路徑第一是改革，第二是改革，第三仍然是改革。

沒有人能夠斷言，處於矛盾、變革種種複雜境地中的一個國家，最終將會走向哪裡。但我們知道，歷史不會回頭。

也沒有人能夠預測，在制度、權力、經濟、文化等等的合力作用下，一個國家還有多少可以被激發的潛能。

我們只知道，未來總在想像之外。

四年後，當我梳理完中國的兩千四百年歷史時，我驚呆了：一個民族從來沒有中華民族這樣如此的反覆輪迴，一個民族也從來沒有中華的那些先知們前仆後繼擔負起國家的重任，但一個民族也從來沒有中華民族這樣的頑固保守。我們從兩千四百年前，走到今天的每一步，都曾是如此的艱難。

當十七世紀的曙光，照耀在遙遠的歐洲荷蘭，那裏誕生了第一家股份制公司時，在遙遠的中國，大明帝國的主政者萬曆，還沉浸於清算改革者張居正的喜悅中。

四十二年後，大明帝國覆滅。而新中國的股份制的現代企業制度，直到二十世紀六〇年代在浙江溫嶺，才初現端倪。

鄧小平發動的改革開放，很大程度上就是國家生產力一次次的解放。

耶魯大學史景遷教授在考察中國歷史時得出這樣的結論：我們所考察的歷史在其演進的過程中，充滿了崩潰和重構、革命和進化、征服和發展的循環交替。

曾強烈反對王安石變法的大文學家蘇軾，幾經沉浮，晚年不得不發出對歷史這樣的人生感慨：不用思量古今，俯仰今昔人非。

改革是把雙面刃，它是一道明亮而耀眼的傷痕，它昭示著這個國家曾經撕裂的傷口，也預示著一個國家復興的起點。它是國家那些先知們發出的無限惆悵，也是民族走向救贖新生的吶喊。

我常常在無數個夜晚，在穿行歷史中詰問自己：我們曾創造了五千年的文明真的夠寬容嗎？

我們一向自我標榜為大國國民，真的富於創新進取精神嗎？

一個當下無可迴避的事實是：我們越來越自大自戀，越來越膚淺無知，越來越苛刻功利。拋開過去的歷史不說，我們今天所做的一切，真的符合大國崛起的要素嗎？

在這個時候，我總會點燃一枝煙，然後陷入無盡的哀傷與絕望。

奧地利著名作家茨威格在《人類群星閃耀時刻》一書這樣寫道：一個人命中最大的幸運，莫過於在他的人生中途，在他年富力強的時候，發現了生活的使命。

茨威格的話，給了我無數次的安慰，這大概是我寫這本書的真正意義所在吧。

還好，我還年輕。我經常拿這樣的話安慰自己，我還可以這樣一直的寫下去。因為我也發現了我的使命。

早在一八一七年，英國人口學家湯瑪斯・馬爾薩斯在給其好友、英國經濟學家大衛・李嘉圖的信中寫道：「探尋國富國窮的原因是政治經濟學一切研究的重中之重」。

英國首相邱吉爾說：你能看到多遠的過去，你就能夠看到多遠的未來。

我試圖通過梳理中國這兩千四百年的改革歷史，把它放在整個世界的一個時間刻度上，來尋找一條屬於中國人自己的大國興衰的存亡之道，尋找這個國家得以生生不息的成長密碼。

法國哲學家、作家羅蘭・巴特感歎道：我對歷史的本質始終迷惑不解。

通過四年的努力，我似乎找到了一直糾纏巴特的謎題。

每當這個時候，我總能記起美國詩人艾略特的這首詩：

我們不停的探索，
所有探索結束時，
都是物歸初始，
都是此境初識，
他依然還在探索。

二〇一一年五月於南京

商鞅：權力的囚徒

一九九六年十二月的北京國家大劇院，一場由上海話劇藝術中心推出的史詩性大型話劇《商鞅》，正在這裏隆重上演。

高潮處，兩千三百多年前秦國都城南門高高豎起的那根圓木，幻影著一個男人龐大的身軀隨著六匹駿馬的飛奔，緩緩起解，散落一地的是被車裂的模糊血肉和四濺的屍骸殘體。一代改革家竟然以這樣的方式，就這樣永遠被定格在中華千年歷史的傷口裏。看到這一幕，台下人群中一位鐵骨錚錚的特殊漢子，潸然淚下。他便是時任中國國務院副總理朱鎔基。

兩年後，這個被美國《時代》週刊稱為中國最厲害的老闆，接過了大國總理的帥鞭，也開始了一段波瀾壯闊的改革征程。

漫長的霧霾，尚未退卻到歷史的煙雲。中國歷史的重大的關口，都能夠隱約看到商鞅的影子。

儘管商鞅這個名字一直成為爭議的中心，他一直被後來者效仿，但仍未被超越。他在成為這塊古老土地上一個傳奇的同時，他也正成為一個無法破解的魔咒之謎。

* 以下本文以「衛鞅」稱呼尚未受封為商君時的商鞅；受封商君之後，則稱「商鞅」，用以突顯其政治地位與身份之轉變。

窮小子吃起了門客飯

這個謎一樣的男人到底有著怎樣的神奇魔力？

在他沒有遇見秦孝公，發動那場一直影響了後世偉大的變革之前，他的名字只叫衛鞅。

說起來，商鞅也算是出身於政治世家，他的祖輩曾是衛國的國君，可是到了他這一代，家道衰落，而他卻早已沒有了貴族後裔的風華，甚至溫飽都成為問題。

對於當時風靡的儒學他曾經也很迷戀，可很快他發現，這些華而不實的東西在實踐中處處碰壁。後來他乾脆不屑一顧，轉而拜尸佼為師，喜歡上了形名之學，專門研習各路雜家學問，他把形學與雜術相揉，也就是後來盛世顯赫的法家。

貴族的血統，也沒能使衛鞅走出家道貧窮的困境，他過早的磨練了非凡的意志，這一段經歷，為他後來在秦國掀起的聲勢浩大的變法改革世襲爵位中提供了參照。

為了糊口，他淪落於江湖的術士。和魏國名將公子卬一見如故，在公子卬的推薦下，來到了魏國重臣公叔座門下，做起了一名門客，甚受公叔座器重。

此前的十幾年前，魏國的李悝在魏文侯的支持下，剛剛發起了一場改革，經過十幾年的治理，魏國也有一個積弱的小國，一躍成為諸侯大國。

魏王去世後，他的兒子魏惠王繼承了王位。一天，魏王聽說了自己的重臣公叔座病重不起，便前來探看。

一看心愛的大臣骨瘦如柴，魏王便淒然說，先生如果有什麼不測，魏國的江山社稷如何是好啊？

公叔座答道，大王不必緊張，我有個門客叫衛鞅，年紀雖然小了些，但有絕世奇才，他可以擔當輔助大王的重任。

魏王沈默不語，公叔座知道事情沒有他想像的那麼簡單，於是便建議魏王說，大王如果不能夠重用衛鞅，那麼千萬不要讓他活著走出魏國，否則此人以後必成魏國大患。

終究是考慮到衛鞅跟隨自己多年於心不忍，等到魏王走後，公叔座還是把自己的這個想法告訴了衛鞅，讓他趕緊逃走。

衛鞅大笑道：大王既然沒有聽從您的建議重用我，他又怎麼會聽從您的建議殺掉我呢？

不難發現，衛鞅的政治智慧由此可見一斑，但是投機心理也暴露無遺，沒有如此大的膽量，他也撐不起秦國後來的改革大業。改革大業本身就是除舊出新的大賭博。政治就是這樣的殘酷，願賭服輸。這是政治場上的遊戲。

魏國，這個衛鞅從小就一直長期生活的地方、他的第二故鄉，隨著後來他在秦國權力的崛起，就像一隻斷線的風箏一樣，在他的生命情感裏，越飛越遠。

許多年之後，當已經是商鞅的衛鞅，帶領著秦國的一群虎狼之師，以兵不厭詐的手段，俘獲魏王的太子時，這個不可一世的魏王，再後悔也無濟於事了。

深諳人心微妙世界的衛鞅知道，魏國終究是不是他的久留之地，他要去尋找一個真正的明主。

漫長的九年等待，衛鞅終於迎來了春暖花開。

這一年，年輕的秦孝公接過了父親勵志革新的大棒，登上了秦國的最高統治權力舞臺。

目睹其父革新的艱難，這個二十一歲的小夥子，深感人才才是改革成功的保證，經過痛定思痛，決定實施國家人才戰略引進計畫。

那時候的戰國諸侯，群雄紛爭，禮樂崩壞。到處都遊蕩著巧舌如簧，欲一展身手的江湖高人。

在秦王向天下發佈的求賢令中，自己親自寫下了這樣一段極其煽動性的廣告詞：秦國現在已經到了最危險的時候了，周圍強國林立，秦國不停的遭到侵襲，國家內憂外患，更別談外事的尊嚴了。三晉奪我河西，各個諸侯都在看秦國的笑話，真是丟人啊。我決定效仿先祖秦穆公，如果現在有人能夠出奇策，使得秦國強大，不問身份、學歷、國籍等，我願意與他共分王土。

政治上的高明與低劣，往往取決於國家情勢發展的審時度勢。秦國已經危如累卵，此刻，如果不採取特別措施，將難逃亡國的命運。而國之根本在於人。即使是在二十一世紀的今天，引進高素質的人才，仍然是作為國家發展，民族復興的第一要務。

與其說這是一求賢令，倒不如說是秦孝公這一頗具政治色彩的改革宣言。改革未動，輿論先行，目睹過其父改革的失敗，這是深諳政治手腕的秦孝公的錐心之痛。

最後，這個具有超前政治前瞻的浪漫君王，用近乎詩性的語言向著周圍大聲疾呼道：醒來吧，偉大的秦國。怒吼吧，三秦的子民們！

這一聲怒吼，讓遠在千里之外的衛鞅感受到了熱情地召喚，也給未來歷史創造了無限的可能，那是一次次歷經千年綿綿不絕的改革絕響。

帝國職業政治人場

秦孝公的求賢令，隨著那個時代最原始的口口相傳的播報。傳到了遠在魏國正無所事事的商鞅耳裏。一心想幹一番大事情的這個年輕小夥子覺得屬於他的機會終於來了。

他當天就跑去公子卬家裏，和自己在魏國最好的朋友告別。那天，二人根本沒有想到，若干年後，他們會以另外一種更殘酷的方式作生死的訣別。從公子卬府裏出來後，衛鞅立刻收拾好行李，馬不停蹄的奔向秦國。

這一次漫長的旅途，註定要載入歷史。十九年後，他像一個魔術師一樣，秦國在他的手裏，華麗轉身。他的命運從此也和秦帝國緊緊聯繫在一起，由榮耀到死亡。

當衛鞅千里奔襲到秦國的時候，都城裏到處住著從四面八方趕來的那些自命不凡的應試者。

他並沒有像眾多應試者那樣，一到秦國就迫不及待跑到秦王殿裏去應聘。最後他在都城的鬧市區找了個經濟型旅館先住了下來。

剛開始，他白天出去拿著公子卬饋贈給他的應聘經費，請周圍三教九流喝酒吃肉，探聽各路應試者如何失敗的消息，聽他們講敘秦國的風俗民情，晚上回來則把這些收集起來的情報一一分類整理。

一個多月後，對秦國政治經濟民風等各方面已經很熟稔的衛鞅決定行動。他從收集到的眾多資訊得知，秦王有一個非常寵倖的大臣——一個愛財如命的叫景監的太監。

衛鞅知道，這個人是自己這次能否通過應聘走向秦國權力舞臺的關鍵人物，官雖不大，但是能量卻不可小覷。

這時候，他節省下來的大筆應聘經費派上了大用場，在付給中間人一大筆介紹經費後，衛鞅帶著厚禮終於見到了太監景監，希望能夠通過景監的私下運作，讓他見見秦孝公。

當年兩人的私下談話，現在已經無從知曉。歷史要感謝這個愛財的太監，小人的貪婪，才成全了這一段讓無數後來人欽羨的傳奇，才有了秦國後來演繹的輝煌盛章。

不擇手段的謀取權力，依靠上層路線的支持，不計個人道德污點的指控，不按遊戲規則的出牌。政治不是道德的裝飾品，這是衛鞅的全部政治生存法則。

這一深刻但庸俗的政治倫理，深深地影響了後世。後來無數改革者的身上，或多或少的都能夠找到衛鞅的影子。他們在成全改革大業的同時，也遭受了歷史不絕的非議。

當二十六歲的商鞅，遇到二十一歲的孝公，兩個血性方剛的男人，歷史將會發生怎樣的裂變？

關於這一次決定秦國命運面試的過程，其實沒有許多人想像的那麼一見鍾情。可謂一波三折，如果按照現在的面試制度，衛鞅早就應該被淘汰了。

第一次衛鞅和孝公見面，其實大家談得都不愉快，在衛鞅以試探性口吻口若懸河大談帝道之術的時候，這個一心想要強國的年輕人竟然睡著了。

事後秦王對景監說道：這個人，太狂妄了，說得都是陳詞濫調的老一套，他怎麼能夠得到重用呢？

過了五天，衛鞅又請求約見孝公，這一次，他大談王者之道。結束後，秦王說，先生說得都很好，可你說的這些我都知道了。仍然沒有決定錄取衛鞅。

又過了些日子，衛鞅決定冒險出擊，再次懇請面見秦孝公。他知道，到了他最後該攤牌時機了。這一次，衛鞅引經據典，大談欲行強國之道，主張先行霸道之術。這一次秦孝公非常滿意。與衛鞅交談時，不知不覺膝蓋在席上直往前挪動，後來就這一話題深入交談了好幾天還言猶未盡。

回到住所後，好奇的景監就問衛鞅結果如何。衛鞅說：「我用帝王之道談到夏、商、周三代盛世來勸說國君，可國君說：時間太長，我沒法等待。況且賢能的君主，都在自身就揚名天下，哪裡能默默無聞地等待幾十年、幾百年來成就帝王之業呢？因此我就用強國之術向國君陳述，國君大為高興。但這樣就無法同殷、周的德治相比擬了。」

歷史開了這樣一個天大的玩笑，還一直被後人永久地誤解著，商鞅後來一直以法家霸道留存於世人。事實上，他和孝公的幾次談話不難發現，他的骨子裏其實一直有著儒家的王道情懷，只是在現實的政治投機下，他不得不走上了法家的道路，從此一去再也沒有回頭。

著名歷史學家陳寅恪談到這段往事時，商鞅的那一套，是被儒家改良過的法家。

「但這樣就無法同殷、周的德治相比擬了」，這樣的話語，衛鞅終究還是心有不甘遺憾的。

他的法術把秦國送上了巔峰，一百多年後，衛鞅也把這個帝國送上了地獄。他是一個值得尊敬的一流政治巨人，但不是偉大。秦國畢竟不是他報國情懷的土壤。他只是這個帝國的一個高級職業政治人。他的名字只叫衛鞅。

西元前二二一年，他的一個叫呂不韋的老鄉，以非凡的商業眼光，沿著衛鞅生前規劃的這一條道路，把這個偏遠的蠻夷小國，放在他的肩膀下，開始傲視天下。

衛鞅已經顧不上這些了，人生的短暫，成功的渴望，急功近利選擇捷徑是他唯一的選擇，也是二十一歲秦王的不二法門。他是這場改革大幕開啟的真正導演。法家的靈魂人物，衛鞅因為政治投機的需要，成為一個不折不扣的執行者。

外來的和尚好念經，衛鞅這個高級海龜派的加盟，堅定了秦孝公革新的信念。一場暴風驟雨，天翻地覆的大變革時代，在兩個年輕人的手中將要來臨了。

為了統一秦國上上下下的改革思想，徹底的清除保守勢力的阻撓，減少不必要的麻煩，在前一次政治動員的基礎上，這一次，秦孝公親自出面，安排衛鞅和大臣們進行了一次公開的試探性的御前大辯論，進行強勢宣傳。

推行新政，肯定要觸及舊勢力的利益，遭受保守勢力的反彈是必然。因此在發動改革前，召開強大的輿論宣傳，在社會上引起中下階層人士的共鳴，必不可少。爭取中間力量的支持，對反對派進行警告與勢力瓦解，是每一個政治革新家採取的必備的政治手腕。否則改革很可能會功虧一簣。

看得出，這是一齣事先安排好的雙簧。秦孝公在辯論會上，開門見山地說，為了江山社稷，我很想變法以求國家長治，但是我也擔心天下的百姓不接受而對我有非議。

衛鞅說，行動猶豫，就不能成功；工作信心不足，就不會有效果。舊制度已經證明行不通了，應該廢止，高出常人的舉動，本來就會遭人非議，事情已經發生了，愚昧的人還沒有覺察到，而有智慧的人在萌芽狀態就看出端倪了。所以像變法這樣的大事，不要老是和民眾討論，只能夠和他們享受結果，成就大事的人，絕不能和民眾老是商量來商量去。夏商周三代制度不同，但都創造了霸業。有頭腦的人應該創新，不必法古。

這次辯論會，衛鞅充分發揮了他的辯才，幾個回合下來，那些反對派們都閉口了。

秦孝公作了總結發言，他說：我聽說，窮僻的巷子裏，遇到許多事情總是奇怪，頭腦僵化的人，不去實踐，老把過去的經驗當做真理，對新事物常常看不慣。愚昧的人喜歡的事情，聰明人覺得可笑。就這樣定了，我也不想再聽到什麼反對變法的話了。

最後，秦孝公任命衛鞅為類似於今天體改委主任的左庶長，擔任此次變法的總設計師。

這次著名的雙簧，隨著後來變法的成功，一再的被人們談起。衛鞅也因為有如此超前的政治意識，成為一代政治巨人。

以至於衛鞅堅持認為，「為政必須獨斷專行」這一改革論斷，深刻的影響了後世。當龐大的秦帝國主宰了天下的時候，法家成為了法古，中原文化的浸潤開始與這個帝國格格不入。一場遠古文明的衝突開始了。

衛鞅和那些一代代試圖再次舉起法家大旗的改革家們，沉迷於極端的權力崇拜，忽視個人道德的建設，霸道永久的替代了王道。只能是暫時的輝煌，那等待他們個人的結局，無一例外的是悲劇。這正如商鞅所言，專權的威力，治得了一時，卻治理不了一世，易成功，但不可長久固守。過分的權力集中，也把帝國龐大的政治官僚集團拖入了死胡同。

但衛鞅的關於「先知與後覺，革新與法古」的兩個核心命題的破解，成為後來改革家一直奉行的圭臬。這應該是衛鞅變法留給後人的最大的政治遺產。它啟迪著無數心繫國家命運的政治家們，在國家身處歷史十字路口時，毫不猶豫的選擇了改革之路。

華麗的魔術表演

經過一段時間的籌備與演練，在總結吸收了魏國李悝和楚國吳起改革失敗的經驗後，衛鞅深知改革畢竟是前無古人的大業，不可能一蹴而就，必須慎重，需要摸著石頭過河。

衛鞅在和秦孝公再三商量後，改革計畫分兩步走。中國古代第一個完整改革的規劃綱要大致勾勒如下：

一、編制戶口，加強刑罰。實行殘酷的連坐政策，編織全民監督網，加強中央集權的控制，做到有令必行，確保中央政策的貫徹執行居民以五家為「伍」，十家為「什」，將「什」、「伍」作為基層行政單位。按照編制，登記並編入戶籍，責令互相監督。一家有罪，九家必須連舉告發，若不告發，則十家同罪連坐。不告奸者腰斬，告發「奸人」的與斬敵同賞，匿奸者與降敵同罰。商鞅同時規定，旅店不能收留沒有官府憑證者住宿，否則店主也要連坐。

二、鼓勵發展農業，獎勵生產，抑制商人活動，打擊遊士。

三、獎勵軍功，打破官場終身世襲制，一切重新歸零。貴族爵位競爭上崗。該規定沉重打擊了奴隸主舊貴族，因而，招致了他們的怨恨。

《史記》記載：「商君相秦十年，宗室貴戚多怨望者」。歷史上任何一次變法，不僅是一種治國方略的重新選擇，而且是一種利益關係的重新調整，這也是改革受阻的真正原因。

四、強行小家庭分家制度，力促增產。規定凡一戶有兩個兒子，到成人年齡必須分家，獨立謀生，否則要出雙倍賦稅。禁止父子兄弟（成年者）同室居住。

衛鞅把變法的法令已草具好時，但遲遲沒有公佈。秦孝公和他自己都擔心，百姓不會相信一個無權無勢的外來戶。

有令必行關係到這一次改革的成功與否，這將直接影響到秦王的威權基礎與衛鞅的政治生命。新的法令的頒佈，需要及時向公眾做最廣泛的動員與宣傳，法令才能夠得到不折不扣的執行，否則便是一張廢文。

秦王和衛鞅一商量，再次想到要借助輿論的力量，經過一番策劃，一個廣告創意在二人腦海中產生了。

過了幾天，衛鞅叫人在國都集市的南門外豎起一根三尺高的木頭，上面告示：有誰能把這根木條搬到集市北門，就給他十金。

百姓們感到奇怪，也沒有人敢來搬動。衛鞅於是又出示佈告說：「有能搬動的給他五十金。」這個時候，有個人壯著膽子把木頭搬到了集市北門，商鞅立刻命令給他五十金。

一千多年後，這個故事深深刺痛著另外一位深懷改革大志的政治家王安石，在被反對派圍攻時，他慨然寫了這首〈商鞅〉，以明心志：

自古驅民在信誠，
一言為重百金輕。
今人未可非商鞅，
商鞅能令政必行。

可王安石沒有商鞅那麼幸運，他後來頒佈的一些法令，只成為字面上的空中樓閣，根本沒在基層得到執行，在反對派的壓力下，他不得不黯然下野，閒居南京。他只能歎道：春風又綠江南岸，明月何時照我還。

歷史如一抹被風塵淹沒的貝殼，恍隔千年過後，仍然生動如初。

一九一二年，一位十九歲的少年在湖南省立一中上學時，讀到這段歷史時，奮筆寫下了一篇奇文〈商鞅徙木立信論〉。他談到了法令與治理國家的關係時寫下了這樣一段論述：

我讀史書讀到商鞅搬移木杆樹立誠信一事，不禁慨歎起我國國民愚昧，執政者煞費苦心，幾千年來民眾不覺悟、國家接近走向滅亡的悲慘命運來。認為我說的不可信，請允許我詳盡地說出我的道理。

法令，是謀求幸福的工具。法令如果好，它讓我們民眾獲得的幸福就一定多，我們民眾正擔心不公佈這些法令，或者公佈後擔心這些法令不產生效力，一定竭盡全力來保障它，維持它，務必使它達到完善的目的為止。政府和國民互相維繫，哪有不信任法令的道理呢？法令如果不好，那不但沒有幸福可言，而且還有足夠讓人恐懼的危害，我們國民又一定會竭盡全力來阻止這些法令。即使想要我們信任法令，又哪有相信它的道理呢？就如商鞅與秦國民眾之間具有同樣的利害關係，卻恰恰運用跟政府與國民互相信用相反的方法去做，這又是為什麼呢？

商鞅的法令是好法令。如果試著翻閱一下我國四千多年的記載，尋求那些利國福民的偉大的政治家，商鞅不是位居第一嗎？商鞅處在秦孝公時代，中原局勢極不安定，戰事正盛，全國民力疲憊，達到了不能夠言說和描述的程度。在這種情勢下，卻想戰勝各諸侯國，統一中原，不很難嗎？在這種情勢下，變法的命令出臺了，這些法令懲罰壞人來保護人民的權利，鼓勵種田織布來增加國民的財力，崇尚戰功來樹立國威，把貧困、懶惰者收為奴隸來杜絕人力、物力資源的損耗。這確實是我國從來沒有過的重大政策，國民害怕什麼而不相信呢？一定要通過搬移木杆來樹立誠信，我從這裏知道了執政者都費了苦心，我從這裏知道了我國國民愚昧，我從這裏知道了幾千年來民眾智慧缺乏、國家差點兒走向滅亡的悲慘境地是有原因的。

雖然這樣，但一件不尋常的事情開始出現時，百姓對此會感到驚懼。國民是這些國民，法令是那些法令，我為什麼對此感到奇怪呢？我只擔心這搬移木杆樹立誠信一事，如果讓東西方各國文明程度高的那些國民聽了，一定會捧著肚子大笑，或者高聲譏誚。唉呀！我不想說了。

這個風華正茂的少年便是毛澤東。這段歷史典故也深刻的影響了他，新中國在他一手締造後沒多久，他親自發動的「尊法批儒」運動中，把商鞅抬到驚人的高度。

他甚至說，「在無產階級專政下繼續革命的今天，紀念商鞅，仍然有著強烈的現實意義。」不得不說的是，鄧小平在這一期間，多次被打倒。中國遭受了一次空前的十年浩劫。

「徙木立信」是政府與民眾的一個典範合約文本。衛鞅這個名字連著「徙木立信」的故事，在官方的宣傳機器和民間的小道傳播下，立刻吹皺起了這個偏隅西陲的蠻荒的三秦大地。

也就在衛鞅實施變法一週年的時候，真正考驗他的政治智慧的一場風暴來了。

由於變法的內容涉及到許多層面，波及到社會各個階層。上千人在反對派的暗中串聯和煽動下，聚集都城櫟陽進行示威遊行，要求秦孝公罷免衛鞅官位，廢除新法，恢復舊法。

一場攸關新法成敗的拉鋸戰提前打響。

這時，一心想要強國富民的秦孝公給了衛鞅最強有力的支持。

就在這緊要關頭，突然有人舉報幾歲的太子突然犯法了。這給了衛鞅一個絕處逢生破解政治困局的好機會。

秦孝公於是再次召集所有大臣開會研究此事。

衛鞅說：如果法令得不到執行，那麼肯定是上層領導沒有貫徹落實。所以太子罪責難逃，一定要嚴肅處理。但是太子是儲君，不好執行。教導太子的兩位老師負有管理責任。

最後，太子的老師公子虔被削去了鼻子。這個「內明大義，威猛沈鬱」的大將軍遂開始了漫長的閉門自囚、避開國政的隱退期。

反對派的勢力於是不攻自破，示威的人群漸漸散去。此後，衛鞅又頒佈新令，再有不執行新政者，要麼流放邊陲，要麼格殺。最後那些喜歡批評國事的七百餘人的生命在渭水河邊嗚咽怒吼中隕滅。

「太子犯法」這一事件不僅對商鞅本人後來的命運產生了驚天逆轉，也成為後來儒家一直攻擊商鞅代表法家實施專制的歷史污點。即便在當下現代中國許多知識份子看來，這一鐵案仍然是板上釘釘不可饒恕的事情。

在回答「太子犯法」怎麼處理這一千年棘手難題時，我們有必要先看一下批評商鞅的儒家代表人物的孟子和孔子對這一類似答案給出的司法解釋。

《孟子》裏記載了孟子和他的學生桃應這樣的一段對話：

桃應：舜做天子，皋陶做大法官的時候，如果有一天舜的父親瞽瞍殺了人，舜該怎麼辦呢？

孟子：那就只好讓皋陶按照法律把瞽瞍抓起來。

桃應：難道舜不去阻止皋陶嗎？

孟子：舜不可以去阻止皋陶，因為皋陶已經獲得獨立的法律授權。

桃應：舜固然不能干預司法的獨立，但是舜可以做其他的事情嗎？

孟子：舜應該放棄領導天下的職務，帶著父親逃到一個法律管不到的地方，從此可以逍遙快活。

這是被稱為亞聖的孟夫子給出的「太子犯法」的虛擬案例判決。那麼作為聖人的孔子則又給出怎樣的判決結果？

儒學機關刊物《論語．子路篇》裏則記載了這樣一則有趣的故事。楚國有一個叫直躬的人，一天他的父親因為偷了別人家的羊而被拘押了。在開庭的時候，老先生拒不承認他幹了這事。正當他和法庭相持不下的時候，老先生的兒子直躬卻出來作證說的確是他父親偷了羊。結果是先生被判有罪，入監服刑。

主政楚國卓有政績的大臣葉公聽到這個消息後，有一天和孔子談起了這個案子。葉公說，直躬能夠不為私徇情，這正是正義之舉啊。

孔子聽了這話直搖頭說：直躬這樣做完全是錯誤的，在偷羊這個事情上父子應該互相隱瞞，才是代表真正正義的啊。

這是儒家兩位代表人物給出的截然不同的人倫案例判決。法治不存的溫床一旦失控，將會成為多數人的噩夢。

回到「太子犯法」這個案件本身，從法律程式正義上看，處理太子當然是正確的選擇，只是那時太子年幼，那麼他的老師則擔負起監護人的角色，從法定授權來推理，他必須要承擔相應的責任。

姑且拋開衛鞅的目的不說，但就法律的程式正義來說，衛鞅在處理「太子犯法」這一案件從程式正義到實理定義來說，都無可厚非。

但歷史和當下交織起來的荒謬恰恰在於此，衛鞅的法理程式的正義，以儒家為代表的知識精英群體給出完全不同的「仁治」答案，帶給他的是他一生難以洗刷的污名罪證。

而正是這個時代，柏拉圖帶著他的老師蘇格拉底生前寧願為法而死的宏願，已經在歐洲各個城邦播種現代法治文明之花了。

正因為如此，當西方已經結出碩果累累的民主之果時，在中國傳統儒家思想浸染下的現代知識份子對於自身選擇的雙重標準，在面對「太子犯法」這一案件時，仍然還深陷於個人的情緒之中，在現代化法治的門口徘徊遙望。

法治是民主自由的土壤，這大概也是中國千年民主化進程中磕磕碰碰的一份沉重的歷史遺產吧。

「但這樣就無法同殷、周的德治相比擬了」，當衛鞅以無比遺憾的口氣向自己的昨天告別的時候，強權一直是衛鞅延續政治生命獲取權力的不二法則。最後，他用生命為此買單。

二十年後，太子上臺。公子虔也借助政治的手腕，親自主導了對衛鞅的徹底清算。也正是這個人，在秦孝公死後再度復出，執掌國家權柄。

「他冷酷沉靜而洞察大局」，歷史給了公子虔這樣的評價。他誅殺了商鞅卻保存了一大批商鞅的追隨者們，保存了法家在秦國的火種，繼續推行商鞅頒佈的一系列新政，使法家這株奇異的花朵，得以在這個龐大的帝國繼續妖嬈，最後遍野天下。

經過殘酷的鎮壓，衛鞅用權謀和鐵血手段捍衛了新法。秦國由半落後的邊夷國，經過衛鞅驟風暴雨大躍進式的沖洗，煥然一新，驟然來到了大時代的前列。

一個帝國的身影開始從三秦地平線上日漸清晰。

秦孝公為了檢驗改革的成果，在新政推行的第三個年頭，他和衛鞅商定，自己親征，出兵魏國的前哨站少梁，也就是今天司馬遷的老家陝西韓城一帶。

結果如秦王所願，斬首七千人，佔領了少梁。改革成效已經通過軍事手段得到驗證。

班師回到都城後，首嚐勝利喜悅的二十九歲的孝公這時候明白：秦國要想號令天下，成為諸侯中的超級大國，必須繼續加大改革力度，才能夠富國強兵。衛鞅如果繼續把改革推進下去，肯定將會遭受到更大的阻力，而權力是保證改革最穩固的基石。

一直夢寐以求秦國最高官職、文武一肩挑的大良造，最後不出意外的成為衛鞅的囊中之物，他也一躍成為秦國的二把手。這個帝國真正的CEO。

改革按照既定孝公和衛鞅的計畫在推進，軍事檢驗也在步步逼近。

西元前三五二年，衛鞅帶軍佔領兵家必爭之地的魏國咽喉——固陽。這個時候的魏惠王才想起公叔座的忠告。

魏王仰天長歎道：我真是後悔當初沒有殺了衛鞅這個人啊。

然而，魏王再多的悔恨也無濟於事。他現在不得不面對這樣一個既成的事實，魏國徹底的失去了軍事控制權，河西走廊盡在秦軍鐵騎的眼底。只是他不知道，一個更致命的報復，十年後還在等待著他。

軍事上取得絕對優勢後，在衛鞅的建議下，秦王把目光投向了一個叫咸陽的遙遠的蠻荒小村子。

經過三年的緊張建設，這裏成為秦國的新都城。伴隨而來是衛鞅一個更大的政治野心：東渡黃河，把戰場開闢到黃河以東去，一統天下。

衛鞅這一極具前瞻的遷都構想，就連一千多年後明末清初的著名軍事地理學家顧祖禹在他用一生心血編寫《讀史方輿紀要》中也不禁歎道：據天下之上游，制天下之命者也。

在這裏，秦孝公和衛鞅一道見證了改革稱霸的大業。西元前二二一年，秦王的後裔，一個叫嬴政的年輕人，在另一個衛國後裔呂不韋的幫助下，接過了戰鬥的旗幟，完成了先輩們一統天下建立帝國的宏願。

在這裏，同樣也見證了衛鞅車裂而亡的血腥慘劇，目睹了這個帝國的暴虐與毀滅。最後，這裏一切的輝煌與苦難，在秦末起義領袖項羽的一把大火中，再次歸於歷史無聲的寂靜。

將變法進行到底

鞏固自己的權力後，在秦孝公的直接指揮下，西元前三五〇年，衛鞅在第一次改革的基礎上，決定推行第二次變法，把改革向體制縱深處推進。

一、廢井田，開阡陌，承認土地私有，建立地主階級的政治體制。法令規定，允許人們開荒，土地可以自由買賣，賦稅則按照各人所占土地的多少來平均負擔。

二、調整貨幣政策，統一度量衡、統一斗、桶、權、衡、丈、尺，並頒行了標準度量衡器，全國都要嚴格執行。

三、加強中央集權，實行縣制，廢除分封制，以縣為地方政區單位。分全國為四十一縣，縣設令以主縣政，設丞以副縣令，設尉以掌軍事。縣下轄若干都鄉邑聚。縣令直接向中央政府負責，實行國管縣，極大的提高了政府的執行能力。

早年研習各路雜家學問的衛鞅，這時候把生平所學發揮到了極致。他敏銳的意識到這樣一個被無數後來者採用的改革定律：身份置換是新舊平衡利益的砝碼。土地是產權重新界定的唯一入口。

這些樸素的世界通行的古典經濟學原理，衛鞅最後以國家意志《墾令》予以法理上的認可。歷史已經證明了並將繼續證明著這個兩千多年前的推論。

以致中國後來三十年的輝煌歷程，也發端於安徽一個小村落的一次土地承包。消息一經傳出，立刻遭到了部分人的強烈反彈。後來五年，中央不得不以「一號文件」的正式形式加以鞏固與發展。郡縣制的實行，經過兩千多年的演進，今天在中國的政治版圖上，仍然看得見商鞅靈魂的影子。

一場影響深遠的魔術般的第二次變法緩緩拉開序曲。

等待秦國的是一場恍然一新的大變革。

一個大一統的秦帝國政治治理的雛形開始浮現，這些改革的內容深刻的影響了歷史的走向。西漢著名政治家賈誼在他的〈過秦論〉中也不得不承認這樣一個事實：秦孝公佔據著崤山和函谷關的險固地勢，擁有雍州的土地，君臣牢固地守衛著，藉以窺視周王室的權力，有席捲天下、征服九州、橫掃四海的意圖和併吞八方荒遠之地的雄心。在那時候，商鞅輔佐他，對內建立法規制度，大興耕作紡織，修造防守和進攻的器械；對外實行連橫策略，使山東諸侯自相爭鬥。這樣，秦人毫不費力地奪取了河西之外的土地。

西元前三四二年，孝公接受商鞅建議，任命衛鞅為軍事主帥，再次出兵犯魏。

這時候的魏國，江河日下，剛剛在馬陵被齊國大將孫臏打敗，一代軍事名將龐涓自殺身亡。魏王不得不任命公子卬領兵迎戰。

秦軍開始久攻不下，糧草日夜告急。為了取得勝利，這時候的衛鞅再次祭起了他屢試不爽的詐術。

他給公子卬寫了封信，信中說：我們都是老朋友了，多年不見，今天卻在戰場上成為兩國的主將，實在是不忍心彼此打仗。公子如果有誠意，不如找個地方我們見個面，大家一起喝喝酒，敘敘舊情，然後各自和平罷兵，這樣對秦魏兩個國家也好有個交代。

頗有仁義之風的公子卬沒有聽從手下的勸阻。他說，我難道不知道這是衛鞅的計謀啊？但是我時時想起我曾和他一起在雲夢山（今天在河南鶴壁市淇縣境內，曾是公子卬與衛鞅相識之地，傳說此山是一代兵神鬼谷子隱居之地）的快樂時光啊！

公子卬接受了衛鞅的建議去踐約。當他到達商鞅指定會盟的地點飲完酒後，秦軍的伏兵開始出擊了。

公子卬在秦軍的圍堵中引劍自亡於安邑。商鞅見此立刻發兵攻擊，沒有了主帥的魏軍，很快潰敗。

公子卬的書生意氣，以他個人真摯的情感，葬送了自己的性命，也葬送了魏國的未來和數十萬生靈。

衛鞅用詐術欺騙故舊，以誠信透支於軍功。他以商業的手法，犯下了一個職業經理人最為致命的弱點，那就是誠信。最後他為此付出了生命的代價和歷史的審判。

甚至後來衛鞅的老鄉，同樣後來有大功於秦國商棄從政的呂不韋對這一件事情也耿耿於懷，在他的《呂氏春秋》裏，把這個前輩歸入到〈無義〉的行列來，以此警示後人。

一生憑藉無賴流氓無數的漢高祖劉邦，對衛鞅用這樣的詐術手段謀取勝利，也不以為然。卻對早年有賢名的公子卬給予了足夠的敬意。

劉邦每次路過安邑這個地方的時候，他都親自去憑弔祭奠。等到奪取江山，一上臺他便取締了法家至高無上的國家地位。

衛鞅取得了在對魏軍事上的勝利後，也迎來了他個人權力與榮耀的巔峰。

這一年，秦孝公打破商鞅制定的「不得分封」的規則，對衛鞅這個帝國的職業政治人，進行國家股份激勵。分封衛鞅於商于，也就是今天的陝西商洛一帶。封地十五城。「南面而稱寡人」，衛鞅這個名字，開始隨著他權力的日益膨脹而消失於人們歷史記憶中。

這時候，他的名字只叫商鞅。

這一年，也是商鞅政治生命的一個分節點。秦國近二十年的生涯成全了他這個流落江湖，卻有著驚世之才的浪子。

他骨子裏留著得是衛國的血，喝得是魏國的水。當他跋涉千里，來到秦國，遇到了秦孝公這樣的明主，在權力的保證下，他讓一個時代變換了顏色，整個國家被他玩弄於股掌之手。

權力的巔峰下便是萬劫不復的懸崖，「莫上瓊樓最高層」，這是政治的戒語。商鞅難道真的不懂？也許，對於一個權力職業政治人來說，放棄權力是比死亡更加一件痛苦不堪的事情。

六年後，當年的巔峰，便成為了注釋他斑駁複雜人生最慘烈的祭場。

本可避免的悲劇

西元前三三八年。

一天，一個叫趙良的著名儒生見到了保衛甚嚴的商鞅。兩人的對話頗有意思。趙良以另一種民間的小人物的生存智慧，給商鞅上了一次生與死的人生課。

商鞅問：你不高興我對秦國的治理嗎？

趙良說：能夠聽從別人的意見叫做聰，能夠自我省察叫做明，能夠自我克制叫做強。虞舜曾說過，「自我謙虛的人被人尊重」。你不如遵循虞舜的主張去做，無須問我了。

商鞅說：當初，秦國的習俗和戎狄一樣，父子不分開，男女老少同居一室。如今我改變了秦國的教化，使他們男女有別，分居而住，大造宮廷城闕，把秦國營建的像魯國、魏國一樣。你看我治理秦國，與五羖大夫百里奚比，誰更有才幹？

趙良說：一千張羊皮，比不上一領狐腋貴重；一千個隨聲附合的人，比不上一個人正義直言。武王允許大臣們直言諫諍，國家就昌盛，紂王的大臣不敢講話，因而滅亡。你如果不反對武王的做法，那麼，請允許我直言而不受責備，可以嗎？

商君說：你果真肯終日正義直言，那就是我治病的良藥了。我將拜你為師，你為什麼又拒絕和我交朋友呢！

趙良說：那五羖大夫。他出任秦相六七年，在境內施行德化。死時，秦國不論男女都痛哭流涕。如今你得以見秦王，走得是秦王寵臣景監的後門，這就說不上什麼名聲了。身為秦國國相，不為百姓造福而大規模地營建宮闕，這就說不上為國家建立功業了。懲治太子的師傅，用嚴刑酷法殘害百姓，這是積累怨恨、聚積禍患啊。教化百姓比命令百姓更深入人心，百姓模仿上邊的行為比命令百姓更為迅速。如今你卻以改革的名義，違情背理地建立權威變更法度，這不是對百姓施行教化啊。你又在封地南面稱君，天天用新法來逼迫秦國的貴族子弟，而自己凌駕於自己制定的法令之上。你還談什麼法家理想？你處境就好像早晨的露水，很快就會消亡一樣危險，還要打算要延年益壽嗎？

接著趙良給商鞅建議道：你可以把商于十五邑封地交還秦國，到偏僻荒遠的地方澆園自耕，勸秦王重用那些隱居山林的賢才，贍養老人，撫育孤兒，使父兄相互敬重，依功序爵，尊崇有德之士，這樣才可以稍保平安。你如果還要貪圖商于的富有，以獨攬秦國的政教為榮寵，聚集百姓的怨恨，秦王一旦捨棄賓客而不能當朝，秦國所要拘捕您的人難道能少嗎？你喪身的日子就像抬起足來那樣迅速地到來。

這是歷史上一次著名的對話，也是商鞅十九年的改革得失的一份總結陳詞。

趙良的意思很清楚，當秦國已經從弱小走向強盛的時候，便是霸道還位於王道的時候了。畢竟，法家謀國一時，儒家謀身一世。

西漢政治家賈誼後來在〈過秦論〉中這樣分析道：這個帝國的覆滅，仁義不施，而攻守之勢異也。

然而對於權力的過度迷戀，個人權力的野心惡化也讓商鞅也失去了他最後一次為法家正名翻盤的良機。自恃「有功於秦」的他，毫不猶豫地拒絕了趙良的建議。

當初的政治投機，湮沒了理想主義的改革情懷後，最後演變成一場改革者的悲劇。商鞅最後的命運也在步步緊逼。

就在這次著名的談話五個月後，商鞅政治生命中唯一的同盟與老闆秦孝公駕崩。太子繼位，是為秦惠王。年輕的秦王立刻召回了自己昔日的老師公子虔。

商鞅見到大勢已去，不得不辭去官方所有職務，要求告老還鄉。但是一切都已遲了，清除商鞅已成為秦惠王上臺鞏固權力的第一件大事。

一直隱忍不發的公子虔這時候給了商鞅致命的攻擊。他對惠王說：大臣如果權勢太重就有可能謀權奪位，危及皇帝的統治和國家政權，左右臣子妃子如果過於親近的話就會受其迷惑，不辨是非且有害於身體，有害於國家。今天秦國上上下下都知道商鞅的法令，而不知道大王。商鞅成為法令的最後仲裁者和解釋者，商鞅成了主人，而惠王您成了臣子，況且商君本來就是大王曾經的仇人，希望大王想辦法早作打算。

出來混，遲早是要還的。這時候，商鞅當初以詐術騙取朋友公子卬的這件事再次被人提了出來。惠王認定這個人品行反覆，連故舊恩人都能出賣，道德有問題，說不定以後真能反秦。於是派人捉拿商鞅法辦。

這本來是一場帝國的繼承人與職業政治人的股份之爭。在公子虔的渲染下，這場競爭漸漸掉轉了方向。成為一場決定帝國控制權的生死攤牌。

職業政治人往往具有現實利益的考量與計算，他們為了達到最後的目標，和那些本土家族的權力代理人相比，往往會選擇一種更為理智，專業和有機會的途徑和方式參與變革。而不是一種無視現實的狂熱的激情衝動。有現實利益的考量職業政治人，要比那些空有激情理想的結果，要安全的多，破壞性也有小得多。

職業政治人空降的身份，也使得他們少了歷史的包袱而能夠放手一搏。所以這一群體往往徹底，容易成功。但他們必須時刻要牢記的一個生存底線是：自己要在個人慾望和大股東（國家尤其是繼承人）利益之間尋求某種妥協與平衡。

聽到了這個消息後，商鞅立刻逃跑了。當他來到關下一家旅館準備投宿時，館主由於不認識他，拿著本子說：根據商君的法令，讓人投宿而沒有驗明身份的，會遭受連坐之罪啊。所以我也沒有法子收留你了。

商鞅傻眼了，喟然長歎道：沒有想到我自己制定的法令，把我害到今天這般地步啊。

走投無路之際，他準備再次去投奔魏國，在魏國邊境，守城主將以「商鞅毫無仁義騙取公子卬」為由拒絕了商鞅。

最後，萬般無奈下，商鞅值得逃回到自己的封地組織起自己的民兵預備隊，去攻佔鄭國，這時候，從後面蜂擁而至的秦軍很快捉住了已經窮途末路的商鞅。

西元前三三八年，秦國古驛道旁，馬蹄飛揚的塵土朦朧眼前，峨冠博帶的商君再次來了。

這一次他面容憔悴冷峻，但氣勢如虹的聲音，在函谷關的風聲裏依然靜穆。

商鞅被帶至都城咸陽時，等待他這個昔日主人的再也沒有了榮耀與權力，全家人的生命和車裂的酷刑，跟隨他一起殉葬。

最後跟隨他的是他一起建立起來是「其興也勃焉，其亡也忽焉」的大秦帝國。

再見了，秦國！再見了，商鞅！

中國古代歷史上唯一的一次職業政治家就這樣凋零了。

歷史也是如此的幸運。商鞅死後，他曾經頒佈的一些法令並沒有隨著這個人生命的終結而謝幕。偉大的哲學家黑格爾說：凡是存在的，都是合理的。歷史的存在也並不是為了頌揚什麼，而是為了從歷史中吸取什麼。

商鞅的個人超常的政治智慧，讓法家在中華這片古老的土地得以澆灌。他是無愧於那個時代的巨人，帝國的巨石。他是中國改革者前無古人的絕響。

但他的政治的投機，道德的透支，也給後來的法術，無辜地貼上了專制奸詐的標籤。他對權力的貪戀，是他個人品行無法逃脫道德審判的悲劇。

歷史的車輪依然向前翻滾。

兩千多年後，這位在青年時代一直崇拜商鞅叫毛澤東的老人，在晚年無數次打開商鞅的政治遺著《商君書》，卻默然不著一語。

這位領袖究竟在想些什麼呢？沒有人能夠知道。

緊接著，由毛發動的一場暴風驟雨的大變革來了，商鞅再次從歷史深處走上被膜拜的前臺。

一九七六年，一聲驚雷響起。十年苦難結束了。

一個被打倒的東方小個子鄧小平再次站了起來。

一場轟轟烈烈的歷史大變革又悄然登場了。

【知古鑑今】

郭寶成：神木模式「人走政息」？

一切都來得那麼突然。

二〇一〇年八月，當郭寶成摘得「二〇〇九中國改革年度人物」還沒過一年之際，他不得不為這塊極具含金量的牌子付出了代價。

二〇一〇年九月，郭寶成「退居二線」，調任榆林人大副主任，從級別上看雖是平調，但與論普遍認為這是被貶和降級——這種猜測得到了郭寶成本人的確認，他在接受媒體採訪時稱：網友說得沒錯，他就是被貶，就是被罷官。罷貶理由是：上級認為「神木捅了簍子，抹了黑」。

二〇〇九年，榆林市委常委、神木縣委書記郭寶成榮膺「二〇〇九中國改革年度人物」，摘取了本年度改革人物的最高獎項。評選理由是：神木縣在十多年的時間，抓住西部大開發和陝北國家級能源化工基地建設機遇，銳意改革，開拓創新，每年保持了百分之三十五以上的經濟增長速度，實現了由國家級貧困縣到全國百強縣的歷史跨越。尤其二〇〇九年推行的全民免費醫療制度，牽涉面廣，改革難度大，但神木把此項工作視為國計民生的公共事業，大膽嘗試、打破陳規。

「改革書記」郭寶成

神木縣位於陝西省北部，陝、晉、蒙三省（區）接壤地帶，與早年的荒涼貧瘠的陝北印象相比，神木顯然是一個異類：一輛輛運煤的重型卡車呼嘯而過，寶馬、賓士、保時捷等名牌越野車不時閃現。當地的消費水平並不低，一些位置地段好的房屋，價格絲毫不遜於首府西安。他們的底氣一方面來自於錢，另一方面則來自於他們的「改革書記」郭寶成。

二〇〇五年，郭寶成任神木縣縣委書記，力推民生政策改革，實施「十大惠民工程」，涉及教育、醫療、文化、就業、社保、住房、扶貧、交通、人居、安全等十個領域，真正實現「學有所教、勞有所得、病有所醫、老有所養、住有所居」。

在教育方面，神木縣二〇〇五年在全省率先實施農村義務教育「兩免一補」，此後步步超前，並於二〇〇八年開始全面實施覆蓋城鄉、包括高中在內的十二年免費教育，對住校學生給予每人每天三點五元的生活補貼，每年縣財政為此投入約一點六億元。對家庭貧困的大學生，縣慈善協會給予每人最高每學期五千元的資助，確保不讓一名大學生因貧困失學、輟學。

在醫療方面，神木縣於二〇〇九年三月開始推行「全民免費醫療」，並制訂了一系列配套監管措施。這實際上是一種「基本醫療高標準的保障制度」，以縣級定點醫院住院病人為例，四百元起付線以下部分由患者自付，超過部分按管理辦法全免，每人每年報銷封頂為三十萬元。縣財政以每年約一點五億元的投入，讓城鄉居民擺脫了「看病難、看病貴」的困擾。可以用一句公共標語來概括：「在神木，人人享有免費醫療！」

「救命的政策」

郭寶成在一次媒體採訪時曾說過：「我年齡大了，膽子也大了。反正快退休了，有一天權力，就要為老百姓辦點實事。」這就是農民出生的郭寶成常說的一句話，而他也在神木實現了他這一樸素的權力觀。

二〇〇九年三月一日，對於神木的百姓來講，幸福來得似乎有些突然，神木縣啟動醫改。在醫改方案付實施前，調研論證、技術評估、經費測算足足做了一年零三個月，走訪了一百三十多個醫藥單位和部分鄉村企業，並且提交縣委常委會討論了五、六次才通過。

郭寶成很好地詮釋了「執政為民」這個口號，縣級政府，有了一定的財力基礎後，執政重點、資金投放是關鍵：該幹什麼、不該幹什麼，政府不能缺位和錯位；不搞好看的，只搞實用的，把錢真正花在解決老百姓「最關心、最直接、最現實」的利益問題上。

看著神木縣級醫院豪華的裝備，整整十層，外面裝飾著玻璃幕牆，裏面有電梯和最尖端的醫療設備，以及醫院中長長的就診隊伍，可見神木醫改的成效。

因為看不起病，七十二歲的店塔鎮農民王號善硬是把胃病拖了五年，直到免費醫療推行他才接受了手術。老人感慨地說：「我們農民過去有了病，都害怕去醫院，在家裏硬扛著。現在再也不用為得病發愁。這可真是個救命的政策。」

「民生是高回報的投資」

關於免費醫療，郭寶成有一段名言：中國任何一個縣域，都可以推廣、借鑑神木模式。錢在我看來不是問題，前提是要不要搞的問題。郭寶成還說：「民生是高回報的投資，我們花了一點五億元，把群眾看病的問題解決了，群眾爆發出來生產的熱情和積極性，有了更多的精力推動神木經濟的發展，這種巨大的力量對促進當地經濟是潛移默化的，政府也「賺了一大筆錢」。

郭寶成的話無疑有「自圓其說」之嫌，誰都知道，一點五億元投入到醫療體制裏面，對老百姓是實惠了，但是對它的GDP的增長遠沒有投一個機場，投一個高速路那麼大的作用，那麼對於很多地方官員來說，就缺乏效仿神木的利益驅動機制。「神木模式」就無法被更多的接受和回應。

關於「烏托邦」的質疑

神木醫改可以說是中國醫療體制改革當中的一個破冰之舉，但是也帶來很多的質疑。有評論家指出，沿海富裕城市都還沒有實現的全民免費醫療，居然在陝北一個不知名的縣城搞起來了，無疑是「大躍進」、「政治秀」，甚至是「烏托邦」。

央視的一檔節目，也有評論員稱神木醫改遭尷尬，制度漏洞太多，難以控制費用，結果是醫院和病人得利，政府財政受損，「免費午餐」的味道變了。

更加有人質疑，神木縣在民生建設上的超前投入，會讓群眾「吊高胃口」，出現「養懶漢」的消極現象。

外界各種各樣的疑慮和說法，讓全民免費醫療的幕後推手郭寶成，一時處於風口浪尖。在輿論的巨大壓力下，郭寶成站出來一一澄清。

「二〇〇九年三、四月份人數比往年同期增加了百分之二十，說明老百姓拖延多年的大病來看了，能讓他們得到及時救治。當時我們也預計了會出現床位緊張的情況，不過舊縣醫院還有兩百張床呢。」曾經上過老山前線的郭寶成打了個比喻：打仗還有預備隊呢，我們錢和床位都有預留。高明的指揮員在運籌帷幄的時候就想到了，真用上預備隊說明戰事吃緊了。

對於「養懶漢」一說，郭寶成回覆：「首先，共產黨執政的目標就是為人民大眾謀福利，讓他們過上好日子。因此，讓公共財政最大限度惠澤老百姓，這沒有任何問題。其次，『養懶漢』的擔心是低估老百姓素質而做出的判斷。目前，神木縣一個農民工每天打工的收入是一百多元，誰不願意早點出院去掙錢啊？」

神木模式「人走政息」

「如果出了問題，我一個人承擔，摘我烏紗帽。」在神木主政五年的郭寶成終究還是「退居二線」了，當然這只是好聽點的說法，其實就是被貶。

那麼「神木模式」會不會繼續往前走，還是「人走政息」？郭寶成說：「我想肯定會往前走的。這是一項讓千千萬萬百姓獲益的政策，誰敢說取消它？老百姓首先不答應！」

郭寶成對「神木模式」充滿肯定和信心。但是如果老百姓「不答應」就可以阻止一個公共決定，為什麼那麼多挽留郭寶成的聲音，仍沒有改變郭寶成被「罷官」的結局？

「在中國一把手的權力高度集中，搞不搞免費醫療，關鍵不是有沒有錢，而是一把手的執政理念。碰到一個好的一把手，是老百姓的福氣；換言之，則勞民傷財。」

身在一縣權力中心之中的郭寶成對「一把手的權力高度集中」深有體會。權力高度集中的「一把手」，可以大刀闊斧強推美好的施政理想。有個故事說，印度的行政領導羨慕中國的行政領導，原因在於後者有著高度集中的權力可以非常容易地推進某項政策，而前者建個飛機場如果不能得到有效的票數，那麼想法再美好都會泡湯。

「在中國一把手的權力高度集中」，只可惜很多「一把手」把優勢用到了歪路上，腐敗就不說了，就是在執政上，也是寧願建政績工程，也不願滿足民眾火燒眉毛的需要。

當然，世事無絕對，「關鍵不是有沒有錢，而是一把手的執政理念。」郭寶成的這句話未必全對。因為「一把手」之上還有「一把手」。就是郭寶成自己在推行神木模式的時候，也是秘密進行。即便如此，他這個「一把手」還是因此被「罷官」了。儘管郭寶成說「每個縣都可以搞神木模式」，可誰還敢去模仿？

歷來改革者不計其數，回顧從上世紀八十年代起的改革家，不難發現，只有少數人能夠得到體制內認可而繼續改革事業，更多的人離開改革的實務崗位。

王莽：理想國的誘惑

西元前四十五年，歷史將會給這一年的世界做出怎樣的注解？

在遙遠的西方，一位偉大的英雄蕩平了所有打手，結束了國內戰爭，凱旋歸來，羅馬元老院舉行盛大的儀式，為他的帝國進行最高地加冕。他也成為帝國的終身獨裁者。他的名字叫凱撒。

第二年，當他轟轟烈烈開始推動一系列改革時，他卻遭到了前所未有的壓力。在一個陽光的早晨，他被叛亂者殺死。帝國依然前行。

凱撒開始成為人們心目中的真正英雄，無數次被歷史緬懷與追憶。

而同樣在西元前四十五年，在東方，另外一個凱撒式的人物出現了。

終於，在他處心積慮的算計下，他攫取了大漢帝國的統治。他以他篤行的儒學行為，像一個風中的騎士，開始了一段驚動後世的浪漫主義的激情構建一個理想國的實驗。他的名字叫王莽。

和凱撒一樣，這個同樣貴族出身的人，一天突然醒來，發現周圍已是危機重重，他的生命最後也在一片反對聲中被數人瓜分終結。

當凱撒被歷史學家一代代視為羅馬帝國的無冕之皇帝而頂禮膜拜時，而在古老的中國，這個中國最早的民選皇帝王莽的名字則開始成為篡權亂政的小人，經歷無數後人的唾棄與謾罵。

被權力遺棄的貴族

同樣在西元前四十五年，伴隨這位當時儒家心中英雄出生的還有一個絕世美麗女子趙飛燕。英雄美人，三十八年後，他們的人生有了交集。王莽以「禍全亂政」把她逼死在未央宮的一個橫樑上。這裏最後也成為他的墳場。陪伴他倒下，還有數千的忠實粉絲。

若干年後，已經坐上龍椅的大新帝國的君主王莽回憶西元前四十五年他出生這一幕，一定會面色嚴峻的說：那天山東濟南東平陵王家墳頭上，突然枯木生枝，萬物皁新。

這個一直自詡為舜的後裔其實並沒有他後來說的那麼高貴，這甚至是一個苦孩子的發跡史。

王莽儘管出生在一個外戚之家，在他出生的前三年，他的姑媽王政君經過漫長的等待後，終於被漢元帝立為皇后。

遺憾的是，一直庶出的父親王曼早在王莽十三歲的那一年，就離開了人世。以致於等到後來王政君的兒子成帝即位，按照母親的意旨進行加封王家時，卻沒有了王莽的份。

一個更糟糕的消息，還在繼續等待著的王莽，在父親去世六年後，自己的哥哥王永也隨父歸去了。

和自己的那些堂兄、堂哥們相比，王莽從小體味了人世中最艱難的困頓，因為有了這一段特殊的經歷，公平與人權成為他後來改革的信念。

這一年，十八歲的王莽娶了同樣一位已經沒落的貴族後裔的女人，成為了一個男人，開始真正擔負起一個家庭的所有責任與苦痛。

一直奉行儒家「克己復禮」的王莽，即使在西元八年，登上大位那一天，後來也沒有娶過一個名義的女人，儘管他在私下裏仍然和卑微的奴婢有染。他成為遙遠的古代中國實行一夫一妻的的第一人。

沒有享受到家族庇蔭的王莽，唯一的出路，便和現在那些莘莘學子沒有什麼區別，那就是讀書，希望能夠用自己的勤奮走上仕途這一條獨木船。

早在王莽喪父的那一年，卓有遠識的母親節衣縮食，把王莽送進了太學——帝國當時的最高學府。

在這裏，少年王莽認識了對他人生有重大影響的一代儒學大師陳參，跟老師研習儒學經典著作《周禮》。

《周禮》是一部通過官制來表達治國方案的著作，內容極為豐富。《周禮》管制的分工大致為：天官主管宮廷、地官主管民政、春官主管宗族、夏官主管軍事、秋官主管刑罰、冬官主管營造，涉及到社會生活的所有方面，在上古文獻中實屬罕見。

這本經典古書展示了一個完善的國家典制，國中的一切都井然有序，富於哲理。三讀之後，令人頓生「治天下如指之掌中」的感覺。

如果說，西方的一個理想社會的狀態是兩千五百年前偉大的哲學家柏拉圖和他的老師蘇格拉底在他的經典作品《理想國》對話中所期望的那樣，那麼在東方，則是三千年前的周公的這本儒學經典《周禮》。

從此，這本春秋時期的書典規範的，成為王莽的最高行為準則。許多年後，締造大新帝國的王莽，任用自己的老師陳參，嚴格按照《周禮》的描述，一起制定了那場以「克己復禮」的社會主義改造運動。這本書成為後來推行新法的施政藍本。

許多年後，當王莽試圖以自己一個知識份子的力量，構建一個東方柏拉圖式的理想國時，正如柏拉圖在敘拉古最終的結局一樣，不出意料地走向失敗。

冉冉升起的官二代

西元前二十三年，大司馬王鳳病了。

王莽親自前去伺候這位大伯父，親自嚐藥，累得幾個月都沒有睡好覺。王鳳臨死前，慎重地把王莽託付給自己的姐姐和外甥——已貴為皇太后的王政君和漢成帝。

這一年，王莽被提拔為黃門侍郎。官不大，卻是替皇帝起草各類文件的核心機構。

西元前十六年，王莽被封為新都侯，這一年，他二十九歲。他也以儒生兼外戚的雙重的身份成為當時一顆耀眼的政治新星。

在三十七歲那年，王莽以知識份子的形象一躍成為大司馬，和其他儒學出生的大臣組成三公，組成了一個知識份子參政的領導班子，輔助成帝，總理朝野各項事務。

甫一上任，王莽奏請成帝批准，進行了一系列的改革。

依據《春秋》裏「以貴制賤」，也就是高薪養廉的意思，罷刺使更置州牧。大幅度提高官員待遇，每個官員俸祿從六百石提高到二千石。

依據《論語》裏「孔子布衣，養徒三千人」的記載，把太學招生名額從一千增加到三千人。

王莽為了實現知識份子治理國家的理想，提拔了當時許多重要名儒大師參加政權建設。他在自己的施政綱領中，提出限制富豪權貴侵吞民財和奴婢，保證貧民生存權和人權。

然而，就在王莽新政滿一年，突然因為漢成帝的死亡，哀帝登基，王政君被封為「太皇太后」，事實上，權力從此被架空。

離開了姑媽的關照，二個月後，王莽大司馬的權力不得不被終止，讓位給下一任帝王哀帝的外戚集團。

外戚是權力的腫瘤，伴隨著漢帝國的肇始和覆滅。

在這一次權力鬥爭中，王莽第一次被迫下野。儒生施政的理想隨著帝王的更迭，就像夏天上空飄過的一道雲彩，還沒有落下雨點，便宣告幻滅了。

西元前四年，心情懊惱的王莽，回到了自己的封地南陽新都。這個始終高舉著「奉漢大宗」的旗幟，一心要用儒學來普度眾生的教主開始了三年隱野生涯。

跨越過漫長的地理空間，這一年，西方也誕生了一位偉大的領袖耶穌。

耶穌後來在聖經中早已用十分肯定的語氣回答你說：我是世上的光，要除去罪惡黑暗，帶給人生命和盼望。

也就在這一年，回到了新都的王莽家裏發生了一件大事，這件事情影響深遠。

王莽的兒子王獲隨意殺死了一個奴婢，這本來是不值得大驚小怪的事情。

但王莽以兒子的行為違反了儒道的「人為貴」的要義，最後兒子被逼自殺謝罪。

長期致力於中國歷史研究的美國學者費正清後來分析這一現象時說：中國家庭是自成一體的小天地，是個微型的邦國。家庭是當地政治生活中的成分，在家庭生活中灌輸的忠誠與孝道，是培養一個人以後忠誠於統治者並順從國家政權的基地。

王莽，在家庭中，從小遭受白眼，極端的自卑。三十七歲身懷儒學經典，位極人臣，極端自負。交織出矛盾斑駁的人性世界，昭示了他後來一手締造的大新帝國十五年的命運底牌。

最終，這個舊體制裏的最矛盾的人物，一個勇敢的摧毀者，從一個僵硬的極端，滑向了另外一個華而不實的地獄。

王莽的這一民貴思想，後來在他推行的新政中佔有最為重要的一席之地。景仰與質疑、高尚與作秀、悲劇的氣息，一直伴隨著這個紅得發紫的偶像身上。

哀帝即位後，在自己的母親傅太后的干政下，很快，推翻王莽制定的一系列新政。

太學從三千又恢復到一千，一大批儒學幹將被罷官，賜死。整個朝野政權被新一代外戚們玩弄於鼓掌之中。

朝中大臣像走馬燈似的換來換去，最後好男色的哀帝把大司馬的位置投向一個面清貌秀的皇宮更夫董賢。

哀帝和董賢同床而臥，有時候睡著了，為了不驚醒這個男粉知己，他只得割斷衣袖而去，這便是歷史上臭名昭著的「斷袖之癖」。

儒生精英們和外戚集團已經水火不容之勢，他們開始懷念王莽執政的時代，並暗中串聯倒戈。西元前二年，這一年的一次天出日食終於給儒生們提供了一次法理上的炮彈。

一向相信天命神授的哀帝見這一奇觀，驚恐不安，召集群臣詢問對策。最後的結果是，在儒生們的壓力下，哀帝只得以侍奉王太后的名義，下詔王莽回到京師。

儒生們的造神運動

這一年，當王莽闊別三年，再一次回到京城的時候，他的事蹟被當作儒家真正的英雄而受到傳頌。

現在，他唯一要做的是繼續等待。理想在前方飄蕩，而現實是殘酷政治的鬮割，他需要等待一個契機，給政敵最後一劍封喉。

跨過西元新紀年的門檻，在這裏，王莽要完成儒家治國平天下的霸業。

面對越來越混亂洶湧的政局，這時候的王莽閉門不出，仍然一副侍奉王太后忙碌的樣子。深諳權力遊戲的他知道，政治就是你死我活，沒有中間道路可走。這時候，以靜制動是最好的政治操作，沒有十足的把握與時機，絕不能輕易出手，否則便死無葬身之地了。

重返權力的核心，他在苦苦等待一個命運逆轉的時刻。

舊紀年的最後一年，西元前一年，坐了六年皇位的哀帝一命嗚呼，在夏天的一個夜晚，突然暴死在未央宮裏。

密切關注政局的王太后得知消息後，立刻命令王莽手持寶劍收取了象徵帝位的玉璽。然後命令京師所有軍隊歸王莽直接調動指揮。

第二天，董賢這個美色少年被解職並脅迫自殺。當年參與支持哀帝的一代美人皇后趙飛燕也以禍國亂政被王莽誅殺。

王莽以當仁不讓的外戚元老和儒學領袖的雙重身份，把大司馬職位收入囊中，在朝野的一片歡呼聲中，再次走上大漢帝國的政治前臺。

最後，在朝中沒有權力根基的平帝被扶持上了皇位。

王莽回到久違的政壇，新外戚的殘餘勢力被抑制。一大批儒家知識份子再次得到重用，過去制定的政策重新得以恢復。

姑侄的一次成功的政治佈局，一場和平政變遂告落幕。

經歷過政權的數次更迭，王政君也已心意懶散，開始退居二線。畢竟這個貴為三朝皇后太后的老人已經七十二歲了。

王莽成為這次政變最大的贏家。在一個傀儡的皇帝的遮擋下，他以安漢公的名義，總攬政綱，成為未央宮裏的真正主人，此後，他再也沒有離開過這裏，政權被他牢牢地控制在手中，他用鐵血的專制手腕，開始了他漫長的儒道復新治理這個龐大帝國的宏願。

西元前三年，漢平帝跨進了人生的第十二個年頭。經過上下群臣一致的強烈要求，最後王莽的女兒成為皇后。

這一年，為了大興教育，王莽太學從哀帝時期的一千人擴招至一萬人，設立各類學問經典著者的博士。一時，儒學、曆算、本草等長安各路精英雲集，參加辯論。

英國劍橋學者李約瑟博士後來在他的《中國科學技術史》書中說：這是王莽召集的中國古代第一次科學專家會議，是真正科學上的一次百家爭鳴。

與此一個背景是，由於大財團和貴族的把持，土地兼併日益嚴重，許多農民失去土地，開始流離失所。

王莽開始把財政向民生傾斜。他在城中由政府投資，興建大量的廉租安置房，供貧民居住。緊接著，他又下令，修改法令。對老人和小孩子不加刑罰，婦女如果不是重罪一般不得逮捕。幾近傾覆的大漢，在王莽開出的藥方的調劑下，開始慢慢恢復了元氣，四海之內開始了歌舞承平的短暫回魂時光。

儒士們高唱讚歌，以古代周公相稱，歌頌王莽實行仁愛，懲罰私親，以禮治國的不朽功德。

儒生們奔相走告，他們把這一切都歸功於王莽的英明領導。王莽也無可爭議的成為儒學的領袖，士子和平民們心中的偶像。

西元四年，京城周邊地區的大約四十八萬知識份子，約占這個地區知識份子比率的百分之九十六，聚集都城廣場進行造勢遊行，聯名上書給皇帝和王太后，表達他們的意願，要求加封王莽為九命之錫──這是帝國僅次於皇位的最高獎賞。

面對民間這一要求，王莽連夜上了份奏章表明自己的心跡：我是外家親戚，已經越過資歷佔據高位，我現在最大的願望是你們停止這些請願，讓我安心的完成制定禮法公佈全國。如果禮法遭到非議，那麼我來承擔政治責任下臺。如果大家肯定禮法，那麼我能夠保全性命回到封地回家，讓位給賢能者是我最大的心願。請你們務必能夠理解我現在的心情。

這個時候的王莽，還沒有脫離出他儒生「修身齊家平天下」的情懷。他的這一番表白，儘管有作秀的成分，但他對自己有足夠的清醒認識，也算是發自肺腑。只是這時候，身在政治江湖，情勢的發展，也由不得了他自己。

奏章一出，立刻在朝野掀起了更大的波瀾。這一次，劉氏皇室後裔，貴族王侯們也加入了聲勢浩大的請願。

西元五年五月，王太君親自來到未央宮，宣讀了冊封王莽「九命之錫」的誥命。五十歲的王莽走上了「一人之下，萬人之上」的儒家知識份子問政的峰巔。

亞當・斯密說：試圖指導私人以何種方式運用其資本的政治家，不僅是其本人在瞎勞神，也是在僭取一種無論如何也不能安心地授權給樞密院和參議院的權力；由一個愚蠢和專斷到幻想自己是適於行使這種權力的人掌握它，是再危險不過的了。

盧梭在他的成名作《社會契約論》中這樣寫道：人是生而平等的，但往往無不生活在枷鎖之中，那些自己認為是主人的人，最後往往也會成為奴隸。

而這時候的王莽，正在大搖大擺地踏向了一條通往未來和歷史的奴役之路。

冒險的實驗開始了

權力是最好的春藥。

被民意挾持的王莽也開始了他個人的飄飄然的政治欲望地膨脹。

兩個月後，在深宮一直驚慄的小皇帝寂寞地死去，他的身邊除了太監，沒有一個親人陪伴，平帝之死也成為一樁王莽無法說清楚的疑案。

兩歲的劉嬰成為繼位者，王莽理所當然的被眾人推舉為攝政王。

但權力的鬥爭並沒有終止。

西元八年，皇室一些看出王莽篡位的後裔買通了侍衛，準備策劃綁架王莽，另立新主。政變的計畫很快暴露，參與的人全部被處死。王莽第一次感受到了來自皇室權力的真正威脅。畢竟，劉氏才是這個帝國的真正主人，他充其量是個高級打工仔。

西元九年，新年剛過，在朝野的各路高調勸進聲中，一直以周公自居的王莽，不顧王太后的堅決反對，撕去最後的面紗，逼迫劉嬰禪位，建立新朝。兩百一十五年的西漢帝國宣告結束。

王莽上臺後，立即提拔當時的大知識份子劉歆，為大新帝國的「國師」，建立一個以高級知識份子為班底的輔政班子。而王莽本身就是一個大經學家，對經學十分癡迷，事必據《周禮》。

還在平帝時代，王莽就支援劉歆，把古文經立於學官，設立古文經學博士。王莽篡漢後，劉歆成為四輔臣之一，以「國師公」的身份，用古文經學為新朝建立一套不同於今文經學的理論，用來「託古改制」，期冀建立一個不同以往的自由理想國。劉歆後來也在一場推翻王莽的政變中敗露而自殺。

柏楊後來也在《中國人史綱》中說：「王莽是儒家學派的鉅子，以一個學者建立一個龐大的帝國，中國歷史上僅此一次。他奪取政權的目的與劉邦不同，劉邦之類只是為了當帝當王，滿足私慾。王莽則有他的政治抱負，他要獲得更大權力，使他能夠把儒家學說在政治上一一實踐，締造一個理想的快樂世界。認為古代社會中，人人平等，可是到了後來，互相爭奪，遂發生不平等現象。富人有很多土地，窮人則一無所有。男子淪為奴隸，女子淪為婢女。幸而仍保持自由，父子夫婦，終年辛苦耕種，卻不能吃飽。」

這當然是柏楊對歷史和王莽的一廂情願。恰恰相反，歷史一再證明，試圖依靠模型建立一種理想國的大同社會極端自由主義者，一旦走上政治權利的舞臺，他們往往走入架空社會的另一種極端專制的陷阱中，為極端政權所張目。

即便是在西方，當民主啟蒙已經完成，當知識份子與政治相遇，這樣的悲劇仍然無法停止轟轟烈烈的上演。

從海德格爾到施米特，從尼采、薩特、到福柯等等，當他們的知識激情為自由政治所誘惑或屏障，就像王莽一樣，將會不可避免地滑向了民主的對岸。

這是中國歷史上真正以儒家身份登上帝國最高統帥的第一人。他的知識份子形象極大地鼓舞了後來者。

後來，一直提倡好人政府的自由派的民國學林領袖胡適，在一九二九年寫的〈再說王莽〉中深有同感地說：「王莽是中國第一位社會主義者。王莽受了一千九百年的冤枉，至今還沒有公平的論定，他的貴本家王安石雖受一時的唾罵，卻早已有人替他伸冤了。然而王莽卻是一個大政治家，他的魄力和手腕遠在王安石之上。我近來仔細研究《王莽傳》及《周禮》，才知道王莽的確搞得是是社會主義那一套。」

一九四六年，胡適決定效仿他的政治偶像——王莽，參加國民政府的行憲法會議，以獨立知識份子身份競選中華民國大總統。

只是胡適沒有王莽那麼幸運，在沒有政治集團的護駕下，知識份子身份只是招牌，而不是實力，離開了外戚這張王牌，王莽的儒家身份在政治上也不會走得如此之遠。

然而，王莽以民意自重，自立為帝，也把他釘在了歷史的恥辱架下。

白居易有詩說：「周公恐懼流言日，王莽謙恭下士時。向使當初身便死，一生真偽復誰知。」

歷史沒有太多的假設，它的詭秘就在於它有無限不可預測的可能。

一九一六年，被西方國家一直寄予改革厚望的袁世凱，在自己兒子導演勸進的稱帝聲中，廢掉中華民國稱號，改稱洪憲，在各路討伐聲中，六月六日袁世凱在鬱憤中結束了他的千年帝夢。王莽和袁世凱的名字，在歷史的深處，緊緊的擁抱在一起。

名正言順的登上了帝位，掌握了最高權力後，新帝王莽在沒有培養得力的內閣執行團隊時，就迫不及待的開始了轟轟烈烈的託古改革運動。

西元九年，為了解決西漢末期日益嚴重的土地危機，王莽根據《周禮》裏關於井田制的記載，頒佈政令：

一、取消自商鞅變法時實行的土地私有制，規定土地一律國有，不允許土地私有買賣，恢復一千多年前的井田制。八口以下的家庭，土地不得超過九百畝。

二、耕地重新分配。沒有土地的貧民，由政府分給土地。以一對夫婦一百畝為原則。

三、凍結奴隸繼續自由買賣，提高奴婢的社會地位，保障他們的人生安全。

西元十年，在沒有鞏固既有的政治體制的改革成果後，王莽又倉促的進行了經濟改革：

一、政府控制物價。糧食布匹等供過於求時，政府按成本價買進；求過於供時，政府平價賣出。

二、徵收所得稅。一切工商業，包括漁獵、醫療、織布、旅館、工匠、擺攤等，從前自由經營，現在政府徵收百分之十所得稅。

三、實行專賣制度。鹽專賣、酒專賣、鐵器專賣，由中央政府壟斷貨幣發行權（以前大富豪可以自鑄錢幣）。

四、規定國內所有自然資源均屬國家所有，由國家開採。

五、首創政府貸款。老百姓沒錢祭祀喪葬，可向政府貸款，不收利息。經商貸款，收百分之十利息。

這些頗具前瞻的改革設想，在十九世紀的西方，才被法國一個叫傅立葉的社會主義空想者一再提及，王莽在一世紀就開始了社會主義在遠古時期的實驗。

在沒有得力的新政監督與執行層後，土地國有化和禁止買賣奴隸的政策實行了三年，遭到了大地主與豪強的強烈抵制，新法根本無法得到推進。

這個時候的王莽，也不是沒有翻身的機會，如果對他的新法加以適當的改良，立刻組建強有力的執行機構，動用強制的行政力量，度過變法的激烈陣痛期，歷史將會為此掉頭續寫傳奇。

西元十二年，王莽在巨大壓力下不得不取消兩禁令，准許買賣土地和奴隸。

書生的軟弱本性，導致了王莽的妥協。剛剛看見新政幽微的曙光，便又熄滅了，變法也失去了最後正名的時機。

就在王莽實施激進改革的同時，他在很短時間內改革幣制高達五次。英國現代著名的經濟學家齊克說：貨幣的命運最終也是一個國家的命運。

貨幣是國家權力和信用的象徵。王莽貨幣制度的改革，徹底的拖垮了已經奄奄一息的帝國的金融體制。

社會迅速陷入了混亂，列強和豪富乘機製造通貨膨脹，發動了一場對於王莽這個大新帝國的貨幣戰爭，他們利用這個機會，大肆吞併土地，大批流民破產。下層百姓開始發洩對政府的不滿，各地紛紛騷亂。

一場以打擊特殊利益集團的改革，到最後竟然成為這些集團繼續擴張自己私欲的契機。

更糟糕地是，由於王莽依據那些已經久遠的儒學經典的繁文縟節，對行政機構不厭其煩地多次更名，導致的一個嚴重後果是，指揮系統的極端混亂。

王莽對帝國的臣屬藩國也一律取消他們的「王爵」的封號，改稱「侯爵」。這時候，那些也早已對王莽心生不滿的少數民族在邊境也相繼起兵，討伐王莽，要求為自己封號正名。

內憂外患下，王莽這個一心想用《周禮》締造一個大同理想的帝國已然宣告破滅，等待他的是一個已經群體性事件頻頻爆發的國家爛攤子。

這一次，這個昔日的儒生領袖驚慌失措，乾脆命令軍隊和員警對無辜的、已經無家可歸的貧民揮起了屠刀，更大的輿情和暴亂以報復性反彈呼嘯而至。

最終，一場當初以「社會主義」改革的理想藍圖，在經歷了短暫的十五個春秋的激情演繹，隨著西元二十三年，王莽生命的終結，在一場流血中化為泡影。伴隨王莽終結生命的還有那些最後試圖和他一起建立這個理想社會的數千忠誠粉絲。

王莽還沒有來得及去申辯，便把自己六十八年的生命交給了漫漫長夜的歷史去審判。

歷史將會給出怎樣的答案？

一九二六年，毛澤東在廣州農講所講課，談到歷史上沒有人研究過農民問題時，他就直言不諱地提出：均田制是王莽時提倡的，可見他注意到農民問題了。因為農民問題最重要者其惟土地，而他先節制田地。地主階級見王莽所行的政策，諸多不利於己，欲尋一代表本身利益之人，起而代之。而劉秀遂於是時起來了。倡人心思漢，以迷惑一般人之耳目。蓋因王莽代表農民利益，不得地主階級擁護，劉秀則代表地主階級之利益，故能得最後之勝利。

一場轟轟烈烈的託古改革運動結束了。理想的激情燃盡，一個神話從終點又回到起點。

順天時是偉大的政治家所必備的素質。他和失敗的政治家相比一個根本標準在於：一個有預感未來的能力，並能夠制定詳細可操作的政治綱領，一個則是理論機械的模仿，而無順應政治情勢的演練技能。

改革家，都必須嚴格按照身處的社會實際情況去進行循序漸進的改革，不能夠事先給自己腦袋套上任何理論和理想的套子，實踐才是檢驗改革的唯一標準。否則，改革便是災難。

王莽的悲劇在於，以自己一個古典哲學思想型知識份子的個人情懷，過分迷戀於已經風靡一時的儒家經學的國家模型，企圖構建一個理想的世界。

事實上，構建這樣一個大同理想的世界，不僅僅是王莽這樣的官二代。

在柏拉圖的《理想國》裏，這位西方世界最偉大的哲學家和他的老師蘇格拉底更是公開一致宣稱：只有那些真正的知識份子，哲學思想者才合適當統治者，因為他們完全是理性的，能夠控制自己內心魔鬼的衝動，看到真正利益所在，不會去施行真正無法忍受的暴政而走上民主政體的道路。

蘇格拉底為了證明這個真理是如何的正確英明，他乾脆不停的四處演講啟蒙，最後城邦的最高統治者和民眾從當初的敬意也慢慢厭煩了他。

西元前三九九年，這個號稱世界上最早的理想自由的古希臘城邦以蘇格拉底式的民主投票的方式，一致同意以「腐蝕雅典青年思想之罪名」，判處七十歲的蘇格拉底死刑。

柏拉圖聽到這個消息驚呆了。蘇格拉底之死，讓他得出了他和蘇格拉底在《理想國》對話中另外一個結論：一旦一個政治制度敗壞了，無人能夠在不借助在朋友的狀態下，將其恢復到原始健康的狀態，所以知識份子一定要回到書齋中去，離政治遠點，決不和政治發生關係。

仍然，嘴上說是這麼說，但柏拉圖最終還是沒有抵擋住政治伸過來的誘惑。

西元前三六八年，遠在敘拉古城的柏拉圖的一個忠實粉絲迪恩寫信給他說：現在統治這個古城的是他的好友兼連襟小戴奧尼素，小君主和他一樣，喜歡哲學，也算是個高級知識份子，二人都非常仰慕柏拉圖，很想接受柏拉圖的指導。

接到迪恩的邀請信後，柏拉圖猶豫了許久，最後決定還是去玩一把政治，他覺得這是一個機會，憑藉他的哲學智慧，可以建立起一個他《理想國》中描寫的理想國。

小戴奧尼素在接受了柏拉圖哲學的薰陶後，開始以哲學家自居，並準備撰寫一本治國理論的書。他開始認為自己代表智慧和真理，因而也更加專制和狹隘。迪恩也接受了哲學的洗禮，他同樣以掌握真理的知識份子為名片，在小戴奧尼素的專制下，迪恩也以暴力革命的手段走向前臺。推翻了小戴奧尼素不能忍受的專制後，他也走向了另外一個極端，三年後，他又遭到了部下的叛變和謀殺。

柏拉圖的前前後後三次敘拉古之行，一次比一次失望。他沒有建立起他心目中的自由民主的理想國，而是被更加頻繁的暴亂和專制所替代。

今天，當我們無數知識份子仍然在津津樂道談論《理想國》時，恐怕沒有多少人會真正留意柏拉圖這一段不堪回首的政治履歷。

也許蘇格拉底和柏拉圖的這一段政治經歷，真正留給當下的一個教訓是：如果一個知識份子或者一個政治思想學說「絕對理想國」的構建者，試圖自己或者幻想這樣的代言人走上政治統治（甚至是最高統治）這一條道路，那麼結果則是要麼政治被破壞，要麼知識被破壞，要麼兩者都被破壞。在這兩者之間，必須建立一個安全的隔離帶。否則在政治的實際操作層面，知識份子依靠理論模型吞噬下精神鴉片，無疑會成為一個國家最致命的毒藥。

隔著五百年的煙雲，跨過遙遠的海岸。無論是王莽、凱撒、柏拉圖，甚至是小戴奧尼素，他們都在另外一個歷史角落裏狹路相逢了。

同樣是西方自由主義代表的哈耶克在《通往奴役之路中》這樣告誡道：在我們竭盡全力自覺地根據一些崇高的理想締造我們的未來時，我們卻在實際上不知不覺地創造出與我們一直為之奮鬥的東西截然相反的結果，人們還想像得出比這更大的悲劇嗎？

歷史行而無遠，當今天新（極端）左派，新（極端）自由主義學派和新（極端）儒學派正在當下互相喋喋不休論戰時，曾經的苦難，像一記記幽微的鐘聲，它敲響了千年中國正在疾奔的政治旅程。

正如德國著名詩人荷爾德林在詩中寫的那樣：總是使一個國家變成人間地獄的東西，恰恰是人們當初試圖將其變成天堂。

這是從一開始就是一條不歸路，最後連著這個帝國一起倒下的，還有王莽這個風中騎士的身軀。

但儒學治國的情懷，並沒有隨著王莽生命的終結而消散。

儘管幼稚，但這畢竟是個偉大的試驗，王莽的失敗也以不同的方式，鼓勵和提醒著更多的後來者走上政治變革這一條道路，當然，他的失敗也給予後來者更多的警示。這也正是這個民族得以綿延千年不衰的真正的基因。

德國哲學家阿倫特說：即使是在最黑暗的時代中，我們也有權去期待另外一種啟明，這種啟明或許並不來自理論和概念，而更多地來自一種不確定，閃爍而又經常很微弱的光亮。

王莽不是歷史的罪人，他應該得到公正的敬意。他的後來者，沒有一個比他走得更遠。也沒有一個比他更有心懷蒼生的理想情懷。他成為了帝國的孤兒，一個歷史的先烈。

秦人無暇哀之，而後人哀之。後人哀之而不鑒之，亦使後人而復哀後人也。

一千四百年後，大明帝國的第二任書生皇帝朱允炆，年輕的建文帝書生氣十足，繼承了王莽的儒家情懷。

建文帝把黃子澄、齊泰和方孝孺三位儒家名師引為心腹。進行建文新政的具體規劃。

方孝孺依據依然是兩千多前的《周禮》。一部關於社會主義烏托邦式政府的經典著作。

對六部及其下屬司的組織所作的各種改動中，對官員和皇帝侍從的頭銜所作的變動，以及對南京各官署的名稱所作的改革，都是本著古代的《周禮》行事。

這三個大臣勇敢、正直和滿懷著理想。但是，他們都是書呆子，缺乏政治實踐意識和從事公共事務的經驗，也沒有領導才能；他們對於問題的分析往往限於紙上談兵，不切實際。

一四〇二年，燕王朱棣以三十萬大軍的鐵蹄把這個不切實際的新政蹂躪在腳下。

一心也想復古建立不朽帝業的建文帝，最後在皇城南京的一場大火中，自己也不知所終。

隱伏在中國政治生態下的孔孟之道，即使到了二十世紀中葉，王莽儒家情懷的影子仍然揮之不去，鼓勵著那些想要參與社會革新的人們。

帝國在掙扎中繼續匍匐。

一九三四年，蔣介石在南昌推出的國民教育運動，橫跨八年抗戰。新運動雖然標榜「新」生活的幌子，內容卻是「舊」的儒家思想的蓋子。

一九四五年，在抗日戰爭取得決定性勝利後，蔣介石在準備召開的行憲國大會議的前夕。他信心滿滿地發表了由陶希聖替他捉刀的著名的〈中國之命運〉一文。

蔣在文中這樣描述道：故培養國民救國道德，即是恢復我國固有的倫理而使之發揚光大。而其最重要的目的，使我國民重禮尚義，明廉知恥的德性，這種德性，即四維八德之表現，而四維八德又以「忠孝」為根本。

這是一篇儒學新政的檄文。四年後，蔣介石政權在大陸潰敗，儒學復國的夢想，隨著歷經十五年的新生活運動改造也一起在異鄉飄零了。

德國著名經濟學家赫希曼在《激情與利益》中這樣寫道：追求烏托邦的崇高理想，容易帶來傷害與恐怖，激情驅動的行為是狂野而有害的。

然而，歷史就是在這樣的流血輪迴中悄然改變了。

正如現代著名湖畔派詩人馮雪峰在〈雪之歌〉這樣歎道：

一切的深思，
一切的無知，
一切的嗚咽，
一切的飢餓，
一切的隱閉
和一切的赤裸，
都從一個夢裏，
飛進。

毛澤東以高瞻遠矚的政治謀略，成功地從儒學經典中突圍。根據《周禮》記載，毛創造性的提出了「造反有理」的革命理念，他用這個實用有效的理論解決了困擾中國幾千年的土地兼併難題。

一九四九年十月一日，隨著二十八次禮炮的鳴響，一個嶄新的政權宣告落地。而這時，距離王莽構思的社會主義宏偉藍圖已經過去了一千九百二十六年了。

這一刻，儒道千年帝國的夢幻，在毛澤東一聲「中國人民從此站起來了」後，在這塊古老的土地上正式壽終正寢。

【知古鑑今】

袁世凱：在維新與改革之間

人們一直認為袁世凱是一八九八年戊戌維新的「叛徒」，但可能並不知道戊戌維新沒能實現的大多數改革內容，後來是在袁世凱的手中實現的。

袁世凱並不止於此，他還和其他力量一起推動改革升級。

一九〇一年，經歷一八四〇年以來又一個不幸的庚子年後，大清帝國迎來辛丑年。九月七日，七十八歲的直隸總督兼北洋大臣李鴻章，完成他最後的使命——繼六年前出使日本簽訂《馬關條約》，再次代表清廷與十一國簽訂《辛丑合約》。

兩個月後，這位被美國《紐約時報》稱為「遠遠走在他這個時代的前面」的老人，病逝於北京賢良寺。臨終前，已經穿上壽衣臥於病榻上的李鴻章，忽然睜大眼睛，嘴唇喃喃顫動，兩行清淚緩緩滾出。他的雙目，是由他的老部下周馥闔上的。

十天過去，他的另一位老部下、山東巡撫袁世凱，接替他的職位。《紐約時報》把袁視為「改革家」李鴻章的最佳接替者，「袁當然不是大清改革運動之父，但他能讓改革持續下去。」

此年，在官方話語中，「改革」再次成為主流意識。從一月到八月，「西狩」（因八國聯軍攻陷北京而向西安逃難）途中的慈禧太后，連發三道「變法」上諭，要求大臣們參酌中西政要，就如何改革各抒己見。此前的三年裏，受戊戌維新失敗的影響，朝野上下對於西方政治西方學問，「不敢有一字涉及」。

「首創之功」：新政與帝國的餘暉

袁世凱的地方「新政」，無疑是整個清末新政中一個最典型的範例。

一八九五年八月二日，光緒帝召見袁世凱，命他提交改革方案。八月二十日，袁遞上一份一萬三千字的改革建議，分為儲才九條、理財九條、練兵十二條、交涉四條，主張學習外國、變更舊法，並提出具體的變法策略，比如理財九條，包括鑄銀錢、設銀行、造紙幣、振商務、修鐵路、開礦藏、辦郵政、造機器、飭厘稅等。「儲才」中的設立館院，與維新變法所開辦的京師大學堂相類似。

袁世凱雖然提出了一攬子改革計畫，但並沒有足夠的權力來實施。一九〇一年，他一當上直隸總督兼北洋大臣，就開始在政治、經濟、軍事、文化教育等方面積極推行地方新政，使直隸地區成為「新政權輿之地，各行省咸派員考察，藉為取法之資」。

派遣官員出國學習考察，瞭解國外新事物，是袁世凱整頓直隸吏治的一項重要內容。他認為所有官吏都應該懂得「一切西政、西史」，而「派令出洋遊歷」就是一個重要途徑。他命令直隸州縣實缺官員必須赴日學習三個月，經考察確有所得後才能赴任。

比如保定府派員訪問日本。他們在總結考察心得的基礎上，向袁世凱提出「州縣改良事宜六條、籌款事宜兩條」的建議。尤其是仿照日本稅法，改良直隸稅法一項，袁世凱批示「大致可採」。

更大的改革來自經濟領域。袁世凱推動創立官辦、官督商辦經濟機構和新式經濟社團。一九〇二年八月，袁世凱按山東商務局成例設立天津商務局，任命天津滙豐銀行買辦吳懋鼎、道勝銀行買辦王銘槐為總辦和幫辦，旨在「官商聯為一體」，重振天津市面。但該局買辦色彩濃郁，難以起到聯絡眾商、疏通市面的作用。袁世凱於次年五月命令改組商務局為商務公所，復任命紳商人為公所董事，會同吳懋鼎等妥籌辦理，並委派天津知府淩福彭「督辦一切」。

兩廣總督周馥之子周學熙，從日本考察歸來，按照日本的模式，開辦直隸工藝局、實習工廠、勸業鐵工廠及圖算學堂、考工廠、高等工業學堂等官辦事業；開辦啟新洋灰公司、開灤煤礦等民營企業，最終創辦了北洋實業。

在袁世凱的支持下，天津成為整個華北的金融中心和商貿集散中心，大大促進了華北地區資本主義生產體系的形成。

此時，「即使一些當初對於新政曾經責難的人，至此也不能不嘆服袁氏為首的北洋集團首創之功了。各項有關新政的政策先由直隸創設，再經中央及各省轉相仿效，在全國範圍內次第推廣。」中共中央黨校副編審楚雙志說。

地方自治：「他日憲政之先聲」

袁世凱在直隸推行地方憲政運動，以日本官治、自治相結合為藍本。

一九〇四年七月，實業家張謇主動給自己曾痛罵過的學生、絕交二十年的袁世凱寫信，希望他效法日本伊藤、阪垣主持立憲。袁世凱一如既往，表現出政治家的審慎，回覆是，「尚須緩以俟時。」

據袁世凱的幕僚張一麐回憶：張謇來信後，他曾勸說袁世凱，但袁顧慮重重，不為所動。可是第二天，袁又叫他準備一份準備預備立憲的說帖，以便隨時進呈西太后。僅隔一天，「似出兩人」。

一九〇五年，日俄戰爭被解讀為「立憲國」（日本）對「專制國」（俄國），以及朝野上下越來越多的立憲呼聲，給了袁世凱最後的決心。一九〇五年七月，他聯合張之洞、周馥奏請十二年後實行立憲政體，並請派大臣出洋考察國外政體。

同時，袁世凱在直隸推行地方憲政運動。

一九〇七年，天津《大公報》的創始人英斂之，考察北京的立憲，發現多數報紙內容猥瑣，賭場生意興隆，飯館藏污納垢，官員只知吃喝玩樂，處處靡靡之音。這讓他大失所望。但他所在的天津，卻是一派新氣象。

晚清地方自治以日本官治、自治相結合為藍本，而由直隸等省先行試辦，被稱為「他日憲政之先聲」。一九〇六年，袁世凱委派天津知府凌福彭等籌設天津自治總局，作為直隸城鄉最高的自治領導機關。八月，天津自治總局成立，下設法制、調查、文書、庶務四科。他命令每州縣選派「舉、貢、生員或中學堂以上畢業者，家道殷實、勤於公益之紳商」，分批進入總局附設的自治研究所，學習地方自治制度、選舉法、戶籍法、經濟學、法學、財政學、政治學等管理國家必備的知識，培養自治人才。

為了讓民眾加深對地方自治的認識，袁世凱委派學習過法政又深諳土風的直隸人高振望、趙宇航、步以韶為宣講員，分赴天津屬府城鄉，進行宣傳，宣講近代地方自治基礎知識，並編譯《法政官話》《自治講義》，每月各一次，分發到各屬張貼，要求切實達到「家喻戶曉、振聾發聵」的功效。

經過一年多的宣傳、組織與籌備，一九〇七年六月，天津開始按照選舉規章選舉議員。當時天津人口總計四十一萬八千兩百一十五人。十六日，開始正式選舉，通過初選、複選、分揀、合揀方式，在二〇七二名候選人中，選出三十名議事會議員。

八月十八日，天津議事會及議長、副議長等被隆重選出。

這個議事會是中國第一次「普選制」試運行。袁世凱派專人入會，代表自己祝賀，「近日天津議事會成立之日，可為天津賀，並可為直隸全省賀，不但為直隸一省賀，可為我中國前途賀。」

這個樣板被層層複製，一九一一年，天津的州縣大體都成立議事會。

不是尾聲

袁世凱想把地方憲政運動升級為中央立憲，更加艱難而充滿風險

然而，一九〇七年進入軍機處的袁世凱，並不能將天津樣板複製到全國的其他地方。臺灣學者張玉法把袁世凱稱為當時地方官僚中「最為激進」的立憲勢力，但顯而易見的是，袁世凱想把地方憲政升級為中央憲政，更加艱難而充滿風險。

袁世凱的勢力，並未像《紐約時報》記者湯瑪斯・米拉德半年前所預計的那樣，隨著慈禧之死有所增長，反而被攝政的醇親王載灃——在討論立憲會議上曾欲拿槍射殺他的人——以足疾為由開缺回籍。

三年後，無力填補慈禧和袁世凱留下的權力真空的載灃，萬般無奈下請袁世凱出山。載灃導演的「皇族內閣」已將君主立憲之路堵死，袁世凱不得不投入「走向共和」的歷史潮流。

王安石：致命的自負

二〇〇八年三月十八日。北京人民大會堂。剛剛當選的新一屆國務院總理溫家寶與採訪十一屆全國人大一次會議的中外記者見面並回答問題時，提到了「中國十一世紀的改革家」王安石的名言：「天變不足畏，祖宗不足法，人言不足恤。」

溫家寶說：「經濟體制改革和政治體制改革要有新的突破，這就必須解放思想。解放思想需要勇氣、決心和獻身精神。解放思想和改革創新，如果說前者是因的話，後者就是果。」

在人們普遍對溫總理引用這一名言進行各種聯想與解讀時，已經走入歷史寂寞深處的王安石，再次以政治的方式，在一個特殊的時期和場合，走進了人們的視野。

於是那些關於王安石的故事，隨著歲月的更迭反而更加清晰可辨了。

如果少了王安石，中國的改革史則要單薄了許多。他差不多是中國式改革的一個宿影。千年的帝國，從來沒有這樣的一段改革如此反覆，如此充滿了爭議。以致於國家內部勢力最後的對立紛爭。

王安石年少成名，卻一再拒絕帝國的任命，深耕於基層多年，歷新弊法，在地方頗有人望與政績。

然而，當他以毫無爭議的道德完人和學術領袖，執掌國家大政開始革新時，所有的故人卻棄他而去。最後他功虧一簣，那些反對者們甚至把他釘上了恥辱的柱石。

一個前途遠大的政治明星，試圖依靠改革來挽救這個古老的帝國夢想，最後在風中殞滅了。

他到底做錯了什麼？

一份完美的政治履歷

一〇六七年正月，年僅二十歲的宋神宗趙頊從他的父親手裏接過了大宋帝國的皇位。留給這個小皇帝的還有一個政權已經岌岌可危的爛攤子。

對內財政入不敷出，官員機構臃腫不堪，三分之一的土地淪為富人囊中，致使富者有田無稅、貧者負擔沉重，連年的自然災害加劇了農民苦難，因而造成各地農民群體性事件頻繁。

更要命的是，由於對外連年戰爭，大宋的國力被拖垮，西夏和遼國早已虎視中原。由於帝國開國皇帝趙匡胤，害怕那些大老粗的武將們也效仿他一樣，一夜之間黃袍加身，所以那些只會紙上談兵的可愛的文人們就進入了這個皇帝的視野。

宋太祖作了這樣一條關於軍事方面的最高指示：軍事最高指揮一律由根本不會打仗的文官擔任，加之頻繁調動武將，導致兵無常帥、帥無常師，並設立不同機構管轄軍隊，調兵權與領兵權分離。

這樣的結果自然是逢戰必敗。大宋帝國被迫靠每年給少數民族歲供得以保全宗廟。

面對如此困境，一心想有所作為的神宗立志革新，決定效法秦孝公實施變法，以圖強兵富國，只是他身邊還缺少一個商鞅式的執行人物。

於是，他把目光投向曾經和范仲淹一起領導慶曆新政的元老重臣富弼，徵詢富國強兵和制勝遼與西夏之策。

哪知這個昔日的改革先鋒一改過去的豪情，他以一個過來者的老臣身份諄諄告誡神宗：陛下剛剛執政不久，應當布德行惠，在二十年內不要提及「用兵」二字。

其實富弼心裏還有一句潛臺詞沒有直接對這個年輕的小皇帝說：改革是多一事不如少一事。

其實這也難怪富弼，一朝被蛇咬，十年怕草繩。更何況改革這樣的事情，是把腦袋別在褲腰帶上的危險活。

富弼早年以才名名動洛陽，也算是個不折不扣的大才子，提筆能文，胸有大度。當時一代名流范仲淹見而稱奇，譽他為「王佐之才」，並以其文章推薦給當時文壇領袖兼宰相晏殊，晏殊少年更是奇才，不到二十歲就考中進士，寫出「無可奈何花落去，似曾相識燕歸來」這一千古名句。晏殊看到這個小夥子惺惺相惜，欣賞不已，並把這個年輕人招為自己的東床快婿。

慶曆三年，宋仁宗感於「時陝右師老兵頓，京東、西盜起」的憂患，「遂欲更天下弊事」。將范仲淹調回東京，升任為參知政事，與樞密副使富弼、韓琦等人一道主持朝政。

慶曆新政是大宋帝國第一次自上而下的改革，針對當時的時局，范仲淹認真總結從政二十八年來醞釀已久的改革思想，很快呈上了著名的新政綱領〈答手詔條陳十事〉。

所謂十事，即是「明黜陟、抑僥倖、精貢舉、擇官長、均公田、厚農桑、修武備、減徭役、覃恩信、重命令」，這是以整頓吏治為中心的改革建議，被仁宗採納。

范仲淹為了推行新政，富弼等大臣到各地走訪，篩選各路（「路」相當於現在省級行政區劃名稱）監司（監察官）。

有一次，范仲淹審查一份監司名單時，發現其中有貪贓枉法的官員，就提起筆來，把這些人的名字一一勾掉，準備另選他人。富弼在一旁看了，心裏有些不忍，就對范仲淹說：范公啊，你這筆一勾，可讓這一家子都哭鼻子呢。范仲淹則說出了這樣的話：我若不讓這些官員的一家子哭，那就害得一路的百姓都要哭了。

一〇四七年，由於范仲淹大刀闊斧的精簡官員，觸犯了士官集團，反對派很快找到了攻擊的理由，誣告范仲淹等為朋黨。

這時候，一同參與改革的書生氣十足的歐陽修寫了文章〈朋黨論〉為改革派辯護，提出了「君子與小人勢不兩立」這樣看上去很道統的話，在文中歐陽修自己乾脆承認他們是朋黨。這篇文章引起了仁宗的懷疑，因為武將領兵和文官結黨是大宋帝國的兩條立國高壓線。最後仁宗乾脆罷黜范仲淹和歐陽修，僅僅一年半的新政改革遂告失敗。

也許令仁宗沒有想到的是，歐陽修的這篇〈朋黨論〉，最後竟然成為宋降以後文人結黨的法理。大宋帝國自此文人結黨愈演愈重，整個帝國最後都被撕裂而亡。

在一個個文人治國的年代裏，朋黨這樣的政治頑疾，後來並沒有隨著朝代的更替而消亡，反而在明清二代更為明目張膽。

到了雍正這朝，甚至許多王公貴戚都捲入其間，雍正怒不可遏，專門寫了篇〈御制朋黨論〉，追其根源追到了歐陽修這篇宏文的頭上。他在御文中以天子的口吻教訓到：君子無黨，唯小人有之。

不知道躺在地下已經幾百年的歐陽修，如果聽到這樣的話來，這個可愛的大文豪不知道又該會寫出什麼什麼樣子的辯詞來。

扯遠了。

當聽到富弼這樣消極的回答，神宗無奈搖頭。於是他又把目光投向了朝中其他的幾個德高望重的政治元老，最後這些重臣們出奇一致地反對神宗進行改革。

不得已，在自己心腹大臣韓維的推薦下，他只得把目光投向另外一個已經名滿天下的中年男子王安石。

王安石祖籍江西臨川，父親王益也是一位聲譽頗佳的地方官，在王安石十八歲那年，王益死於南京的任上。

正是在為父親守喪期間，王安石的人生理想發生了重大的改變。深刻的社會實踐，讓他從一個曾經一直自以為是寫些吟風弄月的文學青年，走上了一條更為務實的治學之路。他從青年時代抱定了學以致用的目的，擔負起治理國家的歷史重任。這種實用思想對他後來走上變法之路影響深遠。

在一個文人立國的年代裏，這無疑是一次異端的冒險。那時候的仕途基本是文人雅士詩詞歌賦的應試考試，談得是風花雪月與儒學經典。而王安石卻把更多的時間用了社會調查和歷史典籍的梳理與思考。

慶曆二年，也就是范仲淹變法的前一年，二十一歲的王安石來到帝國心臟開封參加考試，當時主考官便是晏殊，王安石的才識打動了他，這位主考官們當仁不讓的把王安石試卷列為第一名狀元。當這份卷子呈上給仁宗皇帝時，已經年邁的仁宗大看到文中「孺子其朋」這一句時，皇帝大為光火，一怒之下，把王安石踢出三甲，只給了個第四名。

原來王安石引用的這一典故出於《尚書・周書・洛誥》。原文是：「孺子其朋，孺子其朋，其往」。這話本是一代賢相周公對成王的口吻，一般理解為「你這年輕的小孩啊，今後和群臣要像朋友一樣融洽相處。」

一個年輕人在試卷中用長輩的口吻教訓皇帝，當然容易引起仁宗皇帝的反感。

宋神宗找到王安石的時候，那時候王已經在地方和中央歷練了二十餘年，關於他的傳聞，朝野一直流傳著各種各樣的故事。

如果我們以今天的眼光來審視王安石變法之前的從政經歷，可以發現他的這份履歷堪稱完美。

一〇四二年，在范仲淹領導的慶曆新政之夜，二十一歲的王安石考中進士，不久被授予淮南東路簽判，也就是今天的揚州市政府秘書長這樣的一個職位。在這裏，他收穫了他後來改革的反對派的一個主將。

這個人就是當時淮南東路的最高長官是韓琦，韓琦和富弼一樣，也是後來參與范仲淹革新的一代名相。由於過度的自負，王安石來到揚州不久，便得罪了自己的老領導韓琦。

由於王安石經常用功讀書到天亮，所以經常有時候臉來不及洗就來辦公。自隋唐降，大運河的開通，讓揚州成為帝國經濟最發達的城市，頗有點類似於今天上海的那種地位。所以娛樂業比較發達，官員泡妓成風，這個竟然成為一個官員是否在官場混得成功與否的標籤之一。那時沒有現在的婚姻法嚴格，有點感情的，最後納為小妾，好在那時候小三也是個正當職業，儘管社會地位並不高，但也能和正房和平相處。沒有感情的，搞搞一夜情也無妨，你情我願，用公款給點好處最後打發了事，小姐們也守遊戲規則，也不會鬧出什麼驚天動地的維權偉業來。

這樣一個最直接的後果是，從皇帝到各級官員明星整天流連於青樓。在這樣的示範效應下，全民嫖妓玩風雅。

神宗兒子徽宗天生就是個搞藝術的放蕩情種，偏偏最後登上了皇位，他的偶像不是秦皇漢武，而是被他老祖宗趙匡胤賜死的後主李煜。徽宗和後主最後的結局也都是一樣——亡國。徽宗後期在位基本上只幹兩件在他看來所謂的正事，一是搞搞書法繪畫創作，和文人們一起參加藝術沙龍，二就是溜出宮城和文人們互相吃醋，找妓女尋刺激。關於他和北宋名妓李師師以及文壇大師級人物周邦彥一段三角遊戲的故事在藝術圈子裏被渲染得繪聲繪色。

李師師相貌長得如何如何美麗，我們已無從知曉了。我們只能從她的一個粉色知己——北宋另外一個文學鉅子秦觀的〈生查子〉裏想像一番：

遠山眉黛長，細柳腰肢嫋。妝罷立春風，一笑千金少。

歸去鳳城時，說與青樓道：遍看潁川花，不似師師好。

話說當年在所有的客人中，李師師最中意的卻是另外一個大才子周邦彥。有一次宋徽宗生病，周邦彥趁著這個空兒前來看望李師師。二人正在纏綿之際，忽報聖駕老大前來，周邦彥躲避不及，藏在床下。

宋徽宗來了送給李師師一個新鮮的橙子，聊了一會兒就要回宮，李師師假意挽留道：「現已三更，馬滑霜濃，龍體要緊」。而宋徽宗正因為身體沒全好，才不敢留宿，戀戀不捨地走了。

周邦彥在床上聽得二人對話，心裏很不是個滋味，有一天酸溜溜地填了這樣一首詞：

並刀如水，吳鹽勝雪，纖指破新橙。錦幄初溫，獸香不斷，相對坐調笙。
低聲問：向誰行宿？城上已三更，馬滑霜濃，不如休去，直是少人行。

當宋徽宗痊癒後再次來李師師這裏宴飲，李師師一時高興把周情郎這首詞唱了出來。宋徽宗問是誰做的，李師師隨口說出是周邦彥，話一出口就後悔莫及。宋徽宗立刻明白那天周邦彥也一定在屋內，臉色驟變，過了幾天找了個藉口把周邦彥打發出了汴京。

李師師看到自己的心上人落得個如此下場，皇帝這不是明擺著在搞文字獄嘛。為了討個公道，一不作，二不休，乾脆將情郎譜的另一首〈蘭陵王〉唱給宋徽宗這個情敵聽：

柳蔭直，煙裏絲絲弄碧，隋堤上，曾見幾番拂水，飄綿送行色。登臨望故國，誰識京華倦客。長亭路，年去歲來，應折柔條過千尺。閒尋舊蹤跡，又酒趁哀弦，燈映離席。梨花榆火催寒食，愁一箭，風快半篙波暖，回頭迢遞便數驛，望人在天北淒惻。恨堆積，漸別浦縈迴，津堠岑寂。斜陽冉冉春無極，記月榭攜手，露橋聞笛，沈思前事似夢裏，淚暗滴。

情感這事，經過藝術這麼一加工，效果就出來了。宋徽宗也覺得這事做得有點過了，說白了，畢竟都是搞藝術一條道上的，加之祖訓要善待文人，不能讓那些嚼舌頭的人拿這事情當話柄，就又把周邦彥招了回來，封他為大晟樂正，命定正雅樂，做個帝國的御用藝術家吧。

歷史大背景放在這裏，韓琦當時想當然的以為王安石搞成這個樣子，估計也是經常泡在娛樂場所夜夜笙歌所致。

一次，韓琦一大清早在官衙裏又看見了不修邊幅的王安石，便嚴肅地批評說：你現在年紀輕輕的，正是讀書求學的大好時光，千萬不要整天醉死夢生啊。

韓琦沒有直接明說，畢竟是個年輕的讀書人嘛，好面子。但王安石聽了韓琦這樣一說，心裏一楞。他沒有想到自己一直很敬重的老領導也是用世俗的眼光看自己，根本算不上是自己的一個知音。罷罷罷，最後，他乾脆懶得替自己申辯了。

順便多說一句，北宋的那時文學明星和現在的娛樂圈明星一樣，私生活都比較解放，我們今天看到蘇東坡歐陽修等等大師們許多的文學名篇，其實大部分都是對著他們的小妾抒情。倒是官場上一直不討人喜歡的王安石，和後來一直不被王安石喜歡的司馬光，卻是兩個異端，恪守著一夫一妻制，在那樣一個小妾風行的年代，王安石倒是顯得落伍了許多，最後甚至都被官場同僚作為笑柄談資。就像如今的這個年代一樣，官員和富豪如果出去應酬，不帶個養眼的小姐都不好意思介紹自己的身份。

其中一個在北宋官場廣為流傳的段子是這樣說的：有一天晚上，王安石下班回家，看見自己房間裏一個年輕的女子，一問，才知道這個女子原來丈夫輸了錢，被自己的夫人買了來給他做小妾。夫人覺得自己人老珠黃，沒有個小妾跟隨自己的男人，怕自己男人吃不開，很沒有面子。王安石得知原委後，給了些錢，趕緊叫這個女子回去和丈夫團聚了。

沒有多久，韓琦知道了真相，才知道這個年輕人志向遠大。第二年，韓琦便和范仲淹一道調回了中央政府，開始了仁宗短暫的甜蜜慶曆新政。他三番五次想把他收為自己的學生。遭到了王安石的拒絕。兩人也從此結下了樑子。

五年後，二十六歲的王安石出任寧波鄞縣一把手。在這任職的三年裏，王安石開始了地方的政治改革試驗。全力推行他的小額農村貸款。具體做法其實很簡單，就是青黃不接的時候，把官倉裏的糧食借給農民。等到豐收的時候，農民再把糧食還給官府，並給予少量的利息。這也成為他後來變法核心的青苗法最早的雛形。

一〇五七年，三十六歲的王安石出任常州知州，正式開始了他封疆大吏的政治生涯。十個月後，出任江南東路刑獄，位列副省級。

一〇五八年，三十七歲的他又獲重任。被提拔進京，出任度支判官一職，一個相等於今天的財政部副部長的角色。在這裏，一心想報國的王安石，第一次暫時卸下文學青年的身份，以一個經濟工作者的角色，對帝國的經濟運行有了全面的接觸和深入的瞭解。

這一段經歷，對王安石影響頗深，他對帝國的沉疴也了然於胸。這一年，他給年邁的仁宗上了一道〈萬言書〉。直陳弊政，要求變法。

在給仁宗的改革建議書中，王安石對帝國的文人治國這一模式提出了強烈的批判。在他看來，那些所謂的儒學經典，甚至科舉制度對於選撥人才其實根本沒有什麼大的用處，治理國家他們根本不能勝任，用這樣的人從政，則是「茫然不知其方」，如果用這樣的人去領兵打仗，後果更是不可想像。

都是官場應試教育惹得禍，他甚至大膽建議皇帝乾脆取消自隋唐來已經沿襲的科舉選人制度和恩蔭制度。

所謂恩蔭，說白了就是經過朝廷同意，提拔那些不用通過科舉考試而走上仕途的官二代甚至官三代。

事實上，早在范仲淹主政期間，就對這個愈演愈烈的官場現象提出了批評。他曾舉例說，一個在朝廷任職的大學士，一旦做官到了二十年，他通過恩蔭渠道的在京的官二代官三代可高達二十人之多。最後是裂變氾濫，加大了民眾的沉重負擔。

王安石的這一石破天驚的建議，無疑徹底顛覆了帝國的幹部人事制度。改革最難的就是政治體制改革，在政治體制改革難中之難的就是官員待遇和安置問題。畢竟人是最複雜的動物。

在這份萬言書中，王安石甚至提出了在今天看來都很超前的一個選擇人才的辦法，那就是由地方基層推選和民眾選舉相結合的領導人選。再由帝國最高主政者根據德才進行考察，並進行最後經過政府合法任命的程式。

王安石還不忘建議仁宗一旦選撥好人才後，一定要把專業的人才用在合適的崗位上，另外任職時間一定要長，不要太短，以防止這些官員們搞些短平快的政績樣板工程。

在這份洋洋灑灑的萬言書中，王安石亮出了治理國家的第一要務，那就是後來一直被反對派大肆鞭撻的「用天下的財富來為國家理財」這一以經濟建設為核心超前的治國方針。

事實上，正是在仁宗時期，北宋那時候的金融業已經相當的發達，甚至發行了世界上的第一張類似於現代鈔票功能的紙幣交子。

由於官方鐵錢的使用不便，促使一些民間商人在交易中發明了一種製楮（紙）的卷。他們在楮卷上暗藏標記，隱蔽密碼，並以此代替鐵錢，從而大大不便了商人們的商品交易。

這種當初在四川民間發行的紙幣最後被官方接受，開始合法流通。被稱為「交子」，它的性質與現在的存款憑據相近。它比美國（一六九二年）、法國（一七一六年）等西方國家發行紙幣要早六七百年。

交子由於具備了現代貨幣的功能，也是一個雙面刃。北宋當時為了王朝能夠得以苟延殘喘，需要向周邊少數民族國家年年歲貢，加之帝國公務員階層數量龐大，政府公款吃喝已經腐敗透頂，因沒有專業的經濟人才，最後政府不得不大量濫發交子。

仁宗時期，每年中央政府的虧空竟然高達三百萬貫（緡）。按照現代經濟學家的推算，宋代一貫銅錢約相當於現在的四六五元人民幣。放在今天換算總值下來都是一個天文數字。

錢荒怎麼辦？只有大量發行貨幣，這下好了，錢一下子多了起來。那些書呆子哪裡知道，天下根本就沒有免費的午餐。它帶來的直接結果是通貨膨脹。民眾怨聲載道，全國農民起義不斷，宋江和方臘乘機在山東梁山和浙江杭州稱霸稱帝。國家根基開始搖晃。帝國最後在外憂內患中一命嗚呼。

宋亡元興後，義大利旅行家馬可波羅來到中國後，發現了元代使用的紙幣，後來才把它介紹到了歐洲。

美國學者羅波特・坦普爾說：最早的歐洲紙幣是受中國的影響，在一六六一年由瑞典發行。

可以說，那時候的北宋，通過民間的輸送，已經是一個類似於現代金融業高度發達的帝國。如果仁宗真的按照王安石的這一構想去選撥官員，那麼那些通過科舉制度走上仕途的文人學子們對經濟根本一竅不通，無疑全部被淘汰出局。王安石選撥經濟人才的這一構想，到了晚清戊戌新政時才得以實現。

西方現代社會學和公共行政學最重要的創始人，德國魏瑪憲法的設計者，近代著名的政治經濟學家馬克斯韋伯曾談到王安石關於人才的這一偉大構想，他充滿敬意略帶遺憾地說：王安石在政治上的改革，企圖走向專業化，文獻裏也有人主張，以現代官僚制裏有專業能力的官員，取代傳統式的官員，因為沒有人能夠無所不通。不過，中國古老的教育理想，與此等功能上的要求強烈相反，並且，連帶地，也與我們歐洲機械主義態度下對於行政之理性的客觀化的訴求，形成強烈的對比。

在一個金融流通領域已經高度發達的年代，這些文人集團的政治精英階層，除了對於虛妄的儒學和文藝津津樂道之外，竟然對於經濟財政一無所知。反之，還以社會精英自居，對新生事物進行冷嘲熱諷。這實在是國家統治能力的一種下降。這個持續不斷下降，最後只能是曾經的一個天朝大國，淪為一八四〇後任人蹂躪喪權辱國的弱邦。

在那樣一個儒學統治地方的年代裏，文人集團更多的來源於權貴階層，他們其實並不代表下層民眾，他們代表的是一種既得利益者。王安石後來改革所遭遇到強大的阻力與其說是遭到儒學守舊派的反對，不如直接說是得罪了既得利益者的權貴。

已經經歷過一次變法失敗的仁宗，和富弼那些元老們一樣，再也沒有了年輕時候的激情。很快把王安石的上疏束之高閣。

遭受打擊的王安石心灰意冷，他沒有想到自己的一腔熱血換來的卻是這樣一個結果。看來京城的水太深，也非他的久留之地，不如到地方做個實職去實現自己的政治理想，他給當時的宰相富弼寫了封信，要求離開中央到地方做些實際工作。

仁宗沒有同意，這個年輕人很有文學才華，準備把他留在中央鍛煉下。就這樣王安石被提拔成了知制誥，一個類似於今天中辦主任這樣的高級職務。專門替皇帝起草各類詔書文告。

這時候，曾經的老上級韓琦又一次得到了皇帝的重用，在許多場合，他總是有意無意的在排擠這個曾經很不給他面子的年輕後生。

有一次，兩人不知因為什麼事情又沒有搞到了一起，王安石便憤憤不平地對韓琦說：「你這樣就是一個庸俗不堪的老官僚而已。」韓琦也不甘示弱回答說：「難道你到現在才知道，我就是一個俗人而已」。說完拂袖而去。

當神宗後來準備提拔王安石擔任重要職務去徵詢韓琦時，這個曾經的老上級當然沒有給王安石好話來。

一〇六三年農曆三月，宋代帝王中的所謂明君聖主，文人集團的最大靠山，在位時間最長，曾想通過改革來擺脫周邊少數民族軍事危險的仁宗一命嗚呼，英宗即位。英宗一上臺，立刻把富弼韓琦等一大幫舊臣提為宰相。

因為有了前面和韓琦的一段恩怨，加之王安石一直不願意修補已經惡劣的同僚關係。於此相對應的一個顯然的結果只能是，別人當官當得很開心，而王安石在京城做官的日子一天比一天難受。到處受人排擠，同僚不喜歡，新皇帝對他也不高興，自己也很鬱悶，王安石不知道自己究竟做錯了什麼？

這一年的八月，王安石以母亡為由，堅決辭官回江寧守喪。期滿後，朝廷多次徵召，但他都婉言謝絕，他知道，有那幫老臣們在把持朝政，自己根本就不會得到什麼重用，與其這樣被羞辱，倒不如以退為進，等待機會。因為他知道，這個英宗生來就是一個病秧子，估計在位也長不了。一朝皇帝一朝臣，自己到不如先避開即將到來的權力洗牌。就這樣王安石留在南京開始了長達四年的開館講學傳播變法思想種子的生涯，以觀待變。

當神宗遭遇王安石

一〇六七年，才登上大位三十六歲的英宗駕崩，他的兒子即位，神宗甫一上臺，在韓維的推薦下，已經四十七歲的王安石結束了四年的賦閒生涯，就地被任命為江寧府知州。

隔了幾個月，一心想要變法的神宗再次把他調任京城翰林院任職。接到要進京的詔令後，報國有望的王安石寫下了傳頌後世的懷古名作〈桂枝香・金陵懷古〉：

登臨送目，正故國晚秋，天氣初肅。千里澄江似練，翠峰如簇。
征帆去棹殘陽裏，背西風、酒旗斜矗。
彩舟雲淡，星河鷺起，畫圖難足。
念往昔，豪華競逐，歎門外樓頭，悲恨相續。
千古憑高對此，漫嗟榮辱。六朝舊事隨流水，但寒煙衰草凝綠。
至今商女，時時猶唱，《後庭》遺曲。

整篇立意新穎，高瞻遠矚，表現出一個清醒的政治家的真知灼見。王安石對國家民族命運前途的關注和焦急心情可見一斑。難怪後來的政敵蘇軾見了此文，也不禁讚歎「此老乃野狐精也」。

一〇六八年四月，神宗見到了一直聞其名不見其人的王安石。這是君臣二人的第一次見面。也是王安石的第一次政治面試。

一開頭，神宗單刀直入問王安石：治國之道，第一要務做什麼？

王安石答道：選擇的政策很重要，那就是變法。

接著神宗拋給王安石一個更為棘手更為現實的話題。神宗問。為什麼大宋立國已經五朝，一直保守祖宗遺訓，百年無大變，天下竟然也能夠大致太平？

王安石知道，這個問題是皇帝的一次試探，也是許多大臣們的疑惑。而自己要力勸皇帝走上革新之路，當下便要解決這一關係能否變法的理論問題。

王安石沒有當場給予神宗回答，第二天他給小皇帝上了個摺子，從政治，軍事，賦稅，農業等各方面詳細闡述了變法的必要性和合理性。

最後他以警告的口吻回答了神宗的疑惑。他說：現在北方的軍事沒有形成對大宋的危險，那是因為他們還沒有形成氣候，現在國內看上去太平，那是因為還沒有遇到什麼大的突發性的自然災難，不然的話，帝國可能早就不存在了。

事實上，王安石當時的這番話並非危言聳聽，幾十年後，已經興起的金人，輕輕一腳就把這個貌似強大的帝國給滅了。當然，這是歷史的後話。

神宗看完了王安石的報告，心裏頓時豁然開朗。更堅定了他改革的決心。打定主意，他對王安石說，先生什麼都明白，我知道先生的大名已經很久了。可能接下來的事情，只有先生能夠幫我了，但是我聽人說，先生只知道這些紙面上的道理，在現實生活中，現實卻是行不通的啊。

王安石則凜然回答說，我這些理論都是從實踐和歷史中得出的，怎麼能說是不經世務呢？如果陛下真願意刷新政治，我願意用畢生所學，來幫助陛下實現富國強兵的夢想。

其實剛開始，神宗還是把改革的重任寄託在曾參加過慶曆新政的那些元老們。王安石並不是他心目中的第一人選。

這個剛剛登上皇位的神宗當然有自己的一番考慮。自己剛剛登位，搞改革這樣偉大的政治工程，自己的權力基礎還沒有牢固。必須找一個能夠在朝中有一定威望，在中央和地方經營多年的實力派人士來擔當大任，更重要的是這個人一定要有改革信念，最好再有一定的改革經驗。選來選去，最後他把目光落在了已經年邁的富弼身上。就這樣，一〇六八年，富弼再次被神宗徵召入朝拜相。

當神宗把自己意欲改革的想法向這個當年的改革先鋒和盤託出時，卻遭到了這個政治元老的當頭一棒。

無奈之下，在經過幾次面試後，神宗認定王安石便是自己要尋找的那個人。

自此，這個屁股底下位置還沒有坐穩的小皇帝的熱血再次被點燃起來。君臣千古一遇，開始惺惺相惜。

一段中國歷史上最全面，最激進的改革，在二個男人悲壯激越的怒吼中開始了。

缺乏想像力的北宋書生們很難明白。對神宗和王安石來說，他們要用一場絕無僅有的歷史顛覆，來改變這個帝國的命運，利用強大的軍事擴張來瓦解西夏和遼國的威脅，然後一統天下，建立像秦王朝一樣大一統的龐大帝國。

而在這之前，他們必須改變目前積弱積貧的國內政治組織。重新築起一個足以有持續發展力量的軍事，政治，和經濟的帝國架構。

他們被這個充滿莊重歷史的使命感的宏偉藍圖驚呆了，在穩健和冒險之間，在潛行和妥協之間，他們二人毫不猶豫的選擇了後者。以至於若干年來後，他們都無法面對他們改革失敗的這一殘酷現實。

只是神宗和王安石都忘記了一個這樣的歷史基本事實。秦國的變法，是經過一個漫長的三年準備調研時期，經過政府強大的輿論啟蒙，然後以一種迅雷不及掩耳之勢予以強力推行才得以成就大業的。任何急功近利的改革，不可能一蹴而就。一個企圖得到一切的改革者，最終得到的將會是巨大的失望。

而現在擺在二人面前的政治現實是：神宗剛剛登位，自己權力基礎不夠，加之王安石在中央任職時間較短，背後沒有政治派系集團的支持，慶曆新政失敗的陰霾籠罩朝野，高層政治人物對改革還沒有完全形成思潮，他們依然恐懼不安。

西方近代最著名的經濟學家凱恩斯在他一九三六出版的經典經濟學作品《通論》中這樣寫道：真正對一個社會產生好與壞的影響，不是既得利益集團，而是當時的思潮或思想，它們決定一個國家的政治和經濟制度。一旦運行不好，則會反其道而行之。

這對千古一遇的君臣太渴望成功了，一個有偉大而宏偉夢想的政治家，必要要學會和節制自己的熱情。勇於賭博而不留後路，這樣的改革終究不會走得太遠，搭上的還有這個帝國前途未知的命運。

然而，一切都等不及了，人生太短。於是，在這塊尚未被吹醒的古老土地上，神宗和王安石便開始了以帝國拯救者的姿態行動了。

一〇六九年，神宗不得不空降啟用已經離開朝廷四年之久的王安石。任命王安石為參知政事。這時候，少年老成的神宗也留了個心眼，把朝中反對變法的其他四位重臣也留在王安石領導變法的這個執政團隊，組成了一個新的領導班子。

神宗之所以這樣做，一方面是搞權力平衡，互相監督牽制，這符合這個帝國的祖訓「異論相攪」。另一方面，也是為了減少改革的壓力，試圖通過元老們的權力任命來慢慢軟化他們堅決反對的態度。

時人用了「生老病死哭」來形容當時的這個輔政的改革班子。「生」指王安石，他正生機勃勃地籌措變法。「老」指曾公亮，他年近古稀。「病」指富弼，他因為反對變法而稱病不出。「死」指唐介，他反對變法，每日憂心忡忡，變法剛開始就病死了。「苦」指趙抃，後來乾脆要求外調。

不得已，第二年神宗只得任命王安石為同中書門下平章事，相等於宰相。具體負責變法。一場斷斷續續歷時十六年的變法，磕磕絆絆地登場了，史稱「熙寧變法」。

變法中，王安石建立了一個指導變法的新機構——制置三司條例司，專門負責中央財經工作。以求達到他曾經設想的「以天下之財生天下之利民，不加賦而國用足」的這一結果。條例司撤銷後，由司農寺主持變法的大部分事務。呂惠卿、曾布等人參與草擬新法。

新法內容如下：

一、均輸法

熙寧二年七月，頒行淮、浙、江、湖六路均輸法。由發運使掌握六路的財賦情況，斟酌每年應該上供和京城每年所需物資的情況，然後按照「徙貴就賤，用近易遠」的原則，「從便變易蓄買」，貯存備用，藉以節省價款和轉運的勞費。均輸法奪取了富商大賈的部分利益，同時也稍稍減輕了納稅戶的許多額外負擔。

二、市易法

熙寧五年三月，頒行市易法。在開封設置市易務。市易務根據市場情況，決定價格，收購滯銷貨物，待至市場上需要時出售，商販可以向市易務貸款，或賒購貨物。後又將開封市易務升為都提舉市易司，作為市易務的總機構。市易法在限制大商人壟斷市場方面發揮了作用，也增加了朝廷的財政收入。

三、免行法

熙寧六年七月，正式頒行免行法。免行法規定，各行商鋪依據贏利的多寡，每月向市易務交納免行錢，不再輪流以實物或人力供應官府。

四、青苗法

熙寧二年九月，頒佈青苗法。規定以各路常平、廣惠倉所積存的錢谷為本，其存糧遇糧價貴，即較市價降低出售，遇價賤，即較市價增貴收購。其所積現錢，每年分兩期，即在需要播種和夏、秋未熟的正月和五月，按自願原則，由農民向政府借貸錢物。收成後，隨夏、秋兩稅，加息十分之二或十分之三歸還穀物或現錢。青苗法使農民在新陳不接之際，不至受「兼併之家」高利貸的盤剝，使農民能夠「赴時趨事」。

五、募役法

熙寧四年頒佈實施。募役法（免役法）規定由州、縣官府出錢雇人應役。各州、縣預計每年雇役所需經費，由民戶按戶等高下分攤。募役法使原來輪流充役的農村居民回鄉務農，原來享有免役特權的人戶不得不交納役錢，官府也因此增加了一宗收入。

六、方田均稅法

熙寧五年頒行。方田均稅法規定每年九月由縣官丈量土地，檢驗土地肥瘠，分為五等，規定稅額。丈量後，到次年三月分發土地帳帖，作為「地符」。分家析產、典賣割移，都以現在丈量的田畝為準，由官府登記，發給契書。以限制官僚地主兼併土地，隱瞞田產和人口。

七、農田水利法

熙寧二年頒佈。條約獎勵各地開墾荒田，興修水利，修築堤防圩岸，由受益人戶按戶等高下出資興修。在王安石的倡導下，一時形成「四方爭言農田水利」的熱潮。北方在治理黃河、漳河等河的同時，還在幾道河渠的沿岸淤灌成大批「淤田」，使貧瘠的土壤變成了良田。

八、將兵法

作為「強兵」的措施，王安石一方面精簡軍隊，裁汰老弱，合併軍營，另一方面實行將兵法。自熙寧七年始，在北方挑選武藝較高、作戰經驗較多的武官專掌訓練。將兵法的實行，使兵知其將，將練其兵，提高了軍隊的戰鬥力。

九、保甲法

熙寧三年頒行。各地農村住戶，不論主戶或客戶，每十家（後改為五家）組成一保，五保為一大保，十大保為一都保。凡家有兩丁以上的，出一人為保丁。農閒時集合保丁，進行軍訓；夜間輪差巡查，維持治安。保甲法既可以使各地壯丁接受軍訓，與正規軍相參為用，以節省國家的大量軍費，又可以建立嚴密的治安網，把各地人民按照保甲編制起來，以便穩定封建秩序。

十、保馬法

民養官馬，平時自用，馬死或病，令按值給償。

十一、改革教育制度

王安石等變法派還改革了科舉制，整頓了各級學校，為社會培養需要的人才。

誰在反對王安石

由於變法剛開始沒有充分吸收和消化范仲淹領導慶曆新政的教訓，在沒有整頓理順好政治體制的管理架構後，就貿然地把改革的重心放在了經濟領域，實行高度集中的國家資本主義。

這場狂飆突進式運動一開始，便遭到了朝野的一致反對。

變法支持者：王安石、神宗、曾布、呂惠卿、李定、鄧綰、舒曼、王霧、謝景溫、蔡卞、章惇、呂嘉問。

變法反對者：司馬光、韓琦、富弼、呂晦、曾公亮、趙護、文彥伯、張方平、范鎮、歐陽修、蘇東坡、蘇轍、王安禮、王安國。

可以看得出來，當時的反對派全是政壇大腕級別的人物，而支持者們大多是小字輩的改革新貴。改革派們的聲音顯然被淹沒了，推行新政必須先要進行一場政治上的統戰。

宣傳——聯盟——分化——打擊。

這差不多算是所有改革者執行的路線圖。在政治權力場上，合縱連橫的各個擊破比一意孤行要見成效的多。

這些反對派迅速結盟，當時帝國幾乎所有的知識精英們都站到了王安石的對立面。

然而沒有改革的執行團隊和監督機制，王安石的新法施行很快在地方上走樣跑調，直至最後保守勢力的猛烈反撲。

宋朝是個文人治理國家的怪胎。儒學盛行，文人在這個帝國裏享有超天然的優越豁免權。他們品頭論足，紙上談兵，卻又幹不了真正的實事，保殘守缺。所以宋朝也無可避免的打上文人的烙印，自命不凡卻又軟弱無力，留給歷史的背影基本上只是那幾個可愛的文人而已。

王安石作為這個群體中的一員，有著清醒的認識。早在仁宗時期，就建議皇帝培養實用型人才，少提拔那些只會吟詩作畫的無用之人。

只是神宗和王安石不知道，這個時候的大宋已經不是當初那個偏居蠻荒之地民風不開的秦國了。

王安石的政令剛一頒佈，那個告誡神宗二十年不得言兵的當朝宰相富弼給了他一個下馬威。富弼向皇帝打報告要求辭職歸隱，神宗挽留不了只得把他打發到安徽亳州任職。到了地方不久，這個昔日的宰輔拒絕在他任職轄區裏推行王安石的新政。

幹了幾年，富弼乾脆連這地方官也不做了。自己跑回離京城不遠的老家洛陽，聯絡反對派的元老重臣們，在這裏組建了一個影子內閣政府，和文彥博、司馬光等十三人組成「洛陽耆英會」。繼續利用他們的政治影響力對新政進行不遺餘力的批判。

接著韓琦，蘇軾，歐陽修等一大幫名流也紛紛上疏反對新法。這些反對派們接連離開中央去地方任職。一些反對改革的人士到了地方卻要求去施行新法，無異於與虎謀皮。司馬光則到了洛陽，一邊和富弼一道猛批新政，一邊編寫他的歷史巨著《資治通鑒》。

一道參與新政的王安石的兒子王雱恨死了富弼，一次私下裏說：梟富弼之首於市，則法行矣。

這話狠是狠了點，但卻說到了實質上。套用毛澤東的話：改革不是請人吃飯。流血死人是免不了的。

缺少了改革前必要的政治宣傳動員，沒有商鞅絕對的權力，這些反對派到了地方，紛紛以新法不得人心，而拒絕在他們轄區予以推行。

神宗雖貴位天子，但是政令不通，皇權受到了很大限制。根本出不了開封城。中央政府毫無威信權威可言，開一次高級會議更像是召開一次的文藝沙龍，都是隨心所欲，各說各的理。維繫這個帝國運轉的政權機器開始出現了危險。

這又回到了這個帝國的痼疾——文人治國。當年宋太祖趙匡胤是個禁軍武將出身，一夜之間，被部下擁戴黃袍加身。可以算是中國最早通過民主選舉出來的皇帝。

為了怕武將造反，太祖施行「重文抑武」的治國策略。文人的政治待遇空前提高，甚至當時一些具有超前民主意識的士子提出了「皇帝應該與世人共治天下」的政治主張。大理學家朱熹就提出了「天下者，天下人之天下，非一人之私有」。

文人的民主政治意識在北宋體制的保護鼓勵下，開始空前高漲。

宋人沈括在他的《夢溪筆談》裏就記載了這樣一個故事：一天，宋太祖問當時的宰相文人趙普：天下什麼最大？

太祖的意思本來是藉此敲打一下這個著名的靠「半部論語治天下」半吊子的文學狂人。哪知趙普頭也不抬的答道：天下道理最大。

一個武夫出身的皇帝，哪裡是牙齒伶俐文士們的對手。後來的文人執政集團一旦給皇帝提毛病，總是拿這個捕風捉影的典故說事，並冠以一個堂皇的理由叫「太祖祖訓」。這條根本沒有考證的「祖訓」發展到後來，甚至成為大臣們限制皇權的擋箭牌。皇帝的許多命令都被這條「祖訓」化為烏有。

話說仁宗時期，皇帝想任命幾個自己滿意的臣子，因為沒有和宰相杜衍搞好關係，杜衍以違反祖制為由竟然拒絕執行。

如果讓今天的文人們懷念並選擇一個他們願意遷居的朝代，大概北宋和民國是他們的最愛。事實上，這兩個已成一縷輕煙的王朝的確有許多相通之處：國家元首都是武人出身，但都信奉儒學治國。蔣介石甚至一度有意請當時學界領袖胡適之來當國家元首。在這兩個隔空交集的王朝裏，文人無論是經濟待遇還是政治待遇都非常高。但這個國家存在時同樣都被外邦侵犯，他們同樣都信奉「攘外必先安內」的政策。蔣介石不必說了，帝國第二任皇帝宋太宗曾這樣赤裸裸說到：若無外憂，必有內患。外憂不過邊事，皆可預防。惟奸邪無裝，若為內患，深可懼也，帝王用心，常須謹記。

當然，這兩個帝國最終的命運也一樣，在內憂外患中終結。

所以神宗這一次的改革註定是走走停停，磕磕絆絆。歷史的事實已經證明，絕對的改革，當然要有絕對的權力。沒有絕對權力的改革根本不能夠成功。

一代文豪蘇軾在他的轄區裏就公然拒絕免役法實施，他認為這是在窮兵黷武。這位北宋最可愛的偉大文人在在給神宗的一封上疏中這樣給皇帝上課道：國家之所以存亡者，在道德之淺深，不在乎強與弱；歷數之所以長短者，在風俗之厚薄，不在乎富與貧。

蘇東坡得出了一個和富弼一樣但在今天看上去有些匪夷所思的結論：只有虛弱的用道德維繫社會基礎的王朝，更易長久生存苟活。

在這位大才子看來，神宗和王安石提出的富國強兵的想法是不可理喻的，根本不適合儒家的以仁德治國的要求。

仁宗時期，武將的地位甚至不如和文人執政集團搭上一點邊的官妓。宋代有一好事者在他的筆記《默記》裏記載了這樣一個故事：北宋著名軍事領袖狄青從國防部長樞密院使的位置上被以歐陽修等文人集團趕下臺後，任定州總官，在一次宴會上，遇到了當時定州官妓白牡丹，這個在當地小有名氣的妓女，藉著幾份醉意，把狄青從軍這事狠狠嘲弄了番。這個官妓認為，大丈夫應該搞文學安身立命，實在不行搞搞繪畫書法也行。天底下只有沒有出息的男人才會去部隊服役，狄青很受傷，沒想到在朝廷被歐陽修羞辱了一番，到了一個偏遠之地還讓一個搔首弄姿的妓女來羞辱，回家後鬱鬱而終，沒過幾年就死了。

在一個儒學橫行的國度裏，到底需不需要富國強兵。放在中國任何一個朝代，這是一個改革派和反對派一直爭論不息的命題。直到二十一世紀，這個命題在那些所謂的公共知識份子看來，甚至還有一定的市場。

在回答這個問題之前，我們先看看儒學的老祖宗孔子是如何回答這個千年難題的。

《論語》裏記載了這樣一次對話：一次學生子貢問孔子，怎樣去治理一個國家時，孔子回答：足食，足兵，民信之矣。

而孫子在談到治理國家時，也說了這樣的一段話：兵者，國之大事，死生之地，存亡也。甚至是被稱為現代西方經濟學奠基人亞當‧斯密在他一七七六年三月的《國富論》中也開宗明義地提出：國家元首的首要職責在於保護社會不受其他獨立社會的侵犯，而只有靠職業化的軍隊才能夠完成這一職責。

亞當‧斯密話音剛落，好像是要印證似的，美洲大陸農場主華頓帶著托瑪斯‧傑弗遜等一支招募來的地方武裝，依靠借來的一筆高額軍費，經過一年的戰爭，他們選擇在這一年的七月四日這天發表了美國建國綱領《獨立宣言》。

到底何謂大國？當代美國著名政治學家米爾斯海默在他的代表作《大國政治的悲劇》這樣定義到：大國主要由軍事實力來衡量，一國要具有大國資格，它比須擁有充足的軍事資源，以承受與世界上最強大的國家打一場全面的常規戰。

在這本西方國際政治關係學的經典著作裏，米爾斯海默還煞有介事地提到了目前正在崛起的中國。叫囂塵上的「中國威脅論」的始作俑者，正是這個「進攻性現實主義」的理論大師。

可見，無論是作為儒學創始人孔子，還是一代軍事大家的孫子，還是華盛頓和米爾斯海默，他們都把富國強兵提到了一個國家生死存亡的高度。

在北宋文人立國的怪胎下，文人的政治地位非常高。蘇軾歐陽修等一大批文學明星們有數量眾多的粉絲，甚至宋神宗的母親高太后也是蘇東坡文學發燒友，文學在那個年代可見社會影響巨大。這些文學明星在當時都是意見領袖，當這些人帶頭反對新政時，立刻在朝廷和民間掀起波瀾。

不可否認，蘇東坡是一個文學天才，但正因為如此，他的文藝才華掩蓋了他在政治上的短視。當蘇東坡被貶的消息傳出時，朝野上下紛紛為他抱不平。許多粉絲們無法理解，國家對待這樣一個國寶級的大文豪怎麼能夠這樣不講政治呢？於是人們把怨氣對準了主持朝政的王安石。

一個令人深思的現象是，中國歷史上任何朝代的改革者，放在中外歷史學家和政治學家眼裏，無疑是代表了歷史前進的力量，他們都給予了變法者充分的肯定。而在中國古往今來的文人看來，答案則是否定的。

王安石當然也未能倖免。明代小說家馮夢龍就曾在他的小說裏創作了一個故事。他借用民間一個老婦人之口，把王安石變法狠狠嘲諷了一番，王安石「拗相公」的諢名由此傳了下來。

即便是放到現在，許多文人雅士們也很難理解蘇軾在當時為何會遭遇如此不公。民國時期，著名文學家林語堂心有戚戚地寫了本《蘇東坡傳》，把北宋這個大才子捧上了天，卻把王安石批判的體無完膚。最後這位大作家還不解恨，乾脆直接拿馮夢龍用的「拗相公」這個帶有人生攻擊的諢名作了單獨一章的標題才算解了心頭之恨。

林語堂對蘇軾的過度喜愛甚至影響了當今的許多人，著名學者余秋雨在他的成名作〈蘇東坡突圍〉一文中這樣寫到：人們有時也許會傻想，像蘇東坡這樣讓中國人共用千年的大文豪，應該是他所處的時代的無上驕傲，他周圍的人一定會小心地珍惜他，虔誠地仰望他，總不願意去找他的麻煩吧？事實恰恰相反，越是超時代的文化名人，往往越不能相容於他所處的具體時代。

治理國家的複雜與艱難，豈是這些只會吟風弄月的文人們可以明曉。文學只是一種個人的修身，當它架空現實沉浸在自我內心世界時，它不可能擔當起齊家平天下的國家重任。王安石的價值超越，恰恰是因為有這些朝廷點綴的可愛文人作為一種歷史參照。

真宗時期，皇帝為了體現君王與士子共治天下的決心，竟然通過科舉考試一下擴招到了六百多人，是前朝的二十五倍。

王安石面臨文人圍攻的遭遇，深深影響了後來走上勵志國家變法的革新者。當明代救時宰相張居正執政時，他乾脆取消全國書院，對那些異議者進行堅決鎮壓。他在給萬曆的上疏中這樣寫到：國家花這麼多錢，養著這些整天談論國事而又只會吟詠些無用的人，還不如國家養一條狗管用，至少當國家遭難時，狗也能夠狂咬幾下。

進士出身的晚清重臣曾國藩卻直接極端把這樣的人，比喻成一群笨豬。這樣的人只會成為國家負擔，而不知替國家分憂。

由於變法之前沒有進行必要的官場革新，導致本來利國利民的一場改革，集體成為原先各級官員盤剝百姓的利器。這大概是神宗和王安石之前所沒有料到的。

土地兼併由此帶來的社會貧富嚴重失衡，它就像一個無法祛除的毒瘤，伴隨著每一個朝代的滅亡。

早在仁宗時期，土地兼併已經達到了驚人地步。王安石正是看到了這一點，在制定政策時，他試圖用免役法和青苗法等抑制住這勢頭。由國家出面，控制社會貧富進一步分化，打擊和取消富人特權，查找富人偷稅漏稅。一些本來屬於富人經營的項目，由國家收回，保證窮人利益。

王安石採取的一系列打擊富人階層的新政，立刻在全國炸開了鍋。他們尤其是對保甲法很是不滿，各地怨言不斷。最後這些意見彙聚到司馬光那裏。

這位老臣提筆給神宗上了這樣的一道疏：一個人有錢還是貧窮，是由一個人本來的聰明還是愚蠢決定的。他們是相生相扣的。王安石現在採取打擊富豪的做法，破壞了本已存在的社會和諧。如果像王安石現在這樣搞下去，十年後，富人都沒有了，到時真的哪一天打仗了，到底是誰在替皇上您出這部分的兵晌呢？

王安石頗為看重的青苗法，由於急功近利，給官員下達貸款考核指標。不識字的農民為了填寫貸款申請書要花錢請書吏，到衙門去申請時，貸款多少又任由官吏填寫。

根據史書記載，雖然法定只有二分的利息，但是經過層層貪官污吏的盤剝，逼得農民「哀求於富家大族，增息而之」，寧借高利貸，也不敢向政府貸款，「利民之政」變成「擾民之舉」。

蘇軾的弟弟蘇轍咬牙切齒地也給皇帝上了這樣一道疏：王安石其實就是個小人，他今天之所以這樣做，完全是出於他自己沒有錢的仇富情結。他是想利用新政來達到他殺富濟貧的不可告人的目的，皇上萬萬不可聽他的呀。

於是，一場反改革的暗流開始通過各種渠道匯聚。這時蘇東坡的重量級的文學粉絲，小皇帝的母親高太后坐不住了，太后開始出面對神宗施加壓力，要求王安石罷相棄法。

神宗迫於母親的壓力，準備廢除青苗法。王安石見此，堅信青苗法無錯，以辭職相要脅，最後青苗法得以保全。

如果這個時候，王安石能夠以變通的方式，對青苗法在實施過程中進行必要的糾正，一方面對政府的權力作出必要的限制與監督，另外一方面對反對派中的實力人士做出必要妥協和取得下層群眾的普遍支持，也許改革的航向就會慢慢地向自己傾斜。無形之中，他把本來就對他沒有什麼好感的皇太后也給得罪了。神宗被夾在其間左右不是，權力的天平慢慢開始傾斜。

然而，頗為自信固執的王安石不做任何妥協，繼續加大力度推行，最後愈演愈烈，民怨四起。掙脫出舊有體制的王安石此刻卻表現出了自信的絕然態勢，不合作不妥協的悲壯一直激勵著這個政治狂熱者。

這個時候的王安石，他用激烈的革命手段混淆了改革的溫和步伐。神宗皇帝曾引用過當時流行的看法：人皆以王安石但知經術，不曉世務。

印度偉大的政治家聖雄甘地對此有清醒的認識。他說，要想改變世界，就先要學會改變自己。如果說改變世界是改革者的順天而為，那麼改變自己則是順勢而作。這樣，改革者才能夠真正實現儒家所提倡的「天人合一」境界。

蘇軾的父親蘇洵曾對王安石「不好奢華、自奉至簡、衣垢不濯、面垢不洗」的行為很看不慣，認為這個人「是不近人情者，鮮不為大奸大惡之人」。這位文藝老憤青乾脆寫了篇〈辨奸論〉，從輿論上把王安石徹底批臭。所謂道貌岸然，官場也需要包裝，這才是是官場的生存法則。

倒王的機會出現了

政治是迂迴的遊戲，對中國政治土壤尚未有清醒認知的王安石，等待他的將是一個壞消息。

一〇七〇年的春天，首都汴京一派春意盎然。王安石推行新政已有一年多了。這時帝國的高層政治人士之間正流傳著一個關於他的政治小道消息。這個小道消息經過朝野與民間才合謀衍變，直接扼殺了王安石後來的政治生命。

事情的經過是這樣的。

一天還在翰林院任職司馬光神秘兮兮地在朝野問自己要好的大臣們：你們聽說了嗎？王安石居然在皇帝面前提出了「三不」的異端學說，說什麼「天變不足畏，祖宗不足法，人言不足恤」。最後這個消息越傳越廣，添油加醋地甚至傳到了皇帝的耳朵裏。富弼也聽到了這個消息，連夜給神宗上了道疏。他在疏中說：如果一個皇帝連天意都不害怕了，那麼這個國家離滅亡也不遠了。

但神宗仍然裝作一副若無其事根本就沒有聽說過的樣子。

這時候，還在京城擔任重要職務的司馬光坐不住了。他決定給神宗和王安石一點顏色看看。

這年的夏天，機會終於來了。翰林院從全國選撥出來的文學才俊們一年一度的畢業大考就要來臨。這些學員們一旦通過畢業考試，就將走上文職領導崗位，擔任這個帝國的頭頭腦腦。

負責這次考試的司馬光別出心裁地給學員們出了這樣一道題：今天有人提出了這樣一個怪

論，說什麼天變不足畏，祖宗不足法，人言不足恤，請你們用儒學聖人經典來給予辯駁。題卷送到了神宗面前，皇帝打開一看，大吃一驚，這不是明擺著想在朝野掀起更大風浪來嘛。於是他趕緊叫人把這道卷子收了，通知司馬光另行出卷。

神宗知道這事鬧大了。他必須出面有所表示了。第二天，他把王安石叫到了皇宮進行了一次絕無僅有的誡勉談話。

神宗一開口就用責備的口吻問：你聽說過京城正在流傳一條關於你的「三不足」的傳聞嗎？

王安石當然說過這樣的話，但這個時候他知道皇帝的心思，尤其是「天變不足畏」，僅這一條，他從神宗這裏就過不了關。

所謂天子，就是君權神授。孔子在編寫《春秋》時，專門把日食地震等自然現象和政治進行了必然的聯繫。孔子的孫子孔伋後來在《中庸》裏直接提出了這樣一個觀點：國家將興，必有祥瑞，國家將亡，必有妖孽。

西漢儒生董仲舒建議漢武帝「罷黜百家，獨尊儒學」，把這謬論發展成「天人感應」的學說。這一荒唐說法後來一直被後世士人被奉為儒學治國的核心經典理論。

其實皇帝和書生們也都知道，這個觀點壓根兒就不靠譜，但是彼此都不願意說穿，還得把它當牌坊一樣高供著。說白了，都是為了各自切身利益，對雙方來說，這是塊遮羞布，皇權靠它運作，士子則靠它監督皇權以此來獲得權力。

王安石裝作驚訝地回答道：我儘管沒有聽說過。但我認為「祖宗不足法，人言不足恤」是有一定的道理。

神宗見此也只好作罷。他意有所指的批評道：最近京城一直在傳這個事情，甚至翰林院試卷裏都出現了這個說法。被我打回去更正了。我需要指出的是，我們朝廷從來沒有真正認可或者傳播這樣違背天理的謬論，這事也到此為止。

任何一次的改革，首先都要進行一次破除落後於時代思想上的革命。神宗的這一次談話，給王安石頭上無疑倒了一盆冷水。

王安石知道這一切都與司馬光有關，昨天他也剛剛收到司馬光送來的信。他明白，要想把新政繼續推進下去，司馬光的態度至關重要。儘管不願，但也沒法。他不得不低下頭來，給這個頭號政敵回了封算是替自己辯解但也算是求和的信。

這就是歷史上著名的〈答司馬諫議書〉，在這封信裏，王安石第一次針對朝野的非議而提出自己的政治回應。全信如下：

> 安石啟：昨天承蒙您來信指教，我私下認為與君實（司馬光字）您交往相好的日子很久了，可是商討起政事來意見常常不一致，這是因為我們所持的政治主張在許多方面不同的緣故啊。雖然想要向您硬囉嗦幾句，但終究一定是不能蒙受您考慮我的意見，所以我只是簡單地給您寫了封回信，不再一一為自己辯解了。又想到君實很看重我，在書信往來上不應該粗疏草率，所以現在詳細地說出我所以這樣做的理由，希望您或許能夠寬恕我吧。

有學問的讀書人所爭論的問題，特別注重於名義和實際是否相符。假如名義和實際的關係已經明確了，那麼天下的大道理也就掌握了。現在君實您用來指教我的，是認為我推行新法侵奪了官吏們的職權，製造了事端，爭奪了百姓的財利，拒絕接受不同的意見，因而招致天下人的怨恨和誹謗。我卻認為從皇帝那裏接受命令，議訂法令制度，又在朝廷上修正決定，把它交給負有專責的官吏去執行，這不能算是侵奪官權；實行古代賢明君主的政策，用它來興辦對天下有利的事業、消除種種弊病，這不能算是製造事端；為天下治理整頓財政，這不能算是與百姓爭奪財利；抨擊不正確的言論，駁斥巧辯的壞人，這不能算是拒絕接受他人的規勸。至於社會上對我的那麼多怨恨和誹謗，那是我本來早就料到它會這樣的。

人們習慣於苟且偷安、得過且過已不是一天了。士大夫們多數把不顧國家大事、附和世俗，向眾人獻媚討好當做好事，皇上才要改變這種風氣，那麼我不去估量反對者的多少，想拿出自己的力量幫助皇上來抵制這股勢力，那麼那些人又為什麼不對我大吵大鬧呢？盤庚遷都的時候，連老百姓都抱怨啊，不只是朝廷上的士大夫反對；盤庚不因為有人怨恨的緣故就改變自己的計畫；這是他考慮到合理，然後堅決行動；認為對看不出有什麼可以後悔的緣故啊。如果君實您責備我因為我在位任職很久，沒能幫助皇上幹一番大事業，使這些老百姓得到好處，那麼我承認自己是有罪的；如果說現在應該什麼事都不去做，墨守前人的陳規舊法就是了，那就不是我敢領教的了。

沒有緣由與您見面，內心實在仰慕得很。

後世者批評王安石變法失敗的原因，都說王安石不經世務。從這封寫給司馬光完整的信中可以發現此言大謬也。

王安石整個信中傳遞這樣一個資訊：他開始放下身段，甚至有點拍馬屁的味道，那就是希望司馬光這位政治大老無論是看在國家蒼生還是私人友情份上，希望能夠彼此拋棄前嫌，共度時艱。

但政治情勢的發展，還是超出了王安石的美好預想。一〇六八年的這個小道消息，在反對派的不停輪番攻擊下，政治效應不停發酵放大，終於在改革的第六個年頭，給予了王安石致命一擊。這是中國政治特有的副產品，官場小道消息最後居然能夠釀成政治事件的殺手。

熙寧七年春天，由於都城附近多日沒有下雨。這本是很正常的自然災害，但皇帝很焦急，不知道到底怎麼辦？反對派立刻抓住了這個機會開始發難。當然，他們祭起了儒生們的看家寶貝——天人合一。

這一次挑頭的正是王安石當初的政治伯樂韓維。早在神宗還是太子的時候，韓維就是太子的座上賓。當初正是韓維的推薦，才有了後來王安石的出山。也正因如此，此人深受神宗高度信任。

一天韓維瞅見神宗又為此唉聲歎氣時，便對神宗說：老天之所以這樣久旱無雨，完全是因為對王安石實行青苗等法的不滿。陛下應該儘早廢掉新法，按照祖宗的遺訓來治理國家。現在搞成這個樣子，天怒人怨。陛下也應該下罪己詔，以求得上天的寬恕。

神宗沒有辦法，便按照韓維的意思給自己下了道罪己詔。在這份詔書中，把變法的責任全都攬到了自己身上，但也沒忘說自己完全是聽了小人的建議。並表示自己將親自考核新法的實效是否真正合理。

第二天，當王安石讀到這份罪己詔時，王安石知道，神宗內心裏對改革已經產生了動搖。這是非常危險的一個政治信號，皇帝一旦放棄新政，六年來自己所有心血都將付諸東流。這是他萬萬不能接受的結果。

他不能夠再沈默了。他必須對當初「天變不足畏」這個流言做出一個正面的回應，戳破這個亙古不變的天大謊言。當然這需要承擔極大的死亡風險。因為這是「皇帝的新裝」的危險遊戲，直接觸及了「天授皇權」的合法性本源。

過了幾日，王安石再次請求面見神宗。他直接挑開了這個一直困擾神宗的話題，他說：大旱無雨，這其實完全是自然的規律。即便是在古代聖君堯舜統治時期，這也是在所難免的。陛下即位以來，勵精圖治，前幾年年年豐收，不過今天旱災嚴重了點，陛下根本不足為慮。而是應當安排相關人員抓緊修造水利，以應天災。

神宗知道這事底細，其實他也知道這不能怪王安石。但現在沒辦法，誰讓他是帝王呢。現在那些大臣們正拿這事說事呢。他也只得配合那幫大臣們把這戲繼續演下去。

神宗沒有再給王安石申辯的機會，他一語雙關地說：這事現在鬧成這樣，恐怕和改革還是有很大的關係啊。

王安石絕望了。但這個把政治生命看著比自己生命還重的男人，為了這個帝國，實現大一統的夢想，他必須還得忍辱負重繼續撐下去。

這個時候，反對派又亮出了另外一個秘密武器。一個微不足道的小人物鄭俠出現了，他的驚鴻一瞥，足以改變了變法的方向，也給了王安石的政治命運的最後一擊，這一擊也改變了整個歷史的走向。

鄭俠本來是王安石提拔起來的小官吏，擔任皇宮的城門守衛職務。後來在反對派的慫恿下，於是他把街頭流離失所的流民，乾脆繪製了一幅〈流民圖〉，用很隱晦誇張的藝術方式，越級呈現給神宗。要求停止新法實行。

神宗被這張所謂超現實主義美術作品感染了，並為之淒然。在自己母親高太后的又一次施壓下，神宗準備暫時停止《青苗法》的實行，以緩和已經日趨緊張的政治局勢。反對派得到這個資訊後彈冠相慶，紛紛提前慶祝他們取得了階段性的勝利。

對於一個以改造天下為己任的政治家來說，他可以忍受政敵們投過來的侮辱暗劍，甚至可以忍受自己肉體的消亡。但是不能容忍這個帝國主人對自己人生理想的一種徹底否定。

這一刻王安石知道，屬於他的政治生命提前結束了。他留在京城擔任宰相已屬多餘，他本來就無意於戀棧這高官。對於他而言，當初，他也只是帶著一腔刷新政治的熱血而來。如今，熱血已成冰凍。

王安石見此堅決要求辭職走人。他不想只做一個尸位素餐的宰相。神宗沒有辦法，最後只得再三挽留，讓他出任江寧知州。

王安石出任江寧知州。這是個可進可退的重要位置。神宗這一安排，可謂政治佈局深謀遠慮。在王安石沒有進京擔任重要領導職務之前，他就是擔任江寧知州，現在不過是退回一步而已。這也為他的第二次復出埋下前奏。

政治都是歷史的人質，今天我們回望，「三不足」的提出，正是王安石變法中最偉大的政治遺產，它也成為後來者矢志不渝的改革信念。

一場轟轟烈烈的變法，由於帝國吏治的腐敗和文人執政集團的扭曲攻擊而暫時擱淺了。王安石踉踉蹌蹌的逃出了京城，跟在他身後的是一個孤單的背影，漸行漸遠。

在中國這樣儒學統治的帝國裏，這是一個基本的政治生態。任何風吹草動的變法都會激起漣漪。改革者不僅需要擔負起歷史的勇氣，也要有應付由此帶來的負面的挑戰。他們必須要學會改革以外的一套官場話語與處理權力的遊戲規則。遊走在政治的灰色地帶，聯盟與妥協是無可避免的法術捷徑，是每一個試圖擔負起改革者要具備的政治生存智慧。

經過六年的革新，帝國已煥發出了新的熱情。光明正在慢慢滲透，但沒有被馴服，帝國尚沒有完全掙脫保守勢力的子宮，未來的命運依然是一片被掩蓋遮蔽的森林。

王安石走了，但神宗仍然堅著國家改革的主調。改革派新一輪的內部權力洗牌也開始了。帝國從此陷入了更加不堪的爭鬥，改革得來不易的六年心血由此耗盡。

在王安石的提議下，歷史上臭名昭著的有才無德的小人呂惠卿接替了相位。

這個攫取了王安石改革成果的小人，打著改革的旗號，為了鞏固自己的權力，排除異己，獨霸朝政。

他又重蹈覆轍，以鄭俠違反祖制，將其流放。這一著，表面是替王安石出氣，其實替自己留路，黑鍋卻是王安石背。

然後呂惠卿又利用王安石給其兒子的一封私信，向皇帝舉報王安石有不臣之心，以斷絕神宗再次啟用王安石。

用人不當是王安石變法最大的敗筆，呂惠卿、蔡京、鄧綰、章淳、李定等這些道德劣跡斑斑的小人物被王安石提拔後，迅速成為政權上的寄生蟲。

對這些人物而言，改不改革並不重要，重要的是打著什麼樣子的旗號可以獲取自己的權力才是根本。

這些小人的得勢，成為視品行如生命的王安石後來最大的嘲弄。改革慎用君子，但更要慎用小人。用人是決定改革成敗的保證。王安石後來政治聲譽的沉浮，都與此休戚相關。這些人也成為王安石晚年一生的愧恨。

在江寧重任知州期間，王安石寫下了這首〈南鄉子〉，裏面有政權不甘的回應，也有對新法帝國命運的擔憂。

自古帝王州，郁郁蔥蔥佳氣浮。四百年來成一夢，堪愁。晉代衣冠成古丘。

繞水恣行遊，上盡層城更上樓。往事悠悠君莫問，回頭。檻外長江空自流。

滿腔的報國情懷，在這裏化為一聲聲無奈沉重的歎息，罷罷罷。

毛澤東後來對此評論說，王安石變法的失敗，最大原因在於法不得人，吏不得治。

神宗很快識破了呂惠卿這個小人的把戲。本來，他也只是讓呂惠卿暫時過渡下，以避開當時緊張的政治局勢。一年半後，情勢得到了緩和，神宗決定再次徵召王安石入京，主持變法大計。

在赴任的途中，王安石在古鎮瓜州寫了這樣的七絕抒發心志：

> 京口瓜洲一水間，鍾山只隔數重山。
> 春風又綠江南岸，明月何時照我還。

經過了一年多的折騰，王安石再次回到了帝國權力的中樞，看到被內耗殆盡的朝廷一片狼藉，他再也沒有了重獲政治生命的喜悅。

加之兒子王雱的去世，因為呂惠卿挑撥引起皇帝的猜忌，君臣曾經建立的絕對信任的關係已不復存在。王安石的許多建議，到了神宗那裏都打了水漂。曾經一心想要建立大一統帝國的王安石心灰意冷，激情燃盡。

看透了官場炎涼，有著道德潔癖的王安石，這時向神宗再次請求退隱江寧，放逐山水。

改革是一項巨大複雜的國家工程，需要摸著石頭過河的耐心與毅力。在這一漫長的探索過程中，任何的委屈爭執與反覆混亂都是改革過程中必不可少的一部分。對一個偉大的改革者唯一要做的是堅持，再堅持，然後重建一個新的政治秩序與格局。真正的改革者必須是超一流的政治家。他不僅需要駕馭時局的超常手腕，善於操縱和分析社會各個階層的力量，也需要有把握改革時機的關鍵節點。

王安石的退守與放棄，這是政治上的一次不負責任的過激反應，也為新法的失敗埋了前奏的序曲。

初登權力時的自信膨脹，挫折時的自暴自棄，構成了中國文人執政改革的政治基因。王安石當然也不例外。他的失敗，也正是來源於他骨子裏儘管不屑但也沒有完全放棄的文人情懷。所有的宿命，其實都是改革者們自身性格的投照。

撕裂的帝國

王安石黯然回到江寧後，一心想要振興帝國的神宗這個時候卻表現了少有的堅韌，改革依舊在他一個人的堅持中緩緩前行。

歷史應該向這位有責任有擔當的男人致敬，他是帝國真正的孤獨英雄。

一〇八五年，心力交瘁的神宗駕崩，十歲的哲宗即位。神宗的母親立刻召回司馬光擔任宰相，這位著名的歷史學家，終究還是沒有走出時代的桎梏。司馬光一上任，新法一夜之間全部被其廢除，改革派人士一律流放被貶。

司馬光甚至提拔了一個根本沒有一點財稅知識的士子，讓這個人去領導國家核心的財稅部門。這件事，就連當時司馬光好友兼資深粉絲晁說之也實在看不下去了，他在《晁氏客語》中詳細地記載了這件事：司馬溫公作相，以李公擇為戶部。公擇文士少吏才，人多訝之。公曰：方天下意朝廷急於利，舉此人為戶部，使天下知朝廷之意，且息貪吏望風掊刻之心也。

一個國家重臣，居然意氣用事到如此程度，提撥一個士子去做財政部長，只是為了推崇「人應該重義不重利的信義」儒家美德。

著名華裔歷史學家黃仁宇曾這樣論到：古代的中國其實不能夠算是真正意義一個國家，它只是一個王朝，統治這個王朝的不是財政稅收，而是文化思潮，這正是導致了國家統治能力的一種持續下降。

其實黃先生只是站在一個純歷史學者的技術角度，他也只說對了一半。對深受儒學薰染了幾千年的中國士生而言，君主就是代表天下，王朝就是他們眼裏的唯一國家。背叛所服務的王朝就是背叛國家。把王朝和國家分開的那些士子官員，幾乎都經歷朝代的更替，都被後世者打上「二臣」的恥辱印記。所以無論是對於持續下降的國家能力，還是代表這個國家執政的文士集團，儘管他們中的大多數品行操守都無可挑剔，但註定國家會以一場悲劇連同這些士子的生命作為收場。這是中國政治常識的悖論。

京城的消息，傳到了遠在千里之外的王安石那裏，他心如刀絞，但此時已是一介平民的他，只得接受這個殘酷的現實。

司馬光取消一切新法，在保守派內部立刻也掀起了反彈，當初一直反對〈免役法〉的大文豪蘇軾認為其法有可取之處，應該予以保留，但這一建議遭到拒絕。

事實在神宗去世的一年前，被貶黃州重新被召回朝廷任制誥的保守黨重要領袖蘇軾，這年路過金陵時，在秦淮河畔見到了已經罷相歸隱的王安石，在這次會見中，這位昔日政敵表達了對王安石的歉意。認為王安石的部分新法有積極意義，當初自己不應該加以阻撓反對。蘇東坡見王安石布衣單驢，曾留詩感慨：

騎驢渺渺入荒陂，想見先生未病時。
勸我試求三畝宅，從公已覺十年遲。

兩個風雲際會的才子，都是二十一歲考中進士，年少成名後，在經歷了個人政治命運的沉浮，終於達成了和解。蘇軾看見王安石羸弱的背影，消失在蒼茫的夜色中歎道：不知幾百年，方有如此人物？

一〇八六年，王安石在新法被廢的悲憤中孤零零地離開了人世。那個和神宗一起曾經編織過大一統帝國的花朵，在他生命最後無力的一聲歎息中凋零了。

尚在病中的司馬光得到王安石逝世的消息後，悵然良久。立即給另外代理主持政務的宰相也是反動派的呂公著寫信，讓他向太皇太后和哲宗稟告，請求皇帝給予優待加封王安石為太傅。

司馬光在信中這樣評論這位昔日的對手：介甫（王安石字）文章節義過人處甚多，但性不曉事而喜遂非，致忠直疏遠，讒佞輻輳，敗壞百度，以至於此。

按照這個標準，司馬光認為作為一個文人執政集團考核最為重要的兩條「文章」和「節氣」，這兩條王安石堪稱完美，可打滿分，因而也可以享受朝廷贈予的「太傅」這一無上榮耀。但是司馬光認為作為改革家來說，王安石是負資產。

已是制誥的蘇軾替皇帝起草了這一詔令。蘇軾雲山霧罩，替皇帝起草了這麼一個公告加封令。當然，司馬光的意思，也是這位文壇大才子蘇軾的想法，這篇蘇版御旨更像是司馬光那封信的升級版。

這對王安石既算是一種安慰又是一種可悲，安慰他骨子裏殘存的一點文人情結得到了最高規格看似公正的認可。

而一直看重的天下革新卻全部被推翻。好在王安石一切都看不到了，否則以這位老兄的稟性，怕是又免不了一番堅決拒絕不受的抗爭。

五個月後，司馬光也走到了生命的盡頭。兩個偉大的人物在那樣一個時代同時出現，既是時代之幸，也是國家之禍。儘管兩人的個人的道德都完美無瑕。

司馬光和王安石的政治之爭，即使是在他們離開人世許多年後，也沒有一刻的停止，最後愈演愈烈，導致新舊兩大政治集團的惡鬥，席捲了整個朝野。大宋帝國的元氣就這樣一點一點的被消耗。

變法的爭議並沒有隨著幾個主要當事人的去世而停止，反而隨著權力的屢次更替而互相撕咬。

司馬光後，改革派立即攻擊司馬光，並把矛頭指向了保守派的最大支持者神宗的母親高太后。

太皇太后一怒之下，立刻把包括王安石在內的改革派列入奸黨，並勒石向全國予以公佈。

後來，老太后一命嗚呼歸去。改革派再次上臺，把司馬光等保守派人士也列為奸黨。

如此幾個反覆，大宋的精氣慢慢被消耗，腐爛死亡的氣息開始逼近了帝國。

一一二七年，一個立國已經一百六十多年、創造了輝煌文明的王朝，輕易就被興起才十幾年的武夫遼國輕輕一腳顛覆了。史稱「靖康之恥」。

一個龐大的帝國，只有文治，而沒有武功。就像一個空有強壯華麗外表而不舉的陽痿男人，最後楞是活生生的給一個沒有多少文化基因的蠻人給辦了，留給歷史的只能是一個王朝的文藝背影。這是中國歷史上真正的第一次國家民族陷落外邦。一個帝國大一統的王朝和正統的儒學價值在這裏被撕得粉碎。

歷史就是這樣的弔詭，一二七九年，另外一個興起的外邦又一次打敗了這個帝國苟延偏安的小王朝，一個帝國被兩個異族，以同樣武力的方式蹂躪兩次，這是歷史的罕見，也實在是對這個帝國一種滑稽的諷刺。

靖康恥，猶未雪，臣子恨，何時滅。那些民族壯士的慷慨悲歌聲裏，該帶著怎樣的絕望與哀痛？

已經離開人間四十一年的王安石，在地下聽到了這個聲音了嗎？

故事到這裏並沒有結束，圍繞著王安石身後的故事仍在以悲劇的方式延續著。

北宋帝國滅亡後，宋徽宗的第九子趙構跑到了江南，拉去一幫人，偏安小朝廷又緊鑼密鼓的重新開張了。

一個龐大的帝國，一夜之間崩盤。到底誰要對此承擔政治責任？

這是一個迫切需要和前朝切割的政治遺產。宋徽宗和宋欽宗父子二人已經淪為金人的俘虜。輔助宋徽宗的八十歲的蔡京也在流放途中活活餓死，被打入了歷史的監獄。剩下來，只有已經死去的王安石可以做為替罪羊了。

經過偏安小朝廷的一番研究討論。宋高宗趙構最後拍板給出政治定論說：安石之學雜以霸道，取商鞅富國強兵，今日之禍，人徒知蔡京、王黼之罪，而不知天下之亂生於安石。

事實上，北宋帝國的滅亡，趙構其實也難辭其咎。早在開封被金人圍困之前，宋欽宗早已命令自己的同父異母的弟弟趙構去河北招兵買馬。

打著皇帝的旗號，趙構很快招募到了十餘萬人馬，然而，就在首都被困最後關頭，趙構卻擁兵自重，目睹自己的父親和哥哥被金人俘虜，自己卻打起了南下稱帝的餿主意。

北宋帝國的滅亡皆因王安石變法之過，這一結果，就這樣被寫進了官方的結論中了。

南宋偏安後，由於趙構沒有吸取血淋淋的教訓，沒過了幾年。仍然採取以文抑武的治國策略。邊境岌岌可危。著名軍事領袖岳飛被文臣秦檜迫害致死，導致一大批軍事將領開始避禍遠離朝廷。朝廷依然沉浸在樂不思蜀的一片承平歌舞之中。

當時一個失意文人林升寫下了這首著名的政治諷刺詩：

山外青山樓外樓，西湖歌舞幾時休。
暖風熏得遊人醉，直把杭州作汴州。

而當時的士子們看見皇帝整天醉生夢死，根本就沒有收復故國去救自己父親的意思，最後乾脆也跟著這個帝國的老大一起HAPPY。中國士大夫的傳統血性開始在這個偏安王朝漸漸消磨被閹割了，人格價值發生了第一次根本性的動搖。及時行樂開始成為這個曾經很精英集團中的主流理想。

明亡清興。士大夫的儒士道精神甚至一度崩潰。這個統治了中國幾千年的文人執政集團開始一代不如一代。到今天只剩下了一個只會紙上談兵的花架子。

到了末年，崛起的蒙古人開始打到南宋都城杭州。蒙古兵所到之處，守城文人官員根本不懂軍事，紛紛投降或逃走，甚至朝廷宰相賈似道和陳宜中也不告而逃。

那時候，頗有賢名的謝太后只得從幕後走到台前，擔負起拯救這個沒落帝國的重任。這位一向仁厚的太后在召見滿朝文官大臣下了這樣訓旨：三百年來，我們趙家一直對你們士大夫不薄，現在國家有難，而你們這些滿口仁義的大小官員，逃跑的逃跑，投降的投降，你們這樣避難偷生，還有什麼人格可言嗎？現在還是趙家的天下，從現在起，一旦退守逃跑，朝廷將嚴懲不貸。

但這一切都已挽救不了這個偏安王朝的命，經過了一百五十二年的唯唯諾諾後，這個帝國的偏安王朝，最後在南方的一片汪洋大海中擱淺沉沒了。跟隨陪葬的還有這個帝國十多萬的忠實子民。

王安石六十六年的宦海沉浮中，他的名字和蘇軾，司馬光，歐陽修交織在一起，恩怨難斷，以至於無數的後來者眾說紛紜，究竟是他的幸還是不幸？

他個人才華和道德的卓越，讓他的政敵們都心生敬意。以至於梁啟超這樣斷言：夏商周三代以後，王安石是唯一的政治完人。

千古憑高對此，漫嗟榮辱。

王安石的那一闋〈金陵懷古〉，改革未竟的事業，竟然為他身後的政治生命作出了宿命般的注解。

根植於中國頑固保守的政治土壤中，缺少透明的政治遊戲規則，那些試圖革新的創闢者們總是被囫圇誤讀，像品行足可以傲蒼雪的王安石也未能逃脫。他們的身上無可避免的成為悲劇的主角和歷史的囚徒。

這是帝國的悲劇，也是我們的悲劇。

在那個風雨如晦的漫長歲月裏，一代代帝國的先知先行者們，為了完成強國富民的宏願，抵禦異族的侵臨，完成天下一統太平的藍圖，他們在那個時代所表現出來的種種狂想與熱情，甚至他們的瑕疵與幼稚，都是不該受到批評與嘲諷。

我們至今缺少一種真正骨子裏對這些改革者們起碼的寬容。缺少對歷史深處的敬畏。缺少對國家蒼生的擔當。

也正是因為這些在外人看來不切實際的改革者們，才使得帝國一步一步推動著前行的真正密碼。

王安石的大國一夢在一〇六七年的那個春天，化為江南的一場春雨，撒在了中華大地上。

二〇〇八年三月裏的又一個春天，在北京人民大會堂的金色大廳裏，我們好像又聽到了王安石那穿越千年不朽的聲音。

大國一夢，仍在前行。

【知古鑑今】

張楚：消失的地方改革第一人

歷史畫卷翻過了嶄新的一頁，卓資改革漸行漸遠。

當人們再次翻開歷史這本厚重的畫卷時，已沒有多少人還能記得張楚，這位上世紀八〇年代主政地方改革的第一位悲劇性人物。

影像在升騰，軀體卻有彈痕。

掙扎與希望

卓資縣是中國內蒙古中部的一個山區窮縣，全縣二十四萬人，一百二十萬畝耕地，以農牧業為主。上世紀八〇年代初，人均年收入只有四十一元錢，財政自給率僅達百分之二十，三分之一的人口常年缺糧，掙扎在貧困線上。

卓資縣境內有七個火車站，卓資縣人沿鐵路撿煤渣、掃煤面、扒火車、行乞曾聞名京包沿線，餓極了的村民甚至公開扒火車搶偷車皮裏的貨物，見啥搶啥，有的為此喪命。

掙扎在貧困線上的卓資人從陌生的「改革開放」這個字眼中看到了希望。

一九七九年至一九八三年，卓資農改轟轟烈烈。

一九七九年，卓資縣就每人下放一畝口糧田，也叫救命田，這讓老百姓喜出望外。

可天公不作美，一九八〇年，天大旱，靠天吃飯的卓資縣，沒有完成國家糧食徵購任務，一些別有用心的人趁機來了一次「秋後算賬」，說卓資縣完不成國家糧食徵購任務是因為颳「單幹風」，搞資本主義所致。

一些本來心有餘悸的人產生了遲疑，特別是一些戴過「走資派」帽子的人，更是膽戰心寒。然而，老百姓餓怕了，無暇顧及這一切，只要能吃飽飯坐禁閉也行！

改革，似乎是人心所向，民意所期。

一九八二年，面對窮得討飯成風的內蒙古卓資縣，這個從北京派來據說有高層政治背景的縣長張楚決意背水一戰：在全國破天荒地把商業部門、糧站、供銷社、食品店等國營單位由政府統一改為推向市場，個人承包，職工分流。

一九八二年開春，卓資縣十八台鄉的陳潤潤在分產到戶中，一家三口人分到了十二畝地，加上自留地和一些五等以下的土地，陳潤潤分到了十五畝地，四戶村民分到一頭騾子，價值一千元錢。當年陳家的收入是往年收入的三倍，上交了「國糧」，剩下的餘糧還不少，有了糧食，陳家搞起了副業，養雞、養豬，一年下來，家裏的生活得到了很大改善。

隨著土地到戶，「三級所有，隊為基礎」的生產隊倒臺了，隊委會也解散了。

張楚大刀闊斧的改革使得卓資縣炸開了鍋。原來的商業局、供銷社、糧食局及其下屬商場商店的許多職工一下失業了。縣政府就將賣樓的錢用於安置失業員工，給一部分錢，有點像現在的『買斷工齡』，讓分流職工投資創業，另謀出路。政府當時甚至還賣掉政府辦公大樓和機關裏的小車，用於安置因此分流的商業系統的失業職工和縣屬國營企業失業的職工。

同時，卓資縣黨政機構由原來的五十個壓縮為九個，公務人員由七百一十一人銳減至三百九十四人。縣級幹部福利待遇也實行貨幣化管理，搞「小政府，大社會」，壓縮吃財政飯的行政人員，精簡財政開支。把政府機關部門的車賣了，縣城本來就不大，書記、縣長、局長、科長統統騎自行車上下班，下鄉坐公共汽車，發給交通補助費。

經此動刀，卓資縣一度成為全國唯一的一個財政收入上升而支出下降的縣。張楚敢在縣級心臟部位動手術，這令時任原平縣委書記的呂日周非常感興趣。一九八四年呂日周帶著原平縣的三十多位縣級領導幹部和中層幹部到卓資縣學習。談到壓力，張楚對呂日周說，關鍵不是他的承受力，而是舊體制的承受力。

失落的英雄

如今，卓資人對當年的「中國改革試點」諱莫如深。

在卓資人的記憶裏，有那麼幾件事印象深刻。「一是流通領域打破大鍋飯。當時，我們這裏的糧食局和糧站、糧店，商業局和第一百貨商場、第二百貨商場，供銷社等，改革力度非常大，可以說是全國破天荒由政府一統改為推向市場，個人承包，職工分流。」

從一九八四年下半年開始，改革在卓資縣城展開。當時的卓資山鎮是全縣政治、文化、經濟中心，城鎮人口近三萬。

在那個年代，國營是全社會主義，政治地位最高；集體是半社會主義，極力向全社會主義過渡；個體是資本主義，是資本主義就要割尾巴、被革命。在這種一大二公的社會主義體制下，企業效益普遍不高，有的資不抵債，商業、供銷社、二輕等部門大部分虧損，食品等部門瀕臨倒閉。

一九八四年七月，卓資縣縣委召開了全委擴大會議，制定了城鎮改革的決定，參照農村改革的經驗，對城鎮經濟體制展開了全方位的「手術」。首先是下放權力，放鳥出籠。讓企、事業單位從政府部門管轄下脫離出來，實行政企分開。

卓資縣委的「動作」很快引起了自治區黨委的關注，當時自治區的黨委書記周惠先後三次到卓資調研。一九八四年十二月二十日，旗下營鎮被正式確定為小城鎮改革試點。

改革試點的阻力很大。全國都是「社會主義」，卓資人無法理解為什麼這裏就要另搞一套？為什麼要把國營的商場、工廠甚至國家的政府辦公樓，局機關的辦公樓賣掉呢？尤其是那麼多的職工失業，全城都沸沸揚揚，人心惶惶。

很多人不滿，也有很多人上告。坊間傳言張楚是習仲勳的女婿。因為有岳父做靠山，後臺硬，有尚方寶劍，所以才能大刀闊斧，無所顧忌，說幹就幹。

最終舊體制沒能承受住他。

張楚原從北京調任而來，在卓資根基並不深。張楚把全部國有資產都轉為民營的單兵突進行為，迅速遭到全縣上下的阻擊反對。而公車改革結果更令民眾憤怒，「錢發完了，小車又全都養起來了」。

各方壓力下，孤立無援的張楚被迫離開卓資回到北京，至今隱姓埋名。而之後的卓資縣，機構和人員迅速反彈膨脹，恢復如初。政府辦公室大樓又重新修了，比原來更大，更氣派了。各機關各部門的小車不僅又有了，而且比原來更多更豪華了，壓縮了的行政人員又多了，並且翻番地增加，早已人滿為患。

卓資改革在一片讚許聲與責罵聲中走過，而張楚成為了內蒙古改革的拓荒者。

而這一切似乎是個宿命，扯起改革的大旗越早，所處的地區越落後，改革者越具悲劇性。張楚註定是一位失落的英雄。

如今，張楚這個名字已經成為一個遙遠模糊的符號。他只有過去，也沒有人知道他的現在。他就像一隻斷線的風箏，消散在這片曾經風起雲湧的改革大地上。

張居正：海水裡的火焰

一六二二年六月二十，帝國最高領袖萬曆皇帝的孫子明熹宗親自主持，一場聲勢浩大的最高級別冤假錯案的平反活動，在北京紫禁城裏隆重舉行。

這一天京城裏皇親國戚，文武四品以上六部班子大臣，悉數登場。一位年過八旬拖著半條廢腿的老人，也來到了殿上。當聽到皇帝下詔「給張居正恢復名譽，但不恢復誥命」時，這個監察系統一把手叫鄒元標的老人，泣不成聲。

在經過了漫長的朝野與民間輿論爭議後，張居正這個一直讓帝國最高統治者們頭疼的名字，終於在這個冤假錯案製造者萬曆離開人世兩年後，由他的孫子熹宗以替其部分平反而暫告一段落。

這一年是天啟二年，而這一大幕中的主角張居正已經深埋地下近一個甲子了。張居正，這個大明王朝曾經如雷貫耳的名字，隔了四百多年的風雨，直到今天，也沒有退出歷史的餘溫。

在今天的湖北省荊州市沙市區一個普通院子裏，這裏曾是張家的故地，也就是其當時購置的張家台「樂志園」舊址。

院子裏，這個顯赫一時的人物，如今在這裏已經靜靜地安睡了幾百年。院子外，人來人往，現在已經成為當地著名旅遊景區——「張居正紀念館」。一條以他號命名新建的「太岳路」貫穿而過。現實與歷史就這樣恍然相連了。

在大明帝國風雨飄搖之際，張居正臨危受命，他處心積慮的官至內閣首輔，大權獨攬。不擇手段的輔助幼主，革故鼎新，重振綱紀，掀起了改革的浪潮，力挽狂瀾，使得大明這艘滿目瘡痍的巨船，繼續得以苟延殘喘了半個世紀。

這個大明曾經權傾天下的重臣，本以為依靠自己的聰慧和手腕，一直想走出中國歷史改革者的宿命，可他終究還是成了歷史的奴隸，沒有走出改革定律的桎梏。

張居正死後不久，立刻遭來百官彈劾，攻擊他是貪戀權位的不孝之子，是中飽私囊的的好色之徒。

最後那個曾視他為父親的乖巧學生萬曆皇帝，一道聖旨扔下，他即刻家破人亡。那些曾追隨他的同謀者，也一一被清算出權力的中樞。

他到底是一個過在自身的宰相之傑，還是一個功在社稷的改革者悲劇？

少年才子的遠大志向

嘉靖十六年，也就是西元一五三七年。

湖北武昌，看似平常的不能夠再平常的三年一度的鄉試，正在這裏如火如荼的舉行。

那天一個年僅十三歲的少年秀才，吸引了時任湖廣巡撫顧璘的目光。這道目光穿越過歲月的車輪，一起定格在這個叫張居正的少年身上。

看了這個少年的文章，這個有著「金陵才子」之稱的顧巡撫感歎道：這個孩子將來必有治國的相才，可以和歷史上大名鼎鼎的唐朝宰相李泌相比。但是因為這個孩子太年輕了，現在必須給他一些挫折，磨練一下他的意志和才具。

歷史把推動時代進步的重大人物，放在一個十三歲的孩子身上，實在是罕見的。也許張居正真正的傳奇人生，開始於這一年顧璘把目光投向他羸弱身影的那一刻。

> 綠遍瀟湘外，疏林玉露寒，鳳毛叢勁節，直上盡頭竿。

這一年，十三歲落選秀才的張居正寫下了這首以詩明志的〈題竹〉。

顧璘說的沒有錯，三十五年後，正是這個當初被他棄之不取的落榜秀才，一肩挑起了大明帝國岌岌可危的江山社稷。

三年後，這個帶著失敗恥辱的不甘少年再次踏進了武昌考場。他取得了他父親張文明窮其一生都未能夠得到的舉人身份。這一次，顧璘親自接見了這位少年才子。

這個後來影響了張居正一生的人生老師告誡他說：古人都說大器晚成，這是為中材說法罷了，當然你不是一個中材，上次因為我的話，而耽誤了你三年，這是我的錯誤。但是我希望你要有遠大的抱負，你要去做中國歷史賢相伊尹，不要只做一個年少成名的文士秀才。

剛開始，人們以為張居正只是一個在詩酒風流中纏綿的張家才子，這是他第一次給人留下的深刻印象。

歷史，有時能夠因為一個人的努力而被改寫。顧璘的有心之過恰恰成全了這個後來驚天偉地的男子。

即使在許多年之後，已經一人之下，萬人之上的這位內閣首輔，回憶起許多年前的這一幕時候，內心仍然充滿了對顧璘的感恩。

張居正在一次給友人的信中深情地回憶說：當年顧先生對於自己的知遇之恩，用心良苦的栽培，直到今天仍然沒有忘記。以死相報的念頭，一直在自己心中埋藏，不敢忘卻。

嘉靖二十六年，也就是一五四七年。已經名揚湖廣的青年才俊張居正，經過了朝廷層層選拔之後，跨過那道窄窄的皇宮的門檻，以新科進士第二甲的身份進入了中樞內閣的必經之處——翰林院。

在翰林院經過一年的庶起士的實習生涯後，張居正他得到了人生的第一份工作——編修。他從此正式地踏上了一生波瀾壯闊和個人命運沉浮的交纏的政治生涯。

這個整日埋首於整理歷史檔案毫不起眼的七品芝麻官，張居正一幹就是五年。可以想像的是，這五年致力於中國歷史梳理的工作生涯，使得他對於歷史的興衰與權謀之道有了更為深刻的瞭解。

朝廷發生了一件大事

嘉靖二十七年。這一年，朝廷發生了一件震動朝野的大事，正直清廉的內閣首輔夏言被當時次輔嚴嵩迫害致死。

嚴嵩如願以償的坐上了首輔的寶座，當時許多朝中的大臣敢怒不敢言。這時一個叫徐階的人也邁進了內閣。

夏言的死，對於二十三歲的張居正來說可謂刻骨銘心，這是對張居正曾經一直固守的儒家文化的一次自我震盪，也對他後來拋棄儒家治國的理論以及自身人格裂變產生了深遠的影響。

在夏言和嚴嵩的權力派系鬥爭中，一個小小的新科進士是根本沒有任何發言權的。

張居正開始清醒的意識到，在這樣的環境裏，自己該怎麼生存，怎麼樣從容的進退，而不傷了自己。他也開始像蝸牛一樣，不停的伸出政治的觸角，開始向嚴嵩獻上諂諛之詞。

嘉靖二十九年，嚴嵩七十大壽。張居正寫了這樣一首赤裸裸的詩來表示忠心。詩云：

握斗調元化，持衡佐上玄，聲名懸日月，劍履逼星纏。
補袞功無匹，垂衣任獨專，風雲神自合，魚水契無前。

另一面張居正也積極的和徐階暗中串聯，尋找各方利益的保護。徐階是上海松江人，此人老謀深算，不像夏言那樣鋒芒畢露。他在表面和嚴嵩沆瀣一氣的同時，正在暗中聯絡倒嚴的政治力量，等待時機。許多年後，也正是在徐階的精心關照和栽培下，張居正才上了權利巔峰。

嘉靖二十八年，目睹了殘酷鬥爭的二十五歲的翰林院編修張居正，開始了政治生涯的初試啼聲。熟讀歷史的他仿效漢朝賈誼，信心滿滿地給嘉靖帝寫了他生平的第一份施政綱領〈論施政疏〉。

在這篇奏疏中，張居正委婉地提出了社會問題的嚴重性，也分析了癥結的根本。奏文寫的有條有理，情真意切。

哪知道一心沉迷於修道的嘉靖帝，看也沒看，便把這道極具價值的奏文轉給了內閣首輔嚴嵩，嚴嵩正忙著鞏固自己的政治勢力，根本沒有心思搭理一個剛剛出道後生的政治建議，張居正奏章最終石沉大海。

這樣的打擊對胸懷天下的張居正來說是可想而知。從此以後，在嘉靖當朝剩下的時間，他從未就國家的時政，上疏過任何隻字片言。隨著嚴嵩的專權，朝野之間的鬥爭越來越趨向了明朗激烈。

嘉靖三十一年，和張居正的同榜進士楊繼盛以天下社稷為重，不顧嚴嵩提拔自己的知遇之恩，向嘉靖提出了彈劾嚴嵩父子的十大罪狀。輿論一時譁然，廟堂之上的正義之士奔相走告。他們天真的以為倒嚴的時機已經成熟。

然而，頗具手腕的嚴嵩利用彈劾自己的奏章，成功的把全部焦點轉移到嘉靖帝身上。楊繼盛最後被逮捕入獄，很快被腰斬棄市。

楊繼盛的鮮血再次撥動了張居正的政治神經。這時候的張居正，骨子裏仍然是有一個熱血的儒生學子，但是政治現實的無情卻把他壓迫的無處逃遁。

這一年，二十九歲的文學青年張居正仿照曹植寫下了這首〈擬西北有織婦〉。今天我們透過這首通篇以情比興的詩，仍然能夠清晰的感受到這個青年人身上當時志存高遠的政治熱度。詩云：

西北有織婦，容華豔朝光，朝織錦繡段，暮成龍鳳章。
投杼忽長吁，惄焉中自傷。
綿綿憶遠道，悠悠恨河梁，遠道不可見，淚下何浪浪！
春風捲羅幔，明月照流黃，
山川一何阻，雲樹一何長！安得隨長風，翩翻來君傍，
願將雲錦絲，為君補華裳。

幸而當時的掌權奸臣嚴嵩正忙於清算他的對手，或者是張居正的馬屁起了作用，亦或許在嚴嵩的眼裏，他就是個詩酒風流的才子而已。嚴嵩根本就無暇顧及這個荊州才子這樣的詩。張居正

這邊卻望眼欲穿，他在那裏等待江南來的長風，希望有一天把他送進內閣的通道。

張居正不動聲色的看著他的政治盟友兼老師徐階的身影。這時候的徐階，裝著若無其事的樣子。依然是「內抱不群，意欲渾跡」。

那時的張居正和今天的許多有為青年一樣，仕途的不得意，讓他們對官場心生倦意。他一直在兩個對立的權力派系中遊走，道德與生存、儒家與權謀的法則，一直在他腦中糾結。夏言、楊繼盛的死，更讓他深感恐懼。

第一次辭職還鄉

次年，剛過而立之年的張居正以自己喪妻為由，心灰意冷的向自己的政治知音徐階寫了一封告別信，準備告別官場這個是非之地，回到故鄉湖北的江陵。

張居正在信中，他仍然沒有忘記對時局的分析，也委婉地提出了對於徐階的批評，批評老師為了自己的利益過於自保。信的結尾說：

夫宰相者，天子所重也，身不重則言不行，近年以來，主臣之情日隔，朝廷大政，有古匹夫可高論於天子之前者，而今之宰相，不敢出一言。何則？顧忌之情勝也。然其失在豢糜人主之爵祿，不求以道自重，而求言之動人主，必不可幾矣。願相公高視元覽，抗志塵埃之外，其於爵祿也，量而後受，寵至不驚，皎然不利之心，上信乎主，下孚於眾，則身重於泰山，言信於其著龜，進則為龍為光，退則為鴻為冥，豈不綽有餘裕哉！

徐階還沒有來得及辯解，三十歲的青年才俊張居正就掛冠而去了。他的這一走，其實看似無奈之舉，卻是玩弄權謀以退為進的高明之策，一方面躲開了派系的鬥爭，又互不得罪，起到了自我保護的作用。另一方面，他開始有更多的時間進行最基層的廣泛接觸和調研。他把政治試探的觸角再次退縮到自己的內心世界裏，退回到他的自我蛻變中，積蓄力量。他在等待一個英明的君主，等待一個嚴嵩倒臺自己復出的契機。

就在徐階和嚴嵩鬥得熱火朝天的時候，遠在荊州的張居正也沒有閒著。表面上他已經對政治不感興趣，放縱於山水之間。可時局的發展，他一直在密切關注。

《明史・張居正傳》裏就曾提到這一段時期的張居正「終日把把自己關在家裏，不接外人，一直在研究歷史各個朝代的興衰存亡之道，以尋求破解當時的政治困局的辦法」。

也正是在這沉潛的三年中，對政治和社會現實的認識，張居正比起他嘉靖二十八年的上疏有了更深一步的瞭解。他逐漸的認識到，要解除民眾的痛苦，便要減輕百姓的負擔。嘉靖當政三十年來的最大負重，便是國防經費的支出和皇室的奢侈浪費。這一深刻的認識也成為他以後執政改革變法的重心。

嘉靖三十六年，接到徐階要他回京工作的信後，三十三歲的張居正目光如炬，百感交集地寫下了這首影響了他一生的〈割股行〉：

割股割股，兒心何急！捐軀代親尚可為，一寸之膚安足惜？
膚裂尚可全，父命難再延，拔刀仰天肝膽碎，白日慘慘風悲酸。
吁嗟殘形，似非中道，苦心烈行亦足憐。
我願移此心，事君如事親，臨危憂困不愛死，忠孝萬古多芳聲。

從此以後，張居正他十九年不曾看到父親一面，父親死了，不奔喪，不丁憂，不守制，不顧一切人的唾罵；政權是他唯一的戀人，政權是他報國的機會。「欲報君恩，豈恤人言！」環顧四周，張居正大聲地吼著。

〈割股行〉的問世，意味著張居正曾經一直堅守的儒家學說與道德開始的雙重放棄。他用這篇人生宣言宣告了三十三歲張居正的死亡，這也是他五十八歲人生歷程的一個分節點。一個文學青年開始在現實政治的取捨的壓力下，開始蛻變為一個政治家。他的一生，從此也嫁給了政治這具冷血動物。

復出後的權力迷戀

對於張居正的復出，他的一些朋友很不理解，當初那個一心沉迷致力於山水之間的張才子這麼就不見了。

對於周圍的這些議論，他在給一封友人的信中給出了這樣的一個解釋：長安棋局屢變，江南羽檄旁午，京師十里之外，大盜十百為群，貪風不止，民怨日深，倘有奸人乘一旦之釁，則不可勝諱矣。他接著寫到：非有「磊落奇偉之士」出來，「大破常格，掃除廓清」，就不足以挽救這個局面，而我就是一個磊落奇偉之士，我將來就要大破常格、掃除廓清，我要有一番作為……

嘉靖三十六年的秋天，張居正帶著蛻變後的一身輕鬆，再次信心滿滿地踏入了已經睽別三年的京城，再次投入政治的漩渦。這一次，他已經沒有了當初的青澀與惶恐，有的是堅定與忍耐的意志。

嚴嵩的老婆死了，他神情坦然的寫一些噁心的馬屁文章進行逢迎巴結，只是已經沒有了內心以往的道德自責。

進京第二年，徐階利用自己吏部尚書的權力，把張居正從七品的翰林院編修提拔為正六品的關鍵崗位友春坊右中允，仕途上算是邁了一個臺階。

這個職位雖低，但是分量極為重，因為它的日常工作是主管太子事宜兼任國子監司業。徐階不久又把他安排在後來成為接替大位不二人選的裕王身邊做講讀官。這一深謀遠慮的佈局，徐階走得不顯山露水。徐階成為張居正步入仕途的真正貴人，在這裏，張居正遇到了他後來的政治盟友兼對手的一代能相高拱。

嘉靖四十一年，倒嚴的時機終於到來，徐階利用御史鄒應龍和道士藍道行的內應外合，成功的扳倒了把持朝政長達二十餘年的嚴嵩父子。徐階自己取而代之首輔的位置。

一直參與倒嚴的三十八歲的張居正這時候按捺不住自己內心的喜悅，認為自己的政治前途開始一片光明，興奮之餘他寫下了這樣一句詩來表明自己的心跡：

狂歌寥寥天風發，未論當年赤壁舟。

然而徐階和顧璘一樣，認定張居正將來必是個大才，但是還得磨練。

嘉靖四十五年十二月，已經六十歲的大明皇帝世宗修道走火入魔，走到了生命的終點。裕王登上皇位，是為穆宗。

利用這個機會，徐階利用嘉靖遺詔的機會，由他口授，張居正執筆，對嘉靖帝在位四十餘年的一系列錯誤的政策進行了冠冕堂皇合法的反思與更正。

也正是在一五六七的這一年，這一年對整個明帝國具有不同意義的一個年份。徐階上書穆宗：要求開放海禁，允許白銀成為官方通用的貨幣。

徐階在沒有進入內閣之前，曾在東南福建擔任過一個地方的縣令。由於此前鄭和多次下西洋，它帶來的蝴蝶效應是東南沿海和海外貿易私下的往來頻繁，白銀已經作為地下貨幣流通。

穆宗批准了徐階的這一提議。很快，白銀成為官方的法定貨幣。那時的流入中國的白銀幾乎都是西班牙等已經興起的老牌資本主義強國從美洲大陸掠奪而販運之中國。這就意味著，中國的金融業已經提前入關，對西方開放了。

而那時候，國家因為沒有專門的金融管理人才來預警和引導，導致國家管理能力的下降，它帶來的一個最直接的結果是：等於拱手把國家央行的職能讓位給東南沿海的商人甚至是西方列強，這些唯利是圖的商人可以通過膨脹或者緊縮這樣的貨幣調控手段明目張膽的進行財富奪取。

在一定程度上，他們還通過收買當時的儒生知識份子為代言人，謀求政治上的權力分配。也正是明朝這一追求市場自由的政策過度開放，導致了明末金融緊縮引起的農民流離失所而爆發的農民暴動，也把這個帝國送上了一條不歸之路。

正如日本著名學者濱下武志所揭示的那樣：通過對貨幣發行的考察，可以折射出中國所謂的「中央集權」行使的真正情況。在中國的貨幣體系中，幾乎沒有黃金流通，白銀和銅錢是兩大貨幣體系。銅錢由中央政府管轄。但在明代，流通的主要貨幣則來源於民間，即便這樣，政府仍然實行白銀納稅的方向。這導致越來越來的人需要進行匯兌，民間機構其實主宰著國家真正的財政，因此私人金融機構對貨幣和公共財政的控制日益增強。

筆者之所以花了這麼多筆墨來交代明朝的貨幣體系的來龍去脈，是因為張居正後來改革力推的「一條鞭法」與此休戚相關。明朝的貨幣政策也給當下的中國提供了另外一種借鑒的可能：就是在越來越國際化的金融體系中，國家的安危很大程度上取決於貨幣的戰爭，建立獨立自主的貨幣體系尤為重要。

清除了所有的障礙後，張居正入閣只是時間問題。三個月後，由內閣首輔徐階提議，曾經作為裕王講讀官的張居正以吏部左侍郎兼東閣大學士的身份走上了大明王朝的決策中樞——內閣。

這一年，四十二歲的張居正終於實現了他兒時的夙願——鳳毛叢勁節，直上盡頭竿。

此後的十六年間，張居正沒有一天的離開過這個權力的位置，每一天，他都在處心積慮的鞏固他的地盤，準備實行他的獨裁集權，一邊推行他曾經的施政綱領，一邊打擊異己，收受賄賂，貪圖享受，直到他個體生命的消亡。

政治場上，沒有永遠的敵人，也沒有永遠的朋友，只有永遠的利益。在推倒了嚴嵩這棵大樹後，曾經作為政治盟友的徐階、高拱、張居正，在內閣的權力分配中也發生了內訌。先是徐階利用言官的力量，扳倒了高拱，後來高拱的餘黨勢力又利用徐階曾經矯旨的污點，迫使徐階下野。

昏庸無為的李春芳最後成為這場政治遊戲中最大的贏家，他出乎意料的成了內閣的首輔，朝局後來也因此也進入了複雜更迭的劇烈震盪期。

這一政治現實深刻的影響了張居正後來走上首輔的權力佈局。他不得不更加殘酷的打擊對手，走上了自己極權統治的不歸路。

因為李春芳的慵懶無為，剛剛走上內閣的張居正開始了蠢蠢欲動，在蟄伏了十多年後，再次上疏，向當時的皇帝穆宗表明了自己的治國之策。

這便是後來張居正變法的主要內容〈陳六事疏〉。一：省議論；二：振綱紀；三：重詔令；四：核名實；五：固本邦；六：飾武備。

二十五歲上〈論時政疏〉時，他不過是個滿腔熱血的文學少年，可如今，他已經洗盡鉛華，是個老謀深算，經歷政治風雨無數，具有雄才大略的政治動物。沒有了華麗的語言修飾的渲染，有的是簡明扼要實用的政治主張。無可諱言的是，這時候的張居正已經具備了超前的政治戰略眼光。

〈陳六事疏〉之首「省議論」的甫一出臺，立刻引起了當時極為活躍的兩顧政治勢力言官和清流派們的強烈反彈。

目睹過幾次因為言官而導致內閣頻繁變動的張居正不為所動，一面極力勸說穆宗實行獨裁統治，一面用國家機器打擊控制輿論。

張居正在給友人信中說：「聲容盛而武備衰，議論多而成功少，宋之所以不競也，不圖今日，復見此事。」

他把宋朝的滅亡歸咎於輿論的失控，最後導致國家武備的鬆弛。他的這一政治見解，後來在他登上首輔的那一刻起，立即付諸實施，取消全國所有的書院，逮捕當時反對新政的泰州學派著名學者何心隱。

張居正從此以後，以法家李斯的傳人，徹底走上反儒學之國的這條延續了中國幾千年歷史奉為圭臬的治國核心。他死後，後來的儒生們理所當然的把他寫進了歷史的罪惡冊頁上。

事實上，早在春秋時期，奉行以法治國的鄭國大夫子產，也進行過一場聲勢浩大的政治改革，子產下令在公共地區鑄造法鼎，把鄭國的許多規章制度都刻在上面，讓老百姓必須應該遵守執行。

身在魯國的小兄弟孔子聽說了這件事後說，子產怎麼可以這樣呢，教導百姓不是靠法律，而是仁德，長此以往，國家全是些鑽法律空子的刁民了。

剛開始，老百姓和孔子一樣，對此也頗有意見，他們便經常聚集到附近的學校議論批評朝政，一個叫然明的官員便向子產打小報告，建議他關閉學習，逮捕為首議論分子。

子產說，實行猛政，老百姓的議論恰恰是對我們工作的一種監督啊，應該加以鼓勵才對啊。切不可毀壞學校，用行政手段來堵塞言路，否則大禍便要來臨了。

子產也因此博得了世人的尊重，他也是第一個因提倡輿論監督而得以善終的改革者。

後來子產去世的消息傳到魯國後，一直心高氣傲看不起任何人的孔子垂淚長歎道：先生，你可是千古遺愛啊。

張居正生前根本都沒有想到的是，在他死後不久，他就得到了和李斯一樣的下場，後來萬曆皇帝給他定罪名的兩條「限制議論、堵塞言路、專制弄權」等便赫然在目。

張居正也許早就意識到了這一點，「欲報君恩，豈懼人禍」，他抖了抖身上那些清流們投向他的口沫，義無反顧的繼續走了下去。

許多年後，同樣是大明王朝錚錚鐵骨的不討官場喜歡的海瑞想起了昔日的這位老上司說了這樣一句「張居正善於謀國，笨於謀身」。

海瑞在時人和後人眼裏，一直是個清廉但不諳人情世故的官場怪物。但他對張居正這一針見血的評論，卻發現他實在是個深諳歷史遊戲的官場真正第一高人。那就是統治整個國家和影響歷史的不是真正有功於當時社稷的「大功」，而是那些留傳於後世被儒家奉行的「節操」牌坊。

張居正死後，許多官員爭相拿這一條來彈劾他的罪證與過失，那些官員們奔相走告。而海瑞死後，南京十萬市民自發罷市，以此紀念這位大明王朝的朝廷模範官員。

冷暖兩世界，海瑞死後的顯赫，正襯托出張居正的寂寞。是改革者的宿命，還是張居正的悲哀？

張居正的這份極具政治構想的〈陳六事疏〉送到穆宗面前，這個文弱的帝王看也沒看，便由內監轉給了首輔李春芳。經歷過人事的多次更換，多一事，不如少一事。這已經成為李春芳的處事哲學。張居正的奏章不聲不響的再次被束之高閣。

張居正很憤怒，但是也無可奈何。畢竟自己資歷尚淺。這時候他想到了昔日的政治盟友——高拱。

經過兩人的精心策劃，一個用高拱取代李春芳的機會來了。張居正聯絡當時的司禮太監李芳很快扳倒了由李把持的內閣。高拱再次復出入閣擔任首輔。

張居正天真地以為，自己的政治主張和高拱相同，憑藉自己的迎立之功，應該可以和高拱密切配合，共理朝政，施展自己一直未能實行的政治抱負。

經歷短暫的蜜月後，高拱很快感受到了來自於張居正虎視眈眈的威脅。由於高拱也曾是穆宗前邸時期的講讀官，穆宗對高信任有加，張居正對高拱也無可奈何。他只能像一直假寐的老虎重新在等待一個時機的降臨。

角逐權力巔峰

一個千載難逢的機會終於來了。

隆慶六年，對政治早已厭倦的三十六歲的穆宗，像他的父親嘉靖一樣走到了生命的終點，臨終之際，內閣中的張居正和高拱一起站到了這個一生文弱的帝王面前，接受了遺詔，成為了後來歷史上有名的萬曆王朝的顧命大臣。

穆宗一死，大明的政權落到了內閣首輔高拱手上，高拱一改以前小心翼翼的態度，也開始專權頤指氣使的代替小萬曆皇帝處理朝政。

神宗即位的第六日，一台角逐政治權力的大戲又上演了。

為了實現專權的願望，高拱想讓太監陳洪去上任明朝沿襲了多年的掌印太監。高拱天真的把這一想法告訴了早已對他心存芥蒂的張居正。明眼人一看便知，這一提議得罪了當時一心想爬山此位的深受皇太后信任的另外一個太監馮保。

政治嗅覺異常靈敏的張居正立刻抓住這唯一可以扳倒高拱的機會，連夜派人把高拱的這一提議告訴了尚不知內情的馮保。

第二日，神宗的母親，也就是皇太后罕見的臨朝了。這時候，一向口無遮攔的高拱的一句實話結束了他的政治生命。馮保以高曾說過「一個不到十歲的小皇帝，怎麼能夠治理國家」為由，揭發高拱有「不臣之心」，當朝請求太后臨機專斷，罷了他的官。

在這場權力鬥爭中，高拱最後只得接受「回籍閒住，不許停留」的聖旨踉踉蹌蹌的回到了鄭州老家。

張居正理所當然取代了高拱首輔的位子。此後，他和宦官馮保進行了長達十年榮辱與共的政治結盟，內閣的權力從未一天從他的手中脫落過。他也迎來了他另外一個真正意義上的主人——李太后。

既生張，何須拱。政治的殘酷，一山不容二虎，往往就是這樣的無情。高拱的失敗，有張的才具，卻缺少了張居正的權謀。

他們是惺惺相惜的知音，因為有著共同的才能與天下的情懷，他們也是互相致力於對方一劍封喉的對手，因為他們有著你死我生的權力搏殺。

六年後，高拱帶著了失敗後的傷口在河南新鄭離開了人世。聽到高的去世的消息後，張居正心潮起伏，他在給自己的弟弟信中寫到：三十年生死之交，一旦遂成永隔。刺心裂肺，痛何可言？

也許是感覺生前的虧欠，也或許是兔死狐悲物傷其類的複雜情感，高拱死後，張居正應高家人的請求，親自給高拱寫了墓誌銘。

三十五年後，當年湖廣巡撫顧粼眼中的「有宰輔之才」的文學才子張居正以少帝之師，出任首輔，終於登上了他的個人權力頂峰。

變法大幕緩緩開啓

「願以深心奉塵剎，不於自身求利益」，這是張居正的入職宣誓。

屬於張居正的時代來臨了。一場深刻的影響了中國後來歷史進程的改革馬上就要登場。

時事造英雄，也造悲劇。張居正開始了他榮辱斑雜的權力生涯。一個劃時代的人物即將出現，儘管歷史在這裏打了個彎便折了回去。

張居正的出現，也只是這個已經頻臨死亡奄奄一息的龐大帝國的一次迴光返照。但是這個名字將伴隨著大明王朝一起走到了歷史的最前沿。

那時候的大明，完全是個爛到根子裏的燙手山芋，整個政權搖搖欲墜，經歷了嘉靖帝當政四十五年的折騰和穆宗六年的碌碌無為，整個官場綱紀鬆弛，貪污腐敗已經嚴重侵蝕了這個帝國的肌體。北方俺達勢力蠢蠢欲動，一直等待時機窺取中原，加之財政日益匱乏，可謂內憂外患。

今天我們仍可從著名模範官員代表海瑞的上疏中可以一窺當時已經觸目驚心的朝政。海瑞在給嘉靖帝上疏中直言不諱的批評說：

陛下銳意精心治國時間不長，就被狂妄想法牽涉，反而把剛毅聖明的本質誤用了。以致說遐舉可成，一心一意學道修行，傾盡民脂民膏，濫興土木工程，二十餘年不臨朝聽政，使得法律綱紀廢弛了。數年來賣官晉爵推廣開綱事例，毀壞了國家名器。二龍不能相見（指嘉靖帝聽信方士的讒言，天子之間不能互相見面），使得人們認為您不顧及父子親情。因猜疑而誹謗殺戮污辱臣下，人們認為您不顧及君臣之情。在西苑享樂不返回大內，人們認為您不顧及夫妻之情。官吏貪污驕橫，百姓無法生活，水旱災害經常發生，盜賊滋生。請陛下想想今日的天下，究竟成了什麼樣子？

海瑞所說的這些，那時身為朝中重臣的張居正把一切都看在眼裏，他沒有採取像海瑞冒死進諫激進的做法。他像徐階一樣，不動聲色的等待機會。深諳權術的他當然知道，激進和正直的人格操守解決不了任何實際問題，反而會傷了自己。這樣的人，終究是王朝的點綴：可敬，可怕，不可行。

因了這樣的想法，張居正後來站到了權力中樞的舞臺，他也一直對大明這個模範官員海瑞棄而不用，一罷十六年。直到張居正死後，這時海瑞才被人想起，被委任為陪都南京一個有名無權的虛職作為帝國清明政治的點綴。

張居正死後四年，也就是萬曆十五年，大明官員優秀模範標兵海瑞病死於南京任上。死後極盡哀榮。歷史就是這樣的詭秘。若干年後，一個圍繞著他生前罷官名義引起的另外一場轟轟烈烈的大運動由此揭開序幕，歷史與現實穿梭交織，令人唏噓。

明代另外一個精神異類，著名的思想家李贄對海瑞的評價則是「先生如萬年青草，可以傲霜雪而不可充棟樑」，可謂入骨三分。

而李贄卻對張居正不吝溢美之詞，「宰相之傑」便由此而來。李贄最後也因為行為「敢倡亂道，惑世誣民」的罪名在北京通州被逮捕，不久自己割喉而亡。大明這個怪胎裏生產出的三個當時令世人側目的異類，竟然因為政治而交集在一起，實在是罕見的。

現在輪到張居正的機會終於來了，儘管連同首輔位置還有一個千瘡百孔的大明江山。

張居正一升任便從輿論著手，他關閉了全國書院，禁止儒生們自由講學，全國學界一時噤若寒蟬。

「謀在於眾，而斷在於獨」，他毫不諱言政敵們投向他霸權專制的口水。政治的擔當，他拿得起，也放得下。

清除了外部的輿論後，深諳歷史改革成敗的張居正吸取了以往歷代改革尤其是北宋王安石變法失敗的教訓，決定先從政治官場改革開始，然後再推行到經濟領域。

即使是放在二十一世紀的今天，推動經濟改革的前提仍然是必要的政治體制的改革。

中國國務院總理溫家寶二〇一〇年三月五日在十一屆全國人大三次會議上所作的政府工作報告，強調了政治體制改革的重要性，還提到讓人民批評、監督政府，引起了海內外媒體的高度關注。

溫家寶在政府工作報告中說：「中國的改革是全面的改革，包括經濟體制改革、政治體制改革以及其他各領域的改革，沒有政治體制改革，經濟體制改革和現代化建設就不可能成功。」

顯而易見，溫家寶是把政治體制改革列為各項改革的首位，因此被輿論界普遍認為是中國政府釋放了推進政治體制改革的信號。

其實，政治體制改革在新中國並非新鮮事物，鄧小平在改革開放初期就已經提出來了。而把政治體制改革列為改革大業的決定性因素，也是「古已有之」。

鄧小平早在一九八六年六月二十八日的中共中央政治局常委會上就指出：「我們所有的改革最終能不能成功，還是決定於政治體制的改革。只搞經濟體制改革，不搞政治體制改革，經濟體制改革也搞不通，因為首先會遇到人的障礙。」

張居正深知，如果不能夠有效的整頓綱紀，改革的保守勢力將會產生很大的反彈，改革的任何經濟決策在地方上都不能夠得到真正有效的貫徹執行。

在皇太后的鼎力支持下，張居正首先利用京察的機會，把一批尸位素餐的官員罷了職，先後徵召了政治上比較傾向於自己的呂調陽，張四維，申時行入閣協助自己。接著又提拔了一批堅定改革執行者的中層幹部，如譚倫，戚繼光等重要致力於改革務實的幹將，組成一個部會與地方領導構成的輔政班子。

人事佈局完成後，張居正以嘉靖帝曾經的遺旨為由，公開宣佈革新政治。和王安石相比，這是張居正的高明之處，那些反對派們也無可奈何。

新政採取分步走的策略，張居正知道，改革不是件容易的事，先探索，積累一定的經驗，然後以強有力的行政命令迅速執行。

第一步開始精簡百分之二十的官員，分流的官員自謀職業。

第二步制定考成法，問責官員。每個月都要對官員進行考核，有點類似於今天的市場銷售人員，官員的去留嚴格的按照考成法去執行，考成法後來成為張居正推行一條鞭法的殺手鐧。考成法的出現是張居正對於歷史的一個貢獻。我們今天許多單位的績效考核，公務員考核的許多條例都可以在張居正的考成法裏找到影子。

第三步，為了中央政府的領導，保證政令的暢通，調整強化擴權了六科的地位。六科搖身成為今天的組織部和紀委，考成法的實際執行監督者。以內閣控制六科；在六部中設立六科，再以六科控制六部。

六科的設立，大大提高了政府的辦事效率。具體做法是，要求把六部按照考成法，把要辦的事情一條條的登記造冊。一式三份，分別存本部，六科，內閣。

這樣權力的重新梳理，張居正牢牢的利用六科控制了六部，使得他在以後推行一系列改革中，六科成為變法中最直接的監督者與執行者。

四百年後，同樣因為用鐵腕手段，推動改革而引起爭議的改革明星昆明市委書記仇和，也借鑑了張居正的做法。他甫一上任，便勒令會上一打瞌睡的招商局副局長辭職。

他到昆明的第一個引起爭議的舉動就是將黨委系統的兩個強力部門——組織部、紀檢監察部進行強化，使之成為經濟發展的發動機。

在一次治理滇池污染的公開活動中，仇和再次提出「治湖先治水、治水先治河、治河先治污、治污先治人、治人先治官」的建議。

不久，仇和改革現在的監察制度，昆明市紀委、監察局派出的十四個紀工委監察分局正式授牌成立。紀工委監察分局的人權、事權、財權由市紀委、監察局統一管理、人員統一調配、工作統一安排、後勤統一保障，提高了紀檢監察機關的獨立性和權威性。

也正因為如此，仇和的各項改革措施，才在昆明得以不折不扣的推行下去。

許多年以後，曾經還在沭陽強勢改革的縣委書記仇和談論起張居正，不無感慨的說：「天下最真實的官有兩個，一個宰相，一個縣官。」

圍繞張居正考成法和六科這事，發生了在當時看來的一件大事，這件大事影響深遠，後來張居正死後命運發生驚天逆轉，都能夠從這事中發現端倪。

張居正的一個學生叫劉台彈劾他說：張居正整天打著因循祖宗之法的幌子，實施考成法以後，地方官辦事不力有六部糾正，六部辦事不力有六科糾正，六科不力責由內閣糾正。過去的規矩，是沒有這一條的，內閣只是個輔助智囊的機構，現在張居正這麼一搞，大明帝國官員的命運都捏在了內閣手上，難道祖宗的法度真是這樣的嗎？

平心而論，劉台說的是實情，張居正早期的政治改革，為了保證改革的成功，他採取了和王安石截然相反的措施，換藥不換湯。從實際作用上來看，張居正無疑是成功的，不像王安石一開始大張旗鼓的要更改祖宗之法，遭到了反對派的重創。

接著，劉台話鋒一轉說：張居正專權三四年來，大肆受賄，私用張四維等人，張四維是個什麼人呢，在翰林院時候，名聲就一直不好，這個人善於投機專權，巴結專營權貴。政治品格反覆無常，一切都是為私慾。這樣的人一點都不可靠，張居正早就瞭解這些，為什麼要重用他呢？如今，官員們都怕張居正甚於皇上，陛下應該控制內閣的相權，增加自己的皇權。否則皇上以後怎麼辦事呢？

上疏送到了十四歲的神宗手上，早在自己登基之初，小皇帝因為要請編著《穆宗實錄》的臣工們吃一頓飯，張居正以浪費為由拒絕了神宗的這一提議。

劉台的奏疏一出，朝野立刻議論四起。這個時候的張居正決定以退為進，以此強化自己的威權，他要測試一下太后對於自己改革的最終底線。第二天他向神宗提出了退休回家的請求。

小皇帝未知可否，「否則皇上以後怎麼辦事情呢？」他把這個問題拋給了自己的母親，私下裏，他已經是個十四歲的帝王，該是親政的時候了。

太后以小皇帝年幼無知拒絕了張居正要求致仕的想法。知道了太后的底牌後，張居正知道，權力是改革的保證，為了取得絕對的權力，走上層路線必不可少，利用這件事樹立鐵腕專權，他再次上疏，請求退休。

他在再次上疏中說：如今皇帝年幼，還在學習。我受先皇的重託，輔助朝政，沒想到招來這麼大的怨恨，我不是專權貪戀，我是替王行政。

小皇帝看事情搞到了這樣無法收拾的地步，只得再次下詔予以慰留，並對劉台進行處罰，以安慰張居正。

經歷了劉台事件後，張居正以代王攝政的名義，進一步加強了他的極權統治。在輿論上，他對書院的招生到講學的內容都進行了嚴格的限制和政治審查，一旦發現有議論反對新政者，立刻予以取締。

萬曆四年，著名學界領袖何心隱因為經常抨擊朝政而遭通緝，三年後，被湖廣巡撫亂棍打死。臨死之前，何心隱對巡撫說：汝安能殺我？亦安敢殺我，殺我者張居正也。

儘管李贄對張居正的政治才能讚譽有加，但是對於這件事情也頗有微詞，認為張的這一做法，無疑是違背人心民意。

張居正採取的這些文化專制，為他一生的聲名帶來了巨大的負面影響，他從曾經的一個儒生學子，為了權力的需要，放棄了人文情懷的理想，選擇了更為實用的法家之路，走上了儒學的對立面。直到今天，仍然被攻擊，但無可否認的一個事實是，這一切也為他後來推行的一條鞭法掃清了政治障礙。

改革的路徑到底是法家還是儒家，直到今天仍然存在著巨大的爭議。

仇和在昆明推動的一系列改革也遭到了部分學者的批評，認為他的許多做法完全是違背現行的法律框架，是在蠻幹。對此，仇和並不諱言：他就是要用人治推動法治，用不民主推進民主。

值得一提的是，仇和曾經也是個十足的文學青年。多年的政治生涯，文學的情懷已漸漸隱去。正如劉台在彈劾疏裏所說，張居正的進一步專權，日益與皇權產生了矛盾，後來也深深刺痛了幾年後已經有獨立主張的神宗的神經。萬曆皇帝對張居正的政治絞殺也只是個時間問題。

劉台也一語成讖，不僅如此，當年重用的張四維最後果然如他所言，不甘久具於張居正之下，張居正死後，張四維立刻反目，成為執行神宗清算張居正的堅定執行者。

以至於他的大兒子張敬修在被逼自殺的遺言中泣血寫到：有便，告知山西蒲州相公張鳳盤（張四維），今張家事已完結矣。願他輔助聖明天子億萬年也！

張居正用了三年完成了政治改革的架構後，大明冗悶的政治氣氛開始漸漸清晰起來。

強力推行一條鞭法

政治改革的調子定好，張居正開始了波瀾壯闊的經濟改革。「不加賦而上用足」，在確定實行西漢財政大臣桑弘羊這一經濟主軸後，他大刀闊斧的採取了開源和節流雙管齊下的方針。

萬曆三年，張居正決心整頓沉疴已久的官辦特大型機構——驛站。

張居正經過調查後規定：一、非軍國大事一律不得使用驛站。二、驛站接待規模只能是三菜一湯，不許送禮，任何人不得要求提高接待規格。三、實行通行證實名制，嚴禁轉借他用。

政令頒佈後，全國大批的官員因為違反規定，受到革職處分。全國公款吃喝之風為之一轉。可惜張居正死後，由於以神宗為首的中央政府權力不受制約，帶頭大肆公款吃喝，到了明朝末期，變本加厲，一個王朝的氣數也盡了。

萬曆五年，已經過了親政年紀的皇帝神宗想表達對兩宮太后的孝心，準備替母親修葺一下已經破損的宮殿。

張居正得知消息後，立刻以帝師的身份加以阻止。並諄諄告誡自己的學生神宗說：治理國家，一定要本著節儉的原則，現在國家正是用錢的時候，我查了下，兩宮太后的宮殿三年前剛剛修葺的，現在應該還是可以住的，我看還是等等再說吧。

一句話把神宗頂了回去。迫於母親的威嚴，十五歲的神宗不動聲色，他已經把老師張居正權謀之道學得遊刃有餘。

「先生忠言，已奏上聖母，停止了。」太監向張居正口授了小皇帝的意旨。不可否認的是，張居正在宮廷內部的節流成績顯著，但這也為他被政治清洗埋下了禍根。

後來神宗的大肆斂財，好貨成癖。正是來源於青春期對張居正過度節儉的反抗。

神宗甚至為此最後走火入魔。一個有名的例子是萬曆三十年，一日神宗病重，自以為時日不多，便吩咐太監傳聖旨，一律取消自己發明強加在老百姓頭上的各種繁雜的稅目。哪知道第二天自己病情好轉，便要回了那道已經發出去的聖旨，於是稅收照舊，老百姓民不聊生。

在節流的同時，張居正運用考成法，動員國家機器，重點打擊那些貪污受賄的官員和惡意偷稅漏稅的大戶和財團。

萬曆四年，張居正為了推行一條鞭法，首先選擇在他的家鄉湖廣地區進行土地的重新丈量普查。然後開始探索新法實施的可行性。

一條鞭法是中國賦稅制度一次劃時代的變革。直到今天仍然有許多借鑒意義，即便是在張居正死後被清算後，一條鞭法仍然沒有人亡政息。它使得大明帝國在萬曆一朝以後繼續苟延殘喘了半個世紀。

其實一條鞭法並不是張居正的首創，最早徐階在嘉靖四十五年時在南方就開始了實驗。經過了高拱當政時期的進一步推廣，張居正在龐尚鵬、劉光濟、海瑞分別主政浙江、福建、江西、江蘇等地的實驗基礎上，經過逐步的完善加工修改，再三的權衡利弊，先在自己的家鄉湖廣全省推行，等到一定的成效後，最後決定在萬曆七年才開始全國全面推廣開來。張居正政治生涯最為隆重精彩的大幕開揭了。

一條鞭法的核心內容分為三部分：

一、清丈土地，擴大徵收面，使稅負相對均平。針對當時存在的占地多者田增而稅減的情況，只有從清丈土地入手，才能做到賦役均平。僅據部分清丈的結果，就增加了土地。八億畝，使不少地主隱瞞的土地繳了稅。

二、統一賦役，限制苛擾，使稅賦趨於穩定。實行一條鞭法以前是賦役分開。賦以田畝納課，役以戶丁徵集，賦役之外還有名目繁多的方物、土貢之類的額外加派。實行一條鞭法以後，全部簡並為一體。將役歸於地，計畝徵收；把力役改為雇役，由政府雇人代役。由於賦役統一，各級官吏難以巧以名目。因此，叢弊為之一清，使稅賦趨向穩定，農民得以稍安。

三、計畝徵銀，官收官解，使徵收辦法更加完備。我國封建田賦，唐以前基本上都是徵實。唐代兩稅法雖以貨幣計算，但繳納仍折實物。宋代徵稅，只是偶有折銀。元代科差雖行色銀，但積糧仍為穀粟實物。唯自明代一條鞭法實行以後，不僅差役全部改為銀差，而且田賦除蘇杭等少數地區仍徵實物以供皇室食用之外，其餘也均已一律改徵折色，即折為色銀。與此同時，賦役徵課也不再由里長、糧長辦理，改由地方官吏直接徵收，解繳入庫。從此，不按實物課徵，省卻了輸送儲存之費；不由保甲人員代辦徵解，免除了侵蝕分款之弊，使徵收方法更臻完善。

張居正實行一條鞭法以後，曾經改變了財政歷年虧空的局面，出現了「太侖所儲，足支八年」的富裕情景。大明帝國從死亡的絕境中開始舒緩了過來。

但是，十幾年以後，由於神宗肆意搜刮，宦官弄權侵蝕，於田賦之外多次加派「遼餉」，所以新的稅制又被完全破壞了。

直到清朝雍正年間，雍正為了扭轉財政的困境，准定在張居正一條鞭法的基礎上，實行攤丁入畝。

導演奪情大戲

就在張居正把所有的政治激情與智慧投入到由他親自推動的這場轟轟烈烈的社會變革中，一件意外的事情發生了。

萬曆五年，張居正父親張文明死了。

這個看上去一點都不顯眼小人物的死，演變成朝野的一次對決，也差點改變了帝國的命運。儘管最後，張居正依靠皇權的支持，依靠自己的專制取得了最後的勝利，但由此帶來的政治震盪卻波及深遠，他最終也被送上了歷史萬劫不復道德的絞架，連著他生前的所有榮耀一起埋葬。

按照帝國的規定，自己嫡親的祖父母，父母去世，在朝的官員必須棄官回家丁憂守孝二十七個月。但也有例外，皇帝如果考慮到國家特殊的情況，一般會採用「奪情起復」，也就是剝奪官員丁憂的權利，重新起用為國家盡忠。

深諳權謀的張居正當然知道，這個時候，他是萬萬不能夠離開內閣的，否則自己幾十年的政治心血將付諸東流，而自己又不能夠去隱瞞父親的死訊，否則王安石改革時代起用的李定瞞父死訊不報遺臭千年，便是自己的下場。

張居正當然深諳其中的厲害，在和自己的政治同盟馮保經過一番沙盤推演後，一幕奪情的好戲上演了。

沒擱幾日，張居正便以十萬分的悲痛與虔誠向年僅十五歲的學生萬曆上疏，請求皇帝批准自己丁憂，以成全自己的一片孝心。

皇帝得知這個消息一籌莫展之際，馮保和一大批親近首輔之人也開始了「請求皇帝奪情起復張閣老」的上疏。

在母親的授意下，小皇帝毫無意外的退回了張居正的〈乞恩守制疏〉，並下旨意說：我現在還很年幼，還是讀書學習的時候，國家大事怎麼可能離開了張先生呢，先生應以國家大事為重，對國家盡忠就是最大的孝道。

一切都按預想中進行著，為了應付朝野的輿論圍剿，接到皇帝的挽留後，張居正連夜頗費思量地又趕寫了一份〈再乞恩守制疏〉。

在這份奏文裏，張居正一改以前明快直接的文風，顧左右而言他，他說：皇帝這樣的恩德我不知道怎麼去報答，按理說，父親去世，我應該去丁憂，但是我這個人呢，是非常之人，不拘泥於小節。

後來《明實錄》記載到這一段時，毫不猶豫的加了這樣一段編者按：觀此，奪情本謀盡露矣。

就這樣經過三次你來我往的虛假乞恩後，經過張居正旁敲側隱的善誘和馮保的步步為營的點拔，小皇帝茅塞頓開下達旨意：命張居正二兒子替父親丁憂。

此刻，奪情大戲已成定局。改革大事勝利在望，張居正已經顧不得人言的可畏，他一再表示「自己仍願守制，但聖命難違。但請求皇帝自己辭俸帶職守制」。

從皇宮到首輔辦公點文淵閣相距不過千米，此刻對已經五十三歲的張居正來說，卻走得異常的艱難。

文淵閣裏的孔子像端坐著，仍然昭示著儒學這裏才是這個龐大帝國的真正統治。而這裏的主人卻公然違背了這一根基。等待他的已經是危機四伏的彈劾他的罪證了。道德自律與國家責任在這裏陷入兩難。

明代特盛的士林學風，有一個十分引人矚目的現象，那就是知識份子為了恪守職責道義，明知是抗旨犯上，哪怕會死難臨頭，但也會慷慨直言、坦陳己見，以一種萬死不辭的壯舉，毅然上疏抗辯，乃至將鋒芒直指當朝權貴或皇帝。

儒學經典《左傳》將「太上立德，其次立功，然後立言」視作士人追求「三不朽」之圭臬。張居正內當初剛提到改革目的就是要強國富兵時，便立刻遭到了士林的攻擊，認為這完全違背了儒學代表孔子主張的以仁治理國家的根基，張居正便曲解《論語》來回答說：孔子、舜帝、周公，開口說的都是「足食足兵」，他們的理念就是所謂帝王之道了吧，他們又何嘗不想富國強兵。

幾百年後，另外一個深懷改革大業的康有為也託孔子粉墨登場，這便是歷史著名的《孔子改制考》為理論依據而推動的戊戌變法，同樣遭到了重創。

「如入火聚，得清涼門」，一向對佛家不屑一顧的張居正不得不給自己開出這樣的精神藥方。從天上到地獄，對於權力的留戀，對於改革的期盼，他已經做好了當個烈士的準備。

果不其然，等同僚們知道張居正接受了「奪情」的內幕後，朝野立刻吵翻了天。那些一直被張居正採取鐵腕手段打擊的言官清流們坐不住了，他們認為這完全動搖了儒家治理帝國的根基，他們立即上疏萬曆，要求張居正丁憂守制，否則大廈將為之傾倒。

讓張居正頗為尷尬的是，挑頭跟自己過不去的竟然是自己曾經的兩個得意門生。門生們也理直氣壯說：先生，我們這也是為您老人家好，否則天下士子會怎麼去看待先生，先生一世的名聲將會蕩然無存。傾覆的時刻將會不遠了。

張居正惱羞成怒，在他的暗示下，萬曆把當時叫得最凶的五個人叫到朝堂之上，進行廷杖，等打到半死不活之際，把當時號稱的五君子發配充軍，其中就包括在這次事件中被打斷了一條腿，後來為張居正平反而奔走的大名鼎鼎鄒元標。

若干年後，見證了帝國日漸衰落的這個天啟年間的重臣，回憶這一次事件時候滿帶歉意地說，做言官是要諍言別裁，而做重臣是要維護國家大業。他承認當時張居正不去丁憂有合理的一面，罵他禽獸不如是過了些。

也正是這個人，在天啟二年，他主持了對張居正的部分官方平反，而那天，距張居正死後整整四十年了。這一年，大明的後來另外一位著名的天才將領袁崇煥從福建地方知縣到京城兵部任職，從而開始了他波瀾壯闊的軍事生涯。

表面上看，這場奪情大戲以張居正的徹底勝利謝幕，事實上，也正是這次勝利，讓張居正走上了統治這個帝國的龐大整個儒學士林集團的對立面，帝國真正的主人不是萬曆，更不是拋棄儒學的他這個首輔，而是這個以道德模範統治中國幾千年的精英儒生們，國家是一個道德社會，帝國則是道德的執行機構。而張居正那時已經徹底的成為了由當時儒生們把持的輿論公敵。

張居正的人生由此斷裂，權利的過度迷戀，等待他的是萬曆十一年，大臣們爭先恐後對他的徹底清算。奪情的暫時勝利更為他的傾覆埋下了最殘酷的伏筆映照。

如果說奪情這一事件張居正徹底的得罪了文官集團，那麼萬曆五年的正月，張居正也徹底的得罪了他肉體意義上的真正主人——萬曆。

這一年，在張居正的親自操辦下，小皇帝成婚了。按照歷朝的規矩，皇帝成婚便是宣示已經成人，該是親政的時候了。作為帝王之師兼這個帝國的首輔，他不會不明白，這時候該是他全身而退的時候了。

然而，權力的誘惑，未盡的改革大業，他終究還是無法放下。萬曆六年，在張居正運用專政的國家機器的全力推動下，全國重新丈量土地開始了。這項浩大的工程直到他死都還沒有結束。

這一年的春天，處理完手頭重要的事務後。萬曆批准張居正提出回江陵葬父的乞恩疏的請求。從京城到江陵，他這個故鄉的蕩子，一走就是十九年。這一次，踏往故土那一方土地，他不再是當初那個滿腹才華的青澀少年，而是那個一手頂天的張閣老。他完成了他人生當中最驚險的一次華麗演出。

坐著真定知府錢普特意為他趕製的三十二人抬大橋，由明朝抗倭名將戚繼光派遣的洋槍隊為開路先鋒。張居正端坐期間，兩側坐了戚繼光重金購買送給他享用的兩個蒙古小妾。

在他回京的途中，路過襄陽和南陽時，襄王和唐王甚至親自出城來迎接。這時候離開了紫金城的張居正也不再謙虛，本應給王爺下跪的他只是作了個揖便安之若素。

他給出的理由很簡單：我非相，乃攝政也。

而這時候一些一心想巴結張居正的馬屁精集體給他送上了這樣一副對聯，上聯是：日月並明，萬國仰大明天子；丘山為岳，四方頌太岳相公。

這樣威權鎮主犯忌的話張居正居然欣欣然接受。這一切，當然也通過民間的渲染傳到了朝野。

當張居正從江陵再次春風滿面的回到京城的時候，同是大明模範官員的海瑞好友王用及已經準備好了要給他當頭一棒。

這位同樣以清廉著稱的異類官員在給已經十六歲的萬曆的上疏中要求皇帝親政專斷，以防止大權旁落他人，以生禍端。

王把話說到這個份上，明眼人一看便知，這是衝著正炙手可熱的張首輔。

張居正知道事情原委後，異常憤怒，連夜給萬曆上疏。要求萬曆辨明忠邪。認為王的上疏是挑撥君臣之間的情誼。

張居正更是斷言，王用心險惡。而王主張萬曆專政皇權，是叫皇上步秦始皇和隋煬帝之路。

最後他也決然的口吻說到：皇上這麼忙，學習任務還這麼重，位居九尊，不能獨斷專一。不委任於我難道應該委任於誰？

值得一提的是，張居正也曾經給穆宗上疏要求獨斷專行，不過那時候的首輔是李春芳。

不過這一次，是他自己一次赤裸裸的要求獨裁者的宣示。物極必反。後來事情得發展完全超出了張居正的估計。

十六歲的萬曆在問過他母親李太后的意見後，仍然沒說什麼。這個曾經從小就愛好書法，表面很聽話的少年，早已從他的老師張居正老師那裏學會了政治需要隱忍的權術之道。不過復仇的種子已經在他內心開始發芽了。

神宗只是在等待一個破繭的時間。畢竟現在，他只是一個名義的虛君。當下是屬於張居正的時代，屬於自己的時代還沒有真正的來臨。

萬曆清楚得記得，因為朝政有張居正把持，一次他實在悶得無聊，便和幾個小宮女喝花酒玩遊戲。這事被馮保告到了母親那裏。母后知道後，跑到祖廟準備廢掉自己的帝位。在他一再認錯下，母親才最後決定讓他這個帝位的去留「由張先生決定」。最後他也不得不以「罪己詔」的方式保全了自己的備君帝位。

帝王的尊嚴被一張詔書撕得粉碎。「由張先生決定」這六個字像陰影一樣吞噬著他過往歲月。延續了幾千年的一元政治決定了萬曆必須學會繼續沉潛，帝國的權柄還沒有真正到他自己的手上，而是在自己母親手上，而母親又是通過張居正這個首輔進行了一次權利的嫁接，在以孝治國的大道下，自己的母親他是沒有辦法清算，只能夠把這一切算在這個張居正的頭上。

萬曆八年，張居正推行的一系列改革都有了很大的進展，日益空曠的國庫又異常的充沛起來，北方的奄達經歷過帝國的幾次征討後，也元氣大傷，老實了許多，總之這一年是四海承平，帝國日隆。

這時候，張居正又進行了一次內閣的重大調整，他把自己覺得可靠的人調整到內閣班子裏，自己的地位日益鞏固。他又一次想到了漢朝攝政霍光的悲劇，霍光是西漢著名將領霍去病的同父異母之弟，歷仕武帝、昭帝、宣帝三朝，為劉家天下的延續與發展，立下過殊功。不僅政由己出，而且一度掌握著太子廢立的大權。正因為如此，皇帝對霍光給予了豐厚的回報，不僅讓他位極人臣，而且沾親帶故都享受著優渥的待遇。威權鎮主，等霍光一死，宣帝便立刻進行了其殘餘勢力的清剿。

皇權和相權矛盾的加劇。張居正不得不開始盤算著自己的退路了。

他在給自己的親家一封書信中寫到：代皇帝攝政，其實是一塊燙手活。騎著不好，不騎著也不好。

事實上，這時候的張居正也的確走到了懸崖邊緣。萬曆八年二月，他決定謀定而動，主動出擊，給萬曆上疏乞恩自己歸政回籍修養。

張居正最後在疏中這樣說：一個人如果老是佔據著高位，掌握著權柄，那就很危險了。想起萬曆五年奪情的那件事，我這些年來一直如履薄冰，戰戰兢兢。

這一年，萬曆十八歲，也早已過了十四歲親政的年齡。小皇帝接到張居正的這份乞求歸政的上疏後，不著一字，他把這個球踢到了母親李太后那裏。

太后打回了張居正要求退休的申請。並要張居正再輔助萬曆十二年，直到他長到三十歲。

張居正這時候既喜又憂，喜的是太后對自己仍然相信有加，憂的是自己恐怕這時候真是騎虎兩難了。

經過一夜的思慮後，他再次上疏，提出了一個折衷的辦法，就是保留自己的首輔位置，退居二線。但不是管具體的事情，皇上如果有需要，他隨時可以還朝。

就這樣，張居正一步步失去了最後翻身的機會，他天真的以為這樣他就可以平安無虞了。一個政治上極端聰明的人忽略了一個最為低劣的常識：龍榻之旁，豈容他人鼾睡。

對此，萬曆用了九個意味深長的字來回答自己的張師傅：朕垂拱受成，以毗正切。

這時候的張居正也容不得了自己，他已經進退失據了。他只能夠拖著已經疲憊不堪的身軀繼續掙扎著前行。

萬曆十年六月，已經病入膏肓的張居正再次給萬曆上疏。這一次，他用近乎哀求的語氣懇求萬曆能夠讓他即將入土的身軀回到故土。萬曆毫不猶豫地給予了拒絕。

故鄉回不去了。這個昔日的荊州才子重拾起了已經久違的文學才思，寫了這首〈病懷〉：

白雲黃鶴總悠悠，底事風塵老歲年？自信任公滄海客，敢希方朔漢庭仙？
離居可奈淹三月，尺疏何因達九天？獨坐書室不成寐，荒蕪虛負北山田。

骨子裏，他終究是個書生的種。

六月二十日，五十八歲的張居正再也沒有如他所望，活著回到故土。一代政治強人病死在北京的寓所裏。他終於放下了一直念念不忘的改革大業，連著十年來一直未曾放棄的國家權柄。

清算張居正

張居正的死，宣告了一個輝煌時代的結束，另外一個新的時代便也開始了。

中國歷史上權力遊戲的規則其實從來就不神秘意外，新的權力便是從清算舊有政治勢力開始。經歷過表面上必要虛假的悲痛休克後，萬曆開始意識到：母親的權力嫁接的拐杖沒有了。自己突然翻身解放當起主人了。屬於萬曆的時代來臨了。

張居正的權力通道當年也是從清算高拱開始的。這一點，神宗並不陌生，要建立自己的威權，必須清算張居正。

其實要清算張居正的不僅僅是萬曆，當年一直被張居正打壓的那些清流言官們此刻也終於熬到了這一天。他們深知，要在政治上扳倒這個前任閣老，必須先除掉張居正生前的政治盟友——馮保。這個人屁股不乾淨在京城早已不是什麼秘密了，只是那時候有張居正的庇護才一直沒有被法辦。

而此刻，繼任首輔的張四維見機也立刻倒戈，這個被張居正提拔而一直沒有實權的閣老也早就心生不滿。他也需要通過清算張的舊餘勢力建立起自己的內閣班子團隊。幾股「倒張」的暗流開始匯聚。張四維在張居正死後，立刻授意他的門生李植列了十二條罪證彈劾馮保。

當萬曆拿到這份彈劾狀時，高興地一拍大腿說：我等此疏已經很久了啊。

很快，馮保被抄沒家產，折算白銀相當於當時國庫的一半。「欺君蛀國，罪惡深重」，但念在兒伴之情，被勒令回南京守陵。結果是到了半路，馮保估計萬曆最後還是不會放過他，乾脆用一根繩子給自己了事。

事實上，國庫裏那時並不缺錢，經過張居正十年的革新，國庫已經豐盈充沛。張居正死前，中央財政國庫庫存已經高達一千二百五十萬兩白銀。後來日本豐臣秀吉侵犯朝鮮，大明帝國開始了歷史上第一次援朝戰爭，靠的就是這些白銀。

馮保的死，打開了清算張居正的第一個多米骨諾牌。接著，一直被張居正重用的戚繼光等一大批親張的高級軍事將領相繼被解職。漸漸的，已經死去的張居正再次成為士林輿論撻伐的主角，曾經的「廢遼案」便成萬曆清算張居正的序幕。

萬曆十年底，遼王妃進京向萬曆告狀說，當年遼王被廢全是張居正害的，後來遼王的田地家產也全部被張居正父親張文明強佔了。

在全國的一片倒張聲中，許多張文明在江陵做的事情，在御史言官們的添油加醋的彈劾中，都被添加到張居正身上。皇帝一估摸，按照這樣算下來，張的家產至少比馮保多多了，張居正十年首輔建立起來的正面的清廉形象也轟然倒塌。

神宗覺得該是自己動手的時候了。

萬曆十一年，春節剛過幾天，已經二十一歲的萬曆迫不及待的下詔：張居正鉗制言論，堵塞言路，專權亂政，罔負聖恩。本應開棺戮屍，但尚念曾為國家出過一些力就算了。於是剝奪給張居正的一切賞賜與榮譽。停止張居正推行的考成法和全國丈量土地，但保留一條鞭法。這大概算是張居正不幸中的萬幸了。

一道聖旨扔下，它徹底的結算了張居正十年首輔的政治生命。

然而即便這樣，萬曆仍然沒有解氣，決定成立以張生前一直棄之不用，剛剛被張四維提拔的刑部右侍郎邱橓為首的專案組，前去江陵抄沒張居正的所有家產。

張居正終究沒有走出歷史長河裏改革者悲劇的命運。生前十年首輔的榮耀的代價，最後換來的是自己的子嗣自殺的自殺、餓死的餓死、充軍的充軍，一門十幾人餓死的人間慘劇。

這大概也不出乎他的意外吧。

張居正曾給友人書信中說過：政治就是這樣的殘酷，你死我活，既然已經選擇忘家為國，更不要說其他了，哪怕前面到處是機關陷阱，也只有義無反顧的繼續前行。

梁啟超說，縱觀大明一朝，唯張居正算得上優秀宰相。後來因改革失敗亡命日本的梁啟超應該不會忘記，同樣，張居正也是大明帝國中最悲慘的首輔。

萬曆十五年，離張居正死後已經五年，已經二十五歲的皇帝萬曆端坐紫禁城，往事憤懣又湧上心頭。

神宗下旨給工部：張居正在京城裏被沒收充公的房子究竟是作何用處，是賣掉了，還是租給別人了？如果是租給別人，又租給誰了？這一切，要查得水落石出，如實上報。

同樣在這一年的年末，被解職後一直鬱鬱寡歡的戚繼光孤獨的一個人離開了人世，而另外這個帝國的模範官員海瑞在給出了一直棄他不用的張居正「工於謀國，笨於謀身」後也決然西去。

這一年，萬曆親自主持科舉殿試，他給出的題目是「無為而治」。張居正的死，讓他沒有了陰影，沒有了對抗，沒有了算計，甚至當他最心愛的兒子並沒有如他所願繼承他的皇位時，他也感到徹底失去了人生存在的意義。

他甚至都已經厭倦了帝王所擁有的一切。當後來的許多重臣當面辱罵他時候，他也毫不理會，繼續過起了三十三年幽居深宮不出朝的生活。於是整個朝野官員尸位素餐，張居正前車之鑒擺在那裏，內閣門縮手縮腳，帝國沉淪的兆頭開始顯現。《明史》說：明之亡實亡於萬曆也還是一五八七年，發端於關外的女真的滿人已經開始崛起。歐洲老牌帝國西班牙的艦隊已經開始討論如何征服大英帝國的計畫了。

二五三年後，大英帝國的艦艇帶著曾被西班牙征服後的恥辱，也開始踏上了曾是大明的這塊中華國土。

由於萬曆後期的昏庸，帝國已經風雨飄搖。一六一九年，已經崛起的後金領袖在努爾哈赤的領導下開始對大明帝國宣戰，在薩爾滸一戰中，大敗明軍，殲滅明軍約六萬人，取得了決定性的勝利。聽到前方失敗的消息後，明帝國在位時間最長的萬曆皇帝第二年在憂憤中撒手西去。

一天，曾是湯先祖的學生王啟茂來到了荊州張居正的墓前，寫下了〈謁文忠公祠〉一詩：

袍笏巍然故宅殘，入門人自肅衣冠。半生憂國眉猶鎖，一詔旌忠骨已寒。
恩怨盡時方論定，封疆危日見才難。眼前國是公知否？拜起還宜拭目看。

國危思賢良。王詩一出，張居正的名字再次成為朝野議論的中心。

崇禎三年，也就是一六三〇年，滿人鐵騎呼嘯關外，萬曆的另外一個孫子崇禎皇帝追思張居正其「慨然以天下為己任，振刷綱紀」的功績，復蔭其子孫。給予徹底平反。

同樣是這一年的八月，力挽狂瀾於大明帝國最傑出的軍事將領，袁崇煥在朝廷被滿人收買的太監指認為資敵的對象，這年八月磔刑（分裂肢體），處死於西市，棄屍於市。行刑那天，袁崇煥毫無懼色，他被五花大綁，押上刑場，劊子手割一塊肉，百姓付錢，取之生食。頃間肉已沽清。再開膛出五臟，截寸而沽。百姓買得，和燒酒生吞，血流齒頰，年僅四十七歲。

同樣是在這一年，一場世界性的經濟危機開始爆發。由於美洲白銀開採量大幅度萎縮，導致供應國內白銀稀缺，而那時的帝國政府進入白銀時代已經久矣，經過一條鞭法的強力推廣，白銀已經滲透到帝國的各個角落，開始積重難返，世界性經濟危機波及到中國，商人開始囤銀奇居，社會下層不得不用更多的糧食換成白銀來完成政府的稅收上繳，最終在一次天災點燃下，終於導致了一場轟轟烈烈的農民暴動。

一切都已太遲了。是帝國的宿命，還是個人的悲劇？

歷史在這裏打了顫抖，又折了回去。

十四年後，帝國在農民暴動和關外滿人的鐵蹄下傾覆。而這時，張居正已深埋地下六十二年了。

歷史的車輪依然滾滾向前，一九四三年，日寇的鐵蹄到處在中國國土上橫行，中華名族再次走到了生死存亡的關口，一代大儒朱東潤先生帶著溫暖與敬意在炮火中完成了一本劃時代的巨作——《張居正大傳》。一代立體血肉的改革家開始真實的走出數百年歷史的誤讀。

朱先生在書中結尾這樣泣血呼喊道：國家不是一家一姓的事，我們追溯祖先可歌可泣的史實就是要借鑒傳承。前進啊。每一個中華民族的兒女！

歷史就是這樣的詭秘，生前想一直開棺戮屍張居正的萬曆皇帝終於沒有等到那一天。一九六六年，在中華民族另外一場大災難變革的前夕，他和張居正的墓室在這一年一同被打開了。歷史的悲劇幾百年後再次被重演。

如今張居正又被重新安臥在荊州張家台神道盡頭的巨大墓塚中。墓塚前，由石龜馱起的高大墓碑上，用楷書恭刻著「大明左柱國太師太傅張文忠公之墓」朱紅碑文；墓塚前石香案上陳列的石香爐、石燭臺中餘燼尚溫。院外車水馬龍。一切都恍如隔世。泫然無語。

正如著名詩人北島在一首詩中這樣寫道：

一切都是命運
一切都是煙雲
一切都是沒有結局的開始
一切都是稍縱即逝的追尋
一切歡樂都沒有微笑

一切苦難都沒有淚痕
一切希望都帶著注釋
一切信仰都帶著呻吟
一切爆發都有片刻的寧靜
一切死亡都有冗長的回聲

【知古鑑今】

仇和還能走多遠

他是老百姓和線民心中的英雄與青天，他也是知識精英與媒體眼中的酷吏與霸王。

他曾經是一個出身貧苦的文學青年，如今卻是主政一方的封疆大吏。

從沭陽到昆明，十年來一直以激情鐵腕手段推動改革的他，何以能屢踩紅線而步步高升？

他是中國現行官場遊戲規則下的破壞者，他更是力主政府改革的捍衛者。

他的名字叫仇和。現任中國雲南省委常委，昆明市委書記。

他還有另外一個更為世人所熟悉的稱呼，中國最富爭議的市委書記。

他是中國當下改革註定一個無法迴避的人物。他是這個社會的幸運者，也是官場的孤獨者。

連他自己都說：許多人關注我，實際上在關注中國，我只是他們藉以透視中國改革和命運的一個象徵，一個符號。

他還說：中國的評判標準總是二元化，不是對的，就是錯的。不是好人，就是壞人。有沒有一個模糊點？

他的政治頭腦如此的清醒堅定，卻又如此的困惑糾結。

這一切，他的身上到底隱藏著怎樣的中國式改革的密碼？

改革從反腐開刀

事隔十二年後，沭陽這個蘇北的小城，再次以負面新聞的方式，以仇和式的執政遺產，回到了公眾久違的視野中。這一次，依然爭議不斷。

不管沭陽人願不願意，也不管現在已經貴為雲南省委常委，昆明市委書記的仇和願不願意，這個小城現在的一舉一動，已經深深的打上了仇和的烙印，他們彼此緊緊聯繫在一起。

二〇一〇年八月十八日，中央電視臺著名欄目《新聞1＋1》以「沭陽全民招商十二年　多專案荒廢閒置土地千畝」為題，把目光再次鎖定了這個仇和已經離開十年的蘇北小城沭陽。主持人開門見山的批評道：

> 如果招商不力，不管你幹的是哪一行，不管你的本職工作是不是招商，你的官職前面都有可能加上「代理」二字，如果再給你一年半載的「通融時間」，你的招商工作還是沒有起色的話，那對不起，等待你的就有可能是降職，甚至是免職了。這究竟是怎麼一個招商法呢？
>
> 層層傳遞壓力，實際上縣裏面，包括縣領導實際上都有一定的招商引資的任務，各個鄉鎮在它的系統內就可以分到、村居，村委會和居委會。教育局分下去，也分到各個村管的小學。全部是層層壓力傳遞下來之後，每個人身上全員參與，這個全員實際上就是指財政供養人口和事業單位的人員，基本上都參與。

意味深長的是，在主持人白岩松全面批評了沭陽招商的情況下，螢幕上出現了這樣一段畫外音：

> 最近兩天，當江蘇沭陽招商的「獨特發明」被媒體曝光後，細心的人們還感受到了一些似曾相識的東西。事實上，早在一九九八年，沭陽縣錢集鄉就曾為了完成縣裏下達的任務，額外地給全鄉兩百四十多名中小學教師分配了五萬元的招商引資任務，這在當時也引起了輿論的關注。

這段十二年前中央電視臺《焦點訪談》欄目經過處理的畫面，再次把觀眾帶回了仇和曾經主政的沭陽。

事實上，關於仇和所有的故事和猜想，也都必須從這個小城才能找到細節與謎底。

一九九六年十二月八日，在時任宿遷市委書記徐守盛的陪同下，三十九歲的農家子弟宿遷市副市長仇和正式登場，出任一百八十萬人口中國第一人口大縣沭陽縣委書記。沭陽地處江蘇最北端，經濟落後。是江蘇著名的貧困縣。如果不是因為仇和，我們都很難從今天遼闊的版圖上輕易的找到這個縣

伴隨仇和的還有一個頗具金子招牌的頭銜，宿遷市委常委。這是一個權力安全絕對的保證。正基於此，才有了後來屬於仇和的一段段傳奇。

他說：天下最真實的官有兩個，一個宰相，一個縣官。越是落後的地方越是有改革的空間和餘地。

事實上，在沒有擔任沭陽縣委書記之前，仇和剛剛從美國學習歸來出任宿遷市副市長。

一九五七年，他就出生在離沭陽不遠的隔壁的一個貧困縣濱海的一個農民家庭。在他五歲那年，因為家裏的極端貧困，他的兩個弟弟因無錢治病而死。

十八歲那年，懷揣文學夢想的初中畢業的仇和幹起了村幹部，鄉革委會副主任。這一段經歷對仇和至關重要，他後來的許多工作作風也深深打上了鄉村基礎工作的烙印。

一九七七年，無心插柳的仇和考上了南京農學院（現在的南京農業大學），畢業後，先後在江蘇農科院和省科委多個崗位歷練。

在第一次赴任沭陽縣委書記的見面會上，徐守盛熱情地介紹說，仇和是一個農業科學研究人員，又有比較豐富的機關行政領導工作經歷。

許多年以後，已經升任湖南省省長的徐守盛也許沒有想到，當年的這個雷厲風行的下屬，如今已是全國的政治明星。正是後來徐守盛對於仇和的一系列的強力支持，他也因此成為仇和的第一個官場伯樂。

十二月十日，仇和主持召開上任以來的第一次四套班子會議。會議原定下午一點舉行。一副書記和一副縣長因為遲到了幾分鐘。仇和大發雷霆。一時間，讓兩個縣領導目瞪口呆。仇和也給這個久已麻木沉悶的小官場投下了第一個炸彈。

沒幾天，沭陽報上一張仇和的照片被剪了下來，上面用毛筆寫著「永垂不朽」，被人貼到了縣委辦公大樓的牆面上。

曾經在沭陽工作過的宿遷市市長劉學東感慨地對仇和說了四句話：「來沭陽之前我的體重是一百二十斤，走的時候只剩一百〇七斤；來沭陽之前我是一頭黑髮，走時則一頭白髮；來沭陽之前我精力充沛，走時已經筋疲力盡，沭陽是個大染缸，你掉下去必死無疑。」

清朝時袁枚曾任沭陽縣主簿，他評價沭陽人「性懶惰、嗜賭博、好爭鬥、喜訴訟」。

仇和辯解說，「民風不正，弊在官風。」他定出了一個「四風」的行動計畫：端正官風、引導民風、淨化鄉風、樹立縣風。

對於一心想要在這個窮地方有一番作為的仇和而言，要想改革，整頓官場成為他第一步要必須邁過去的坎。

二〇〇七年初，仇和決心推動沭陽機構改革，裁減淘汰冗員，減輕財政負擔。然而，由於他的前任黃登任已經高升為宿遷市副市長。這一些官員基本上都是前任在位時安排的。人事變動剛剛開始，他便遭遇到了前所未有的抵制。

怎麼辦？熟悉官場之道的仇和明白，一場短兵相接的硬仗要開打。

在市委書記徐守勝的絕對支持下，很快，沭陽縣的紀委書記，反貪局長，公安局長相繼換人。一場指向前任縣委書記的反腐大戲和權力洗牌開始了。

仇和的得力主將，時任沭陽的紀委書記王益和後來回憶說：仇和多次和他講工作環境很不好，前任對他的工作多次詆毀，設置障礙。仇和指示他說，反腐工作要見大成效。其實打成效就是針對前任的。

五月十九日，在仇和履新即將半年後，黃登仁被江蘇省紀委宣佈雙規。那一年，沭陽縣一共查處黨員幹部兩百四十三人，其中副科級以上三十五人，副處級以上七人。

沭陽縣一位官員認為，這其中也隱含了官場的政治鬥爭，不過鐵腕反腐的仇和，無疑一舉贏得了沭陽民心。

在反腐正烈時，不少機關幹部被查處，家屬們情緒低迷。仇和想出的一個辦法至今讓幹部們佩服：每個週六在機關開舞會，所有的縣委常委都領有「做思想工作」的任務。

看上去似乎不按官場規則出牌的仇和，其實是個官場老謀者，懂得權力的運作，恰到好處的進退。任何改革，離開了上層權力的支持，再好民意基層的變革終將曇花一現。這是中國千年歷史的教訓。這也使得仇和那個走上更高層面繼續推動改革的一個必不可少的前提。

仇和由此依靠反腐樹立了在沭陽以及後來在宿遷的絕對權威，這也使他後來強力推行一系列「膽子頗大」的改革有了權力基礎。

沭陽也正式的進入了仇和時代。一場暴風疾雨刻印著仇和符號的地方實驗改革開始隆重登場。

在仇和接任前，沭陽縣是全國出名的上訪大縣，國家信訪局一位副局長是沭陽人，因感慨「家鄉的土特產，全是告狀信」，這位副局長十餘年沒有回過家鄉。

長期在農村生活過的仇和明白，要想徹底的改變民風，必須使用農村工作的那一套作風。

沭陽街頭曾上演這樣一幕：一位中年婦女跨護欄過馬路，仇和剛好經過，掉過車頭就追，婦女嚇得撒腿就跑，結果一直追得這位婦女躲進了廁所。

仇和掏手機叫來班子成員中的女同志尤其林，「叫她出來，讓電視臺拍攝，我就是要讓她印象深刻，以後再不敢翻護欄。」

在縣委書記強大的威逼下，這位農村婦女只得按照仇和的要求重新翻拍了一次，並在縣電視臺作為反面教材予以播放。

一九九八年，沭陽電視臺曾開辦了一個一分多鐘的小欄目《自我亮相》，螢幕上是一個小房間，掛著一塊藍布，上面寫著三行字——「沉重懺悔沭陽縣百名可教育對象自我亮相」。

一家南方的報紙《南方週末》一九九九年十月十五日曾對此作過報導，記錄過這樣的畫面：一個男青年耷拉著腦袋念手中的紙條：「我是紮下鄉胡道口村的胡道江，二十二歲。今年夏天，我夥同他人調戲女青年，做了對不起全縣人民的事。我現在向全縣人民低頭認罪，保證改邪歸正，再也不給沭陽人民丟臉了。」

報導一出，立刻在知識份子界引起了巨大的聲討。這些文化精英們無法相信，中央一再提出要依法治國的今天，一個受過高等教育並有留學美國經歷的一個縣官，居然敢冒天下之大不韙，不顧人權的蠻幹。

這家在全國知識界和政界頗有影響的著名報紙從此也和仇和結下了不解之緣。後來仇和的故事，隨著後續的報導，仇和這個名字也開始走向全國。

五年後，當這家媒體的記者再次來到沭陽的時候，沭陽電視臺的這檔欄目已經更名為《平安沭陽》了。

儘管指責歸指責，但是沭陽的老百姓卻拍手稱快。仇和的這一強勢打擊，沭陽治安也得以明顯好轉。

事實上，一個中國基層無可迴避的事實是，村支書出身的官場草根，在現行的縣級行政官場生態鏈條中，往往具有較強的生命力。直到現在，一些鄉鎮甚至市縣一級的最高主政者們仍然樂此不疲的運用自如的遊走在治理轄區中。儘管這一打著農村烙印很難走上更高層面的推廣，但這恰恰是中國地方基層治理的困局錯位。仇和的偏狹和困境當然也顯而易見。在更遠的憲政理想中，仇和的價值微乎其渺。如果當仇和以一個政治家應該所擔當的歷史使命來說，他在政壇跋涉還需真正喚醒更多民眾，觸動更多廣闊變革所需的民意基礎，並讓它們自願覺醒而不是屈服於威權的逼迫。

遭遇媒體危機

一九九八年九月十四日，仇和主政沭陽已近兩年，從這一天起，作為地方改革者的仇和第一次以一個負面形象進入了輿論風暴，從此他再也沒有能夠走出媒體的視線。

這一天，中央電視臺《焦點訪談》曝光了沭陽錢集鄉政府攤派教師招商引資引起老師集體罷課的事情。

那時候的《焦點訪談》，因為國家電視臺的特殊地位，在政治影響方面有著驚人的殺傷力。

而之前的一個背景是另外一項引發爭議的措施是，仇和要求全縣三分之一的機關幹部離崗招商，副處級幹部的任務是一年五百萬元，完不成任務的幹部，所在部門一把手免職，完不成任務的一律免職。

「招商引資是第一政績」第一次被作為政治要求，出現在仇和的口中。「當時全縣幹部隊伍簡直像炸了鍋」，沭陽一位官員回憶，「但大家敢怒不敢言，他是縣委書記，又是市委常委，地位特殊，告狀都沒用。」

十二年後，中央電視臺再次來到沭陽。目標直指仇和主政時的政治遺產——全民招商的惡果。招商引資也成為仇和主政地方的不二法門，從沭陽到宿遷，再到遙遠的昆明。招商引資，只是局部經濟的非良性發展，一種區域經濟流動而導致的一場更廣層面的國家惡性競爭，資源的過度消耗，國家稅收的轉嫁減少，這樣的發展方式，短時內可見成效，長遠無濟於事。

然而，仇和卻有一套自己的理念。他說，沒有落後的制度，只有落後的人，沭陽這個地方，要想超常規發展，只能用壓縮餅乾式。

在改革爭論最烈時，仇和讓人做了三塊大牌子，豎在沭陽城東進城大道旁。

如今我們今天仍然能夠在京滬高速沭陽路口看到這三塊牌子。第一塊牌子寫的是：「一切妨礙發展的思想觀念都要堅決衝破，一切束縛發展的做法和規定都要堅決改變，一切影響發展的體制弊端都要堅決革除」（江澤民語）。第二塊寫的是：「不爭論，大膽地試，大膽地闖，發展才是硬道理」（鄧小平語）。第三塊標語牌寫的是沭陽精神：「團結一心，務實苦幹，奮起直追，自強不息。」

這三塊標語牌被當地的幹部群眾稱為政治「擋箭牌」，如果有人反對沭陽的改革，他們就用這三塊牌子抵擋。

仇和用鐵腕推行的改革，在不大的沭陽引起了巨大的官場地震。這場風波也波及到了幾百公里之外的省城南京。

由於省直機關領導中有不少沭陽籍人士，家鄉關於仇和的傳聞被迅速傳播到南京。這給仇和帶來了很大的壓力。

一向強硬的仇和這時候則展示了柔和的一面。他立刻安排縣委副書記帶隊，挨個在南京舉行沭陽改革發展說明會，一場接一場，最大可能的爭取到這些沭陽籍重要人士的支持。在這樣的攻勢下，誤會慢慢變成了政策扶持。

此後仇和每年春節要給老幹部拜年，沭陽一共有四十八個廳局級幹部，大部分是南下時留下的，仇和每家得待上十分鐘，一共得耗時兩天。

仇和對此說，改革也許會有失誤，把握得好不會犯錯誤，但更不會犯罪。

此事曝光後，我的一位朋友盧標先生在《檢察日報》發表了一篇題為〈治治吹牛者〉的評論，仇和通過一定渠道查到了作者的真實姓名和詳細地址，派出了沭陽縣縣委常委兼紀委書記、檢察長、縣委辦主任、政府辦主任等負責人，驅車前來作者所在單位，要求與作者見面。他們提出「仇和書記想邀請你去沭陽看一看，沭陽並不是央視所披露的那樣」，被作者拒絕。

在中央電視臺曝光後，在更高一級主政者們的支持下，仇和涉險過關。曾是文學青年的仇和也開始了慢慢學會了任何與媒體打交道的經驗了。在隨後的歲月裏，他也無數次能夠從媒體密集的圍剿下而屹立不倒。

幾年後，一直關注沭陽改革的盧標先生再次在《南方週末》上撰文，文中結尾作者這樣寫道：對於仇和，我們需要的是關注。他是一種現象，也是一種文化，有可能更是一種效應，但我們切不應去模仿和提倡，我們應當將其看成是一個樣本，一段歷史。

二〇一〇年初春的一天，當我和盧標談及此事時，他不肯就此事再發表任何片語。我們也無從知曉他心目中的仇和了

手腕強硬直接，所行公共政策不允許任何討價還價，不懼怕衝擊任何利益群體。整肅吏治方面，他更不忌諱展開直接乃至粗暴的手段，官場的規則似乎也因此顯得脆弱。

仇和最大的成功不是制度的保證。然而，如果追問，誰製造了仇和和他的「鐵腕」，制度的流水線又能否複製得出更多仇和式的新政人物？答案卻是飄忽茫然。作為官員的仇和，其行為風格的背後，制度的剛性驅動極其少，個性與經歷的本能驅動極其多。制度的缺失，對絕對權力的過度依戀。是他的幸運還是悲劇？這也成為他未來發生一切可能解讀的唯一密碼基因。

一九九九年元月，中共宿遷市委發出了「全市學沭陽」的號召；二〇〇〇年四月，省、市研究室聯合對沭陽一九九七年以來的發展情況進行了調研，認為「沭陽三年前似乎沒有指望，三年中譜寫了五大篇章，三年後發展大有希望」。

仇和在沭陽改革的攻堅階段，宿遷市委以這樣一份頗具官方正式檔形式為仇和正名鼓勁。

從沭陽到宿遷

二〇〇一年一月，擔任了四年沭陽縣委書記的仇和被任命為宿遷市委副書記、代市長、市政府黨組書記。

一個意味深長的細節是，這一期間，宿遷整體的改革風平浪靜。筆者查閱了當地的《宿遷日報》，除了例行的報導外，很少看到關於仇和改革的驚人之語。這和主政沭陽時期的仇和產生了強烈的反差對比。

但關於仇和的故事並沒有結束，它在民間卻以另外一種方式繼續演繹著。這則消息細讀後耐人尋味。

據當地江蘇省城一家晚報這樣報導：日前，宿遷市工商局等部門出動二十多名執法人員，對沭陽縣醉亦思酒廠進行突擊檢查，果真查出大量「仇和」牌白酒及有其標識的包裝箱、標識等物品，現已全部查封。

宿遷市現任市委副書記、市長仇和曾任該市市委常委、副市長兼沭陽縣委書記。一九九九年成立的沭陽縣醉亦思酒廠起初使用「求和」牌商標，今年又打出了「仇和」牌。在接受記者電話採訪時，該廠廠長稱，「仇和」商標與仇和市長讀音不同意思也不同。「仇和」白酒的「仇」是「仇恨」的「仇」，與姓仇的「仇」不同。之所以將「求和」改為「仇和」，該廠廠長稱意思更深一層。他解釋說：「求和」是求和平、求穩定。而「仇和」是希望即使有仇恨，喝了該酒也要以和為貴。宿遷市工商局廣告科科長張斌告訴記者，無論如何解釋，都可以認定使用「仇和」作為商標是違法的。此前，記者從宿遷市政府辦公室獲悉，醉亦思酒廠用「仇和」作為白酒商標，未曾徵得過仇和市長本人同意。

剛剛擔任市長八個月的仇和從他的第一個伯樂徐守盛手中接過重任，被江蘇省委任命為宿遷市委書記。他也成為宿遷歷史上的第二任書記。此時的徐守盛也以升任江蘇省委常委。仇和在沭陽推動的一系列的爭議改革得到了更高層次的認可與鼓勵。

從市長到市委書記。表面上看這是一次級別的平行移動，其實在權力上卻有著天壤之別。在一元政治下，市委書記一職意味著權力的保證。一場更大層面的改革風暴在宿遷刮起了。這是仇和改革推動的核心秘密。換而言之，沒有絕對權力作為基礎，仇和卻不會貿然推動任何實質性改革。在一個全市幹部招商動員大會上，他甚至當著幾千官員在台下說，除了市長和他是領導，其他官員都是替他們打工的。

一九九六年七月，經國務院批准，江蘇省委、省政府對蘇北行政區劃進行了調整，新組建的地級市宿遷市宣告成立，轄沭陽、泗洪、泗陽三縣和宿豫、宿城兩區及一個省級經濟開發區，總人口達五百一十七萬，陸地面積八千五百五十五平方公里。宿遷是全國十九個革命老區之一，應該說，新組建的宿遷市一切都還停留在貧窮落後的境地。

就像幾千年前的秦國一樣。這也為仇和後來發動的一系列改革提供了現實的可能。越落後的地區，改革壓力少，保守勢力弱。

當江蘇省委一位負責人問剛剛上任的仇和宿遷需要省委如何支援發展時，仇和提出了一個匪夷所思的要求，那就是政策對他的支持。

二〇〇一年，中共江蘇省委第十屆五次全會決議中加入了這樣一句話：允許和扶持宿遷市在不違背國家政策法規的前提下，採取更靈活的政策和做法，探索加快發展的新路子。

這塊牌子成為尚方寶劍被高高豎起在所有進出宿遷高速的入口處。這就意味著，仇和在宿遷推行的任何改革的成敗，都將由中共江蘇省委替其背書買單。事實上，仇和在日後的數次官場能夠從容涉險過關，很大程度上都與此密切相連。仇和的政治智慧可見一斑。

接任市委書記後，仇和的第一件事便是組織在全市範圍裏發動一次「四個怎麼辦」的思想大討論。為下一步啟動全市整體改革統一思想。

二〇〇三年五月，蟄伏了三年的仇和再次出手，這一次，他把目光投向了官場體制。這也是迄今為止他推行的無數次改革中最沒有爭議的一次。

八年前，當我以《外灘畫報》記者身份前來採訪這一事件時，有幸見證了這一切：二〇〇三年五月，二十八歲的外來戶曹愛華在一次民主競選中，他出人意料地當選為江蘇省宿豫縣曹集鄉的中共黨委書記，成為這個有三萬四千人口的鄉鎮的「當家人」。從而成為中國第一個「公推競選」出來的鄉鎮黨委書記。與李愛華一樣通過「公推競選」當上鄉鎮「一把手」的還有三十四歲的穆東，他擔任侍嶺鎮鎮長。

實際上，就在江蘇公選縣市「一把手」官員前，宿豫縣就開了中國公推競選鄉鎮一級的政府

「一把手」先河，該縣也成為這次江蘇大面積公選縣市長的考察的試驗地。據介紹，在兩個鄉鎮成功完成「公推競選」後，二〇〇三年六月中旬宿豫縣又在十一個鄉鎮全面進行了鄉鎮長的「公推競選」。

如果說「公推公選」現已在國內蔚然成風，成為中國民主政治生活中的一道美麗的風景線的話，那麼仇和當初作為第一個推動者則功不可沒。

而推動這一民主進程的恰恰是被外界一直詬病的不民主的方式。仇和辯解說：中國現行階段下，就是要用不民主推動民主，用人治推動法制。

然而，在他推行的其他改革就沒有那樣的好運如評了。

仇和幾年的執政過程中，若論涉及利益群體最廣的，當屬經濟改革。仇和的改革方向，從一開始的出售國有單位的門面房，到所有國企改制「能賣不股、能股不租，以賣為主」，再到拍賣鄉鎮衛生院、醫院，再到出售學校，可謂「一賣到底」。

他甚至因此而說過一句極端的話：「宿遷五百一十五萬人民所居住的八千五百五十五平方公里的土地上，只要可以變現的資源或資產，都可以進入市場交易。」

這場改革發端於仇和寫作的一九九七年〈元旦獻辭〉，文中提到：「要把個體、私營、民營企業壯大為市場主體；把國有、集體企業改造為市場主體。」第二天，報紙被貼到縣政府大門口，鮮紅的墨水圈出幾段，旁邊寫著：「仇和想走資本主義道路」。

從二〇〇一年始，宿遷全市三百三十七家幼稚園、一百二十二家鄉鎮衛生院，相繼變為民營，十一家縣以上醫院已有九家完成改制。這一做法在當地掀起軒然大波。

二〇〇三年七月十二日，央視《焦點訪談》以「改制還是甩賣」為題，對泗洪縣幼稚園改制中出現的問題提出質疑。

九月十二日，還是《焦點訪談》，質問「學校改制苦了誰」，對宿遷改革再次報導。

中央電視臺的報導，震驚了主管高層。衛生部和教育部的調查組很快進駐宿遷。仇和感受到了前所未有的政治壓力。

「為公才改革，為私誰改革」，他試圖以自己的人格品行，為這場充滿爭議的改革作辯解。

「對新聞媒體指出的問題，要堅決糾正」，在二〇〇三年九月四日召開的宿遷市社會事業改革與發展工作會議上，仇和首次回應，「但改革的方向沒錯，繼續堅持。」

嘴上怎麼說，但改革的步子明顯緩和了下來。在江蘇省委的干預下，關於仇和在宿遷改革的爭論暫時平息了下來。

獲得高層支持

二〇〇四年二月五日，一直關注仇和改革的《南方週末》發表了記者歷時一個多月的長篇調查〈最富爭議的市委書記〉。

文中這樣寫道：

所有這些引起爭議的事件，背後都站著同一個人。八年來，他從沭陽縣委書記，升任到宿遷市市長、市委書記，一直以激進的手段推進改革，爭議伴隨了他施政的全過程。但他一直隱於幕後，面對媒體的質疑，從未試圖去公開解釋。

當地的一位幹部私下坦言：「仇和做事喜歡走極端，不重過程，重結果」。他曾回憶當時拆遷的慘烈，「鏟車、吊車開路，公檢法，加上沭城居委會的幹部，一共出動了三百多人，居民限時必須搬完，書啊、被子用被單一裹，都被老百姓甩到門外，當時天下著雨，租板車的價格都漲到了四十元一車。」

「有個婦女的櫃子太大了，搬不出來，鏟車上去了，轟，房子推倒了，埋在裏面，這個婦女一下就昏了過去。」

「但不用強制力量行不行？」仇和後來這樣問記者，「中國要用五十多年，走完西方三百多年的路，怎麼走？只能是壓縮餅乾式的發展。」

這篇文章一出，仇和這個名字立刻在全國範圍裏引起了更多的爭議。贊成者有之，聲討者不絕。

那一段時間裏，仇和甚至成為了爭議的代名詞。

「最有爭議的市委書記」，從此毫無爭議的成了仇和的專屬標籤。仇和的名字夾雜著肯定與非議開始響徹全國。「媒體仇和」開始走入人們的視野。

他自己在向別人自我介紹的時候，也不忘幽默的加上一句「還有我是最富爭議的市委書記」。

二〇〇八年，已經升任雲南省委常委，昆明市委書記的仇和談到當年《南方週末》這一報導時說：「媒體仇和」是一個中性的仇和，有銳意改革的一面，也有獨斷專行的一面。我想，媒體是沒有惡意的，也許只是出於文章表達的需要，有意無意間誇大乃至製造了某些衝突。他們表面上在寫我，實際上在寫中國，我只是他們藉以透視中國改革和命運的一個象徵，一個符號。

就在《南方週末》這篇報導引起巨大爭議的三個月後，一位特殊的客人在時任江蘇省委書記李源朝的陪同下，親自點名來到了風暴中的宿遷，他便是中共中央總書記，國家主席胡錦濤。

據時任宿遷市長張新實後來在他的博客裏回憶說，總書記不但詢問了宿遷的改革情況，還親自去到沭陽街頭體察民情。宿遷的發展得到了總書記的肯定。

這也是作為市委書記的仇和第一次進入國家最高決策者的視野。此後，各地來宿遷學習取經的人絡繹不絕。仇和的政治生命一時頗為看漲。

二〇〇六年一月二十日，在江蘇省的人代會上，仇和當選江蘇省副省長。他再次走上輿論前臺。一個值得深思的細節是：在這次選舉中五百四十一票贊成，一百九十二票反對或棄權，贊成票僅剛過七成，仇和當選副省長似乎算不得上是「高票」。

這一年的三月二十三日，還在兼任宿遷市委書記的仇和再次遭遇媒體風暴。這一次是在業界頗有聲望的《中國青年報》。

該報記者翔實的採訪了宿遷醫療體制改革的的相關當事人，通過大量的新聞事實對仇和在宿還發動的這場改革提出了質疑。

仇和再次以負面新聞的主角站到了風口浪尖上。也就在該文發表的第二天，仇和被迫就醫療改革的質疑作出回應。他否認了該報對醫療改革的質疑，認為宿遷醫療改革是成功的，並不是賣光式的改革。

然而，仇和剛一開口，輿論的質疑以更大的氣勢席捲而來。強勢的仇和在強大的輿論面前顯得那麼的無助脆弱。

這時候，時任江蘇省委書記的李源朝再次施以援手，給了困境中的仇和極大的支持。據二〇〇六年三月二十六日江蘇省委機關報《新華日報》報導說：江蘇省委書記李源朝日前在宿遷調研時，對宿遷醫療衛生事業改革取得的成果給予肯定。要防止和消除對宿遷醫改的誤讀。

其實質疑宿遷醫改的不僅僅是媒體，在宿遷醫改的整個過程中，作為上級主管部門的江蘇省衛生廳在給省委的一份內部報告中就給宿遷醫療定了「五宗罪」，明確的對宿遷醫改進行了「誤讀」。

後來在省委領導的干預下，省衛生廳才作出了「不爭論，不宣傳，不推廣」的「三不原則」。李源朝的官方結論，並沒有平息媒體對宿遷醫改的繼續質疑。六月二十二日，《中國青年報》發表了北京大學李玲教授和她的醫改課題組在宿遷的長篇調查報告。李玲給宿遷醫改提出了四十八條意見。輿論一時譁然。

《中國經濟時報》為次發表評論問：一方批判，一方肯定，省委書記和李玲教授的結論，差距怎麼如此之大？

這時候，仇和已經卸任宿遷市委書記，早在四月赴南京就任專職副省長了。

一個鮮為人知的消息是，在仇和即將赴南京上任的那幾天，全國一些地方的改革主將們紛紛匯聚宿遷，為仇和打氣送行。

仇和也無可爭議的成為他們的「帶頭大哥」，成為地方改革的一個政治明星。二〇〇七年十二月八日，仇和履新昆明市委書記時，他的前任楊崇勇評論這位繼任者說：全國有名的改革家，思想開放，敢於創新。

無可否認的一個事實是，仇和是中國地方改革者們迄今為至仕途走得最遠之人。他們在仇和的身上也看到了中國的希望和自己的影子。

就在仇和剛剛當選江蘇省副省長那段時間，關於仇和未來的工作分工成為省城各階層談論的熱點話題。

一個未經證實的坊間傳聞稱：由於仇和在宿遷推動的醫療和教育改革影響較大，仇和在省政府將分科教文衛條口。導致這些相關單位負責人紛紛上書省領導，要求調整仇和分工。

這個消息最後不了了之。三個月後，仇和在省政府的分工被確定：仇和負責城鄉建設、交通、環保、安全生產、人防地震、民族宗教和蘇北發展協調工作。

這一分工迅速被各方解讀。有人認為，這些工作雖然很「重要」，但「副省長」能發揮的作用往往有限。

此後在擔任江蘇省副省長的兩年間，那個曾經風雲全國的「媒體仇和」似乎從公眾視線中消失了。

在寫作本文的時候，我查閱了當地的《新華日報》，關於仇和的新聞，都是不通不癢的八股報導，很少看到仇和在宿遷擔任市委書記時的「豪言壯語」，一夜之間，仇和似乎選擇了一種官場的逃避與妥協。

二〇〇六年十月十一日，仇和以副省長身份在全省電視電話會議講話時要求，用「最堅決、最嚴格、最徹底」的措施，徹底整治「小化工」環境污染和安全問題。

好像要印證仇和似的，二〇〇七年五月太湖發生藍藻危機，全國為之震驚。

在一次內部會議上，仇和提到，太湖藍藻危機實際上為環保部門大力推進水污染防治工作創造了極好的契機，水污染問題雖然是個老大難問題，但是，「老大難，老大難，老大重視就不難，這次老大終於重視了」。

這樣罕見的嚴厲語氣，在仇和兩年的副省長期間，屈指可數。這一次講話，讓台下開會的官員好像又看到了曾經那個久違了的「強勢仇和」。

同樣是上述會議中，仇和希望有關方面把握好輿論導向，防止不良炒作，特別要請省政府新聞辦把好關。

說到這裏，仇和突然放下講稿，「今天新聞辦的人沒來，因為趕不上車就不來了，這是不對的」。

一個沒有絕對權力的仇和，即使有再大的宏偉構想，在現行的官場體制裏，他也只能夠小心翼翼地遵守著這個官場的潛規則而無可奈何。這是仇和的悲哀也是他的高明。

從這個意義上，仇和是一個高揚理想的實用主義者，是一個渴望民主的專權主義者，是一個憤世嫉俗的妥協者，是一個孤傲自信的權力自卑者，是一個高喊無私改革的精明的權力盤算者。他是這個社會和制度設計的幸運者和受害者，交織著這矛盾的一切，折射出中國改革者面臨的無法突破的現實困局。不從根本政治制度設計上改革這個深層次的矛盾，中國的改革就無法掀起新的浪潮，就無法湧現出一批真正的改革家們，也就無法托起一個大國真正復興治理國家的核心競爭力。

昆明再掀仇和旋風

二〇〇七年十二月二十八日，消失了兩年之久的「媒體仇和」在昆明再次驚豔亮相。

這一天，根據中央和雲南省委決定：仇和任中共雲南省委常委，昆明市委書記。

按照慣例，仇和發表了履新感言。他說：我到昆明工作，人生兩地，和大家無親無故，從未共事過，與大家無恨無怨，隻身一人，無牽無掛，所以工作一定能無私無畏。

當天下午，這段仇和式的語言一公佈，立刻在幾大新聞門戶網站炸開了鍋。線民們這次幾乎是一邊倒的給予支持和祝福。

仇和的這一次履新，在意料之中，又在意料之外。一個地方改革的推動者，能夠走到省委常委並擔任省城市委書記這一重任，實屬罕見。但社會對高層的決策者們對改革者的支持與包容，仇和此次高升，也可算意料之內。

有分析稱，這一任命與時任江蘇省委書記，現任中共中央政治局委員，中央組織部部長的李源朝有很大的關係，李一向欣賞仇和的勇於改革創新精神。這背後顯示出中央高層想在更高層面上推行地方改革，以便探索地方治理的現實經驗。

仇和主政昆明後，延續其在宿遷時的一貫作風——對城市進行大手筆的改革。在不到一年的時間內，從公佈官員電話號碼到辭退打瞌睡公務員，從打造陽光政務到邀請媒體做「保健醫生」，大規模的拆遷改造。一時間，昆明成為媒體曝光率最高的城市。大批的宿遷官員被請到了昆明，登上了雲嶺大講堂開始現身說法。時隔兩年後，宿遷和昆明遠隔千里的兩座城市，這一刻，因為仇和的到來，似乎又找到了歷史的接點。

一邊的仇和，依然我行我素的鐵腕整頓官吏，一邊仍然是招商引資壓倒一切的強令動員，一邊是輿論鋪天蓋地的討伐與質疑。

一樣的仇和，一樣的思路，一樣的批判，只是不一樣的時空切換。

剛剛摘下兩年「最富爭議的市委書記」的帽子就這樣重新戴到了仇和的頭上。

從宿遷到昆明，仇和推動的改革成為外界的焦點時，在他無數次的外出視察中，這個男人走在一群人前面，顯得倔強而落寞。

這個曾經狂熱迷戀文學的官員，曾卓的這首〈懸崖邊上的樹〉成了他的精神支柱。人與樹，在這一刻找到了共鳴。

不知道是什麼奇異的風
將一棵樹吹到了那邊
——平原的盡頭
臨近深谷的懸崖上
它傾聽遠處森林的喧嘩
和深谷中小溪的歌唱
它孤獨地站在那裏
顯得寂寞而又倔強
它的彎曲的身體
留下了風的形狀
它似乎即將傾跌進深谷裏
卻又像是要展翅飛翔……

一個值得尋味的新聞細節是，二〇一〇年八月十五日，據這天雲南官方媒體報導，在日前召開的一個公開會議上，市長張祖林表情凝重的說「有些拆遷工作是有愧於百姓的！」

仇和在昆明發動的新政，未有脫出長官意志推動的舊有路數，但其不止步於平庸，努力掘出新路的膽識和作為。

在不到一年的時間內，仇和在昆明推出了一百八十九項制度改革。這是仇和最大與他過去在宿遷的不同。他開始試圖走出制度化建設的步伐。

尤為重要的是，在某些歷史方向上的與民同路，都是仇和於當前政治的標籤意義。

人們對於仇和的褒揚，是源於仇和本人對現行官場官僚體制的一次次顛覆，官員們爭先效仿仇和，是源於他們對自身絕對權力的迷戀，知識精英們討伐仇和，是源於對曾經威權時代的黑色記憶。

「仇和現象」開始成為一座政治金礦，各色人等在裏面都可以找到自己的代言部分。

從十四年前的沭陽，到十年前的宿遷，再到如今的昆明。仇和推動的系列改革也經歷了一個孩提時期的懵懂，到青春期的劇烈陣痛，再到今天的理智探索。仇和走過了一條漫長的地方改革的道路。在這條路上，荊棘叢生，它構成了中國現行制度下改革的一塊彌足珍貴的歷史切片。

仇和走過這十四年的過程，就像他曾經所推崇的市場經濟主體那樣，經營一個地方，就像經營一個企業。

這樣說，仇和走過的道路，就像是一個草根企業成長的故事歷程。當初的野蠻成長，有粗暴但實用的管理手段，有只重結果不重過程的實用主義，當然也有為了發展而遊走在灰色邊緣的操作手段。

現在當這個企業做大了，上市了，成為公眾關注的公司，這個農民企業家開始試圖向現代企業的管理制度靠攏。

你可以說仇和是個具有農民狡黠式的管理者，一個人治的威權者，一個有點衝動蠻幹的個人英雄主義者。

但是你無法否認，他是一個有著堅定心念的夢想實踐者，一個真心刷新官場風氣的推動者。

當然，關於仇和的爭論仍在繼續。

仇和要從一個農民式的管理者到一個偉大的管理大師，從一個地方的改革者到一個被歷史銘記的改革家，還有漫長的道路繼續等待他。

仇和之路到底能夠走多遠？

時間將會等待並證明今天這一切。

一個關於仇和以及中國改革未來命運的所有猜想，也許不久就會知曉。

光緒：一場權力MBO的罪與罰

這是中國改革史上迄今最為悲情的一幕。

一八九八年九月二十八日，那個蕭瑟秋天的北京菜市口的刑場上，譚嗣同仰天長嘯，在「有心殺賊，無力回天」的泣血悲憤中被定格了。

如果歷史可以重新再來一次的話，那麼光緒帝在一百餘年前發動改革時，一定不會再找康有為和梁啟超來做他的政治搭檔。

如果再給康梁一次機會，他們也一定不會選擇光緒作為他們政治革新的權力後臺。

然而，歷史沒有假設。

一場貌似好牌的開局：擁有至高無上皇權的支持，挾持著地方封疆大吏的厚望，有著輿論的廣泛民意，更重要的是，也得到了這個帝國真正主人慈禧太后的默許。

然而在經過了短暫的一百〇三天的華麗表演後，卻以另外觸目驚心的一場流血事件來終結。

一場知識份子獨立問政的政治運動，在帝國依然沒有找到出路的關口。

這個一百餘年前帝國最完美的一場改革夢之隊，在一百〇三天究竟做錯了什麼？而使得這一切，在最後差點成功的時刻，迅即走向了毀滅。

最後連同毀滅的，還有這個已經日趨式微的大清帝國。

康有為是誰

一八九五年春，三年一度的乙未科進士正在北京考完會試，一千三百人的龐大舉人團隊等待著發榜。

這是帝國那些儒生們最為緊張難捱的時刻，終究一生的苦讀，總期盼在這些日子裏兌現為功名冊上的名單。

這時候，一個壞消息從一衣帶水的鄰國日本傳來，由於在一八九四年和日本的戰爭中，中國大敗，大清帝國的真正主人慈禧老佛爺，不得不批准特使李鴻章和日本首相伊藤博文簽訂的《馬關條約》。

條約規定：（一）中國承認朝鮮獨立。（二）中國向日本割讓山東半島、遼東半島、臺灣和澎湖列島。（三）中國賠償軍費白銀兩億兩（加上贖回遼東半島的三千萬兩共二點三億兩）。以及新開通商口岸，增加內河航線等共十一款。

這個喪權辱國的條約規定中國從朝鮮半島撤軍並承認朝鮮的「自主獨立」；這就意味著中國已不再是朝鮮之宗主國，中國的北方失去了天然的隔離屏障。朝鮮半島對中國的國家安全不言而喻。這也是為什麼直到今天，中國對朝鮮半島局勢如此關注和揪心。

事實上，這場戰爭也是因朝鮮而起。一八六八年，日本下級武士和大名推翻了兩百八十年的幕府德川統治，天皇明治領導的軍國主義被推上了歷史前臺。這就是歷史上著名的明治維新。一八八七年日本政府制定了《清國征討方略》，決定在一八九二年前完成對華作戰的準備，進攻的路線圖是朝鮮、遼東半島、山東半島、澎湖列島、臺灣、舟山群島。

這個機會在一八九四年的這個夏天終於來了。就在日本和英國簽訂《中英通商條約》一週後，朝鮮發生內亂，朝鮮政府請求中國派兵支援（朝鮮當時是中國的藩屬）。就在中國向朝鮮派兵時，日本軍隊也大舉入朝，戰爭拉開了序幕。日本剛開始打著保護在朝日本僑民的旗號，照會中國政府「日本政府必無他意」。

實際上，正如日本外相陸奧宗光所說：發動戰爭的決心，在帝國政府派遣軍隊於朝鮮時，業已決定。日本假借這個好題目，是為了索性藉此時機促成中日關係的破裂。

當時帝國退居幕後的慈禧老佛爺一心忙著自己的六十大壽，加之自己對大清國軍事實力沒底，根本無心戀戰，主張議和了事。

同意議和的不僅是老佛爺，還有洋務派的頭面人物。這場戰爭，也讓李鴻章這個晚清重臣走向他後來官場和政治聲譽的兩重天。

事實上，李鴻章也反對這場戰爭，他認為還沒有到和日本真正決戰的時候，北洋水師雖然已初具規模，但在協調指揮上還存在很大的缺陷。

但當時主持朝廷日常工作的光緒皇帝在自己最信任的老師翁同龢的遊說下，認為這是鞏固自己政治權力的最好時刻。他想借助這樣的一場勝利來擺脫慈禧的權力控制。那時候，名義上他是帝國的最高統治者，但許多時候，慈禧的權力陰影卻無所不在，他的姨母慈禧才是這個帝國政治最後總負責的核心人物。在主持廷議時，光緒堅決主張開戰。迫於愛國輿論的結果，慈禧只得同意了光緒的要求。

翁同龢是中國傳統士大夫的模範代表，家世顯赫，父親是同治的老師，二十六歲以狀元身份及第，後來又被慈禧指定為光緒帝的老師，和小皇帝情同父子。

光緒親政後，翁同龢立刻權傾朝野，擔任朝廷決策中樞要職。但翁同龢卻是一個十足的書生，只會紙上談兵，他的本錢卻只是那些已經過時無用的琴棋書畫，詩詞歌賦之類的華章調句。開口文章詞藻，閉口道德心性。這個人意氣用事，對國家治理和用兵打仗卻是個十足的外行。導致最終誤國誤君誤民。在翁的教育影響下，光緒也只會唯唯諾諾。晚清的亂局，和這個以「養成筆力可扛鼎」自況的書呆子有很大的關係。

在這場戰爭前夕，朝野上下，包括康有為等一批知識份子，對已經通過明治維新走上軍國主義的日本的軍事實力根本不屑一顧，國內民粹主義氾濫，一致要求對日本開戰。

翁同龢挾民意愛國自居，堅決勸說光緒以國家元首名義命令李鴻章的北洋水師宣戰。事實上，翁同龢在這場戰爭中還報有一個不可告人的目的，由於早年其兄翁同書在任安徽巡撫與太平軍交戰時，多次棄城逃跑，後被當時負責剿圍的曾國藩彈劾，而代筆之人正是曾府的幕僚李鴻章。後來翁同書被革職充軍，翁家就這樣和李鴻章結下了樑子。翁同龢以帝師身份位居中樞時，沒少給李鴻章小鞋穿。

據翁師傅的親信王伯恭後來記述，當他去勸說自己老師翁同龢不要輕言開戰時，翁同龢直言不諱地告訴他，他就是想讓李鴻章去戰場上試試，看看他到底怎麼樣？將來就有整他的餘地了。就這樣，李鴻章的北洋水師投入了這場影響中國近現代歷程政治格局的戰爭。

甲午戰敗，他在接受光緒皇命前去赴日議和時，在前去日本馬關的船上，這位進士出身的將軍知道他一生的政治聲譽將一去不返。他寫了這樣一首詩：

晚傾波濤離海岸，天風浩蕩白鷗閑。
舟人哪識傷心處，搖指前程是馬關。

李鴻章視馬關簽約為奇恥大辱，發誓終生不再履日地，並傾向變法。但在「國人皆曰可殺」的洶洶輿論下，他成了清廷替光緒和翁同龢主戰派的替罪羊。

時任湖南巡撫陳寶箴不知這其中的官場奧秘，於是聯絡各省督撫大員，聯名彈劾李鴻章「沒有盡到臣子的責任，力勸光緒和慈禧不要輕易開戰，以致誤國誤君」。李鴻章哭笑不得，這事也不能究其根源，最後不了了之。

甲午戰敗後，李鴻章被解除了位居二十五年之久的直隸總督兼北洋大臣職務，投閒置散。

翁同龢後來也沒有好到哪去，一八九八年戊戌新政不久，就被慈禧趕回了老家江南的常熟。一九〇四年七月四日，在風雲變幻中飽經憂患的這位著名書法藝術家兼軍機大臣，滿懷抑鬱和悽愴與世長辭了。

在臨終前，翁師傅口占一絕：「六十年中事，淒涼到蓋棺。不將兩行淚，輕向汝曹彈。」

戰爭的結果讓那些當初的主戰派們傻了眼。最讓大清臣子們不能接受的戰敗結果是包括臺灣所屬各島割讓日本，臺灣也因此成為日本的第一個殖民地。

李鴻章的這段特殊經歷，深刻的刺痛了後來的蔣介石。一九三一年，日本再次悍然發動侵華戰爭，時任蔣介石的幕僚陳布雷替其起草〈中國之抗日〉一文中這樣泣血寫道：「可戰而不戰，若敗，則政府之罪也，不可戰而戰，亦則政府之罪也。」

一八九五年，日本成為甲午戰爭的最大受益者，得到了價值一億兩白銀的戰利品和二點三億兩的賠款。這筆鉅款相當於日本當時七年的財政收入，中國的巨額賠款，也給日本近代的崛起，輸入了強大的資金血液。依靠中國的巨額賠款，等於再造了一個新的日本。這也為日後日本多次覬覦中國提供了最好的戰爭原動力。

直到今天，在當年《馬關條約》談判的馬關春帆樓旁，日本政府還立著這樣一塊碑，碑文上這樣寫道：「今之國威之隆，實濫觴於甲午之役也。」

日本朝野對此歡欣鼓舞，外相陸奧宗光高興地給當時的首相伊藤博文說：在這筆賠款之前，根本沒有料到會有幾億日元，本國全部收入只有八千萬日元，一想到現在會有三億五千萬日元滾滾而來，無論政府和私人都覺得無比的富裕。

儘管日本經過二十多年的革新，整個國力比幕府時期有了較大的提升，但當時清廷實力也並非像現在人們想像的那樣落後貧窮。

一八四〇年，這是中國近代史的一個分水嶺。那時以後的中國給人留下的是一個爛攤子印象。事實上，以一八二〇年為例。用現在流行的GDP統計學為證，當時大清政府的GDP是世界總量的三分之一，是英國的兩倍，日本的五倍。即便放在今天強大的美國，它的GDP總量也只占世界的四分之一，換句話說，以國內經濟總量來說，當時的大清，比今天的美國還要有錢。

暫時拋開鴉片戰爭前中國和世界經濟總量的對比。讓我們從軍事的純技術角度再回到一八九四年中日戰爭雙方投入的軍事力量對比：

	日本艦隊	中國艦隊
軍艦總數	12	14
魚雷艇數	0	4
鐵甲艦	1	6
半鐵甲艦	2	0
重炮	11	21
輕炮	209	141
排水量	4.1萬噸	3.5萬噸

我們不難發現：單純從軍力上看，中國艦隊還略佔優勢，但海戰的結局卻是相反。北洋艦隊被擊沉五艘軍艦，受到重創；而日本艦隊未失一艦，只有幾艦受傷。

一個不差錢又有軍事實力的大牌國家，為什麼在近現代戰爭中卻一敗再敗，最後不得不再掏出大把大把的錢去為每次戰爭買單。這到底是什麼？

這個問題困擾了光緒帝，困擾著李鴻章，困擾著康有為，也困擾著後來走上革命的孫中山。他們彼此用各自的行動試圖給這個問題做出合理的解決之道。

至今，許多人還在爭先恐後提供看似永遠正確的答案。事實上，眾人忽視了一個很關鍵的問題，那就是自宋以降，尤其是明隆慶時期，外來白銀的大量流入，到清嘉慶時期，海禁成為一句空話，而國家統治能力的持續下降雪上加霜。

這樣一個最直接的後果是，地方勢力逐漸坐大，割據一方，形成各自的派系。各派系之間畛域分明，相互傾軋。彼此互不買賬。到了太平天國後期，中央政府對地方督撫控制力漸漸衰微。地方政府經常置中央政府於不顧，漸漸私下和西方列強結成政治和經濟利益同盟。

一旦中央政府控制力減弱，地方和軍隊便自成體系，各行其是。加之列強進行滲透，在中國培植代理人，派系更為複雜。平時爭權奪利，戰時互不配合。中日戰爭中，日軍在山東榮城登陸，李鴻章因為那是山東巡撫李秉衡的防地而置之度外。等到榮城失守，威海危在旦夕，李秉衡又因為那是李鴻章的領地而漠不關心。南方調來的援軍又不歸二李節制，為了怕李鴻章在這次戰爭中勢力繼續坐大，最後乾脆不聽這個總司令的指揮。於是出現了威海孤軍作戰的情形。

當時兵部左侍郎黃體芳參奏李鴻章說：是水師（指北洋水師）並非中國沿海之水師，乃直隸天津之水師；非海軍衙門之水師，乃李鴻章之水師。再閱數年，兵權益盛，恐用之於禦敵則不足，挾之於自重則有餘。

當時和李鴻章關係密切的英法聯軍主帥戈登看到中央政權日漸衰微，乾脆鼓動李鴻章自己稱帝單幹，徹底拋棄清廷。

中日戰爭中國戰敗後，兩廣總督寫信給日本政府要求歸還被繳獲的兩艘南方軍艦，理由竟然是「這兩艘戰艦是兩廣地方而不是中央政府」。

甚至到了一九〇〇年，八國聯軍入侵中國，東南各省督撫竟然私下和列強各國簽訂東南互保，約定他們可以和平共處，該做生意做生意，絕不彼此刀刃相見。

梁啟超認為甲午戰爭中「各省大吏，徒知畫疆自守，視此事專為直隸、滿州之私事者然，其有籌一餉、出一旅以相急難者乎？」

地方勢力就這樣一天天日益膨脹腰包鼓起來了，而中央財政卻一天天乾癟了。國強民富的結果是一個帝國運行的血液就這樣慢慢被抽乾。

一九一一年十月十日，革命黨人在武昌舉事，打開國門，竟然發現行督衙門的庫銀四千萬兩，足可以武裝一個國家的兵力。這麼多的巨額財富擺在革命黨人眼前，以至於他們一時都不知如何處置。要知道，就是這場改寫了後來歷史的一場革命的費用，卻是靠著黨內同仁劉公從家裏騙來的五千兩銀子才得以完成。這天上掉下來的四千萬兩銀子大大緩解了革命黨人的財政危機，也使得革命在最後關頭得以堅持成功。這要比當年美國華盛頓靠借了一屁股債幹革命要強百倍萬倍。

值得諷刺的是，就在這次起事中，隆裕太后急忙召集遠在安陽洹河的袁世凱，讓他去指揮中央政府早已指揮不了的北洋新軍。袁世凱向中央提出要三百萬銀子的軍餉。隆裕東挪西湊，好不容易籌到一百萬，拿著這一百萬兩白花花的銀子，袁世凱才裝模作樣的答應出山。即便這樣，這對孤兒寡母還是以每年四百萬的皇室優待費把這個帝國徹底給賣了。袁世凱也以一個封疆大吏的身份終結了這個國窮民富的中央帝國。

《馬關條約》的簽訂，消息突然傳至國內，在北京應試的舉人群情激憤。台籍舉人更是痛哭流涕。他們一夜之間失去了故土，喪失了國籍，成為了異族的臣子。

四月二十二日，康有為和他的得意學生梁啟超連夜經過醞釀，寫成一萬八千字的「上今上皇帝書」，十八行省舉人回應，一千二百多人連署。盛況空前。

五月二日，由康、梁二人帶領，十八省舉人與數千市民集「都察院」門前請代奏。

這些青年知識份子們集會痛陳李鴻章的賣國行徑，反對簽訂《馬關條約》。提出了「拒和，遷都，練兵，變法」的政治訴求，這是維新派的第一次政治亮相。

但國際間的政治就是這樣，強權是唯一的生存法則。而不是憑藉一腔熱血的吶喊與拒絕。簽與不簽已經由不得這個曾經不可一世的大清帝國了。

創辦天津的《直報》，敏銳地捕獲到了這一不同尋常的新聞，迅速的發佈了來自北京的這一重要新聞。

事實上，在之前，康有為曾經兩次給光緒帝上過這樣的摺子，只是每一次，都被都察院拒收了。

一八八八年，從香港遊歷過後進京趕考的康有為目睹帝國在中法一役的日漸衰敗，深感震驚，第一次上書光緒，要求變法。

康有為一八五八年出生於廣東南海的一個小村落裏，家境殷實。早期多次參加過科舉考試，屢試不中。

對國家的沉淪，康有為應該刻骨銘心。因為就他出生前一年，兩百五十人組成的英國雜牌軍隊用炮艇炸開了廣州的城門，兩廣總督葉名琛被俘，他的家鄉也由此淪陷。

第一次進京科舉考試失敗後，康有為回到廣州，開辦萬木草堂講學，一邊宣傳革新理念，一邊培養和他一樣立志於變法救國的執政團隊。

在友人的介紹下，另外一個南方的才子梁啟超進入康有為的視野。生於一八七三年的梁啟超才華橫溢，極具語言天賦和政治鼓動性。

中國知識份子一向自詡為社會的中堅，在中國的政治中一直扮演著領導者和啟蒙者的角色。梁啟超滿腔的政治熱情終於在結識康有為的那一天起，開始噴湧而出。他也當仁不讓的成為這場政治運動的倡導者和新聞發言人。

在康有為家鄉的不遠處，便是另外一個叫香山的村落，在康有為出生的八年後，一個叫孫文的男孩也出生了。他後來有一個我們更為熟悉的名字——孫中山。

一八九四年，就在康有為參加進京趕考的這一年，二十八歲的孫文偕他的好友陸皓東來到天津，要求面見大清帝國當時炙手可熱的實力派人物李鴻章。那時的李鴻章身兼直隸總督兼北洋大臣，權傾朝野。

李鴻章傲慢地接見了這個青年，這個青年呈上他花了十幾天時間趕寫的〈上李鴻章書〉，在這封奏請中論述了「富強之大經，治國之大本」在於「人能盡其才，地能盡其利，物能盡其用，貨能盡其流」。最後青年建議李鴻章以他的政治威望，說服慈禧太后改革變法，以達到抵禦西方列強的凌辱。

李鴻章拒絕了這一青年的建議，青年憤然離去。幾個月後，李鴻章的北洋水軍在中日戰爭中大敗，李被革職閒置。

一年後，李鴻章再度復出，赴日參加和談。就在康有為在北京領導公車上書後，這個叫孫文的青年這一年來到了香港，和一幫志同道合的朋友成立了一個政治組織——興中會。該組織的目的只有一個，用一場自下而上的革命推翻清帝國，以求實現民主共和的宏願。

這個青年在和李鴻章那次見面的第三個年頭，在英國的《雙周論壇》上發表了一篇呼喚中國革命的文章。在這篇文章中，這個青年沒有提他曾上書李鴻章的這段往事。但他這樣寫道：有人只要以為能說服李鴻章，使他們相信只有鐵路電話歐洲陸軍海軍組織等的效用，啟發中國人們，並設法把整套文明機器輸入中國，那麼中國的新生就會開始。這真是和使吃人的野獸改用銀質餐具，想藉此把它們改變成素食者是同樣的荒唐。

一九一九年十月八日，已經革命成功的孫中山在上海青年會舉行的辛亥革命八周年集會上發表了這樣一段演講：現在國內的政治，比較滿清的政治有沒有進步，依兄弟看來，滿清的政治猶稍強於今日，一般人民在滿清政府下，比今日尚覺自由，如現在的政府濫殺良民，在滿清專制時代還沒有發現。現在的官僚比滿清更為貪婪。我們因滿清政治不良要革命，但革命的結果，所呈的現象比滿清更要壞。

從理想到現實，從改良到革命。從專制到更專制，伴隨孫中山和他的追隨者們以後生涯的，不是體制裏的解決之道，而是骨子裏槍桿子出政權的真理，和中國三千年從未有過的歷史大變局。他們鄙視武人政治，但最後他們又不得相信依靠這些政治集團，相信法律，但最後又帶頭去破壞法律，這才是中國幾千年政治的真正悲哀。

小皇帝長大了

一八八八年的光緒尚沒有親政，他正在焦頭爛額地忙著他一樁不太情願的婚事。

這一年，在遙遠的歐洲，德意志帝國的鐵血首相俾斯麥正在為德國最後的統一而醞釀一場新的變革。

十年後，當光緒帝發動戊戌新政視圖向日本這個老師的老師學習的時候，八十三歲的俾斯麥已經完成了帝國的宏願，他安靜的死去了。兩年後，強大的德國跟隨英法等八國聯軍來到了中國。光緒帝倉皇逃出了紫禁城。

儘管一八九四年康有為給光緒帝的建議遭到當權們的嘲笑，但這道上書還是輾轉到了一個重要政治人物的手中，這個人便是光緒帝的老師，當朝重臣翁同龢。這個人因此也成為日後康梁政治集團發動維新新政的最為重要的政治盟友。

一八九五年的春天，帝國的主政者們還是拒絕了這些康、梁進步青年的要求，因為他們不得不面對這樣的一個基本外交事實：弱國無外交。

一年前中日甲午戰爭帝國的不堪一擊，在弱肉強食的國際外交舞臺上，根本就沒有任何的話語權。

這一次，端坐在紫禁城太和殿的二十三歲的光緒，依然沒有看到這位南方才子康有為的請願書，這份請願書在三個月後才被送到光緒御前。

但這一頗有影響的群體突發性政治事件，還是通過親信的小太監們的描述傳到了自己的耳中。康有為的名字這一次得以牢牢烙印在這位想要重振國威的青年帝王的腦海中。

幾個月後，康有為高中進士，接著被政府任命為工部主事，一個類似於今天中央部委司局級別的官職。

這個後來成為這場變法悲劇主角的光緒皇帝一生充滿著乖戾。一八七一年，光緒出生於北京宣武門外太平湖畔醇王府，為醇賢親王奕譞次子。

由於其兄同治皇帝早殤，一八七五年一月二十五日裏的一個深夜，正在母親繈褓中的他突然被抱到了勤政殿，被自己的姨媽慈禧太后宣佈過繼給已經死去十一年的叔叔咸豐帝，繼而承繼自己哥哥同治因突然爆病而死的大位，其時年僅四歲。

得到兒子被立為皇帝的消息後，光緒的生身父親並沒有像別人那樣大喜過望，而是大哭一場，宮廷裏你死我活的殘酷鬥爭讓他心生寒意。父子從此再也無法見面，後來的事實證明，這位愛子心切的父親是對的。

但一切都無可挽回了，皇室的這一舉措，本來就有違大清的政治倫理。當時的清流派主將張之洞敏銳地抓著這一次機會，這個深諳政治謀略的翰林院學士迅速行動，他引經據典，認為慈禧這一看似違背祖宗的做法其實是完全站得住腳的。張之洞的辯論，成功地化解了慈禧的一場政治危機。他也得以走進了慈禧的視線，沒過幾年，他出任山西巡撫，正式開始了他封疆大吏的生涯，走上了他後來聲譽日隆的政治前臺。因了這段因緣，甚至後來在光緒帝考慮政治維新時，張之洞差點成了光緒和慈禧都共同認可的不二人選。

康有為在請願書中提出的四項政治主張，撩動了光緒帝王的自尊心。光緒這個本來在中日交戰中堅定的主戰派，本來想依靠一場戰爭奠定自己政治地位。

戰場的失利，使得光緒的權力受到了一定程度上的打壓。他只得尋找第二條渠道，那就是借助變法。

事實上，儘管這個帝王的身份有些來歷不明。但大清帝國的沉淪，深刻的影響著光緒，加之有一心想要輔助皇帝成就一番大業的翁同龢在邊上不停地灌輸。

年輕的光緒其實並沒有世人想像中的那儒弱無能。那時候，有帝國高層的政治精英們發動旨在強國的洋務運動，至少已經在他表面統轄的國家裏，四處開花結果。

洋務運動是晚清執政集團在對抗西方列強侵略和鎮壓太平天國運動下發展起來的的一個政治派別。他們在全國各地掀起的「師夷之長技以自強」的改良運動。起初人數不多，但他們的勢力與日俱增。在朝廷裏是總理各國事務衙門的大臣奕訢和文祥等人，在地方上是握有實權的大官僚曾國藩、李鴻章、左宗棠、張之洞等人。

隨著一八九四年中日甲午戰爭中國的失敗，這場旨在強國的運動也暫時告一段落，但這場運動的眾多發起者卻仍然擔任著許多地方的督撫。

但領導戊戌新政的康有為批評洋務派的新政是：積習難忘，仍是補漏縫缺之謀，非再立堂構之規，風雨既至，終必傾墜；觀萬國之勢，能變則全，不變則亡，大變則強，小變仍亡；今天下之言變者，曰鐵路，曰礦務，曰學堂，曰商務，非不然也，然若是者，變事而已，非變法也。

一八九二年，落榜後遠在廣州的康有為開始了為改革奠定法理基礎《孔子改制考》的寫作。那時候，中國官場的靈魂，無視已經日漸開化的世界，還沉浸在昔日帝國的榮光中，儘管儒學已經崩潰，但朝政還在被那些迂腐臭氣的八股文緊緊的包裹著，孔子仍然是不可侵犯的聖人。這個已經死了幾千年的人，一言半語，仍然對這個國家的政治秩序發揮著深刻的影響力。

一個在華的美國記者一八七六年二月二十日對大清國有這樣一段描寫，今天看到，仍然讓我們心痛：

> 我們從清國人那麻木、呆板的面孔上看不到任何的想像力。他們的面容，從未閃現出絲毫幻想的靈光。他們並非弱智，也不乏理性，但就是沒有創造性。在人類智力發展的進程中，他們是世界上最教條、最刻板的人。個人如此，整個民族更是如此：冷漠、很難脫出既有的條條框框，缺乏進取心，厭惡一切創新和改革。漢民族的這種特性，就好像是與生俱來、深入骨髓的。他們實在不應該是這樣啊！

《孔子改制考》言民權、倡大同。是康有為假託孔子的名義來實行變法的一個理論基礎。康有為以封建統治階級最尊崇的權威孔夫子來打擊政治上守舊的頑固派，以減少新法推行中的阻力。

《孔子改制考》在一八九八年一刊登，在封建士大夫的各個階層中間都掀起了軒然大波。就連本來傾向於維新一派的張之洞和翁同龢對康有為這種過激言論，提出了異議。改革前的思想政治動員是必要的，但過於偏激與超前不但沒有起到統一的結果，反而加大了改革陣營的分裂，這無疑給予反對派一個提前的預警。

就在康有為緊張忙碌的時刻，這邊的光緒也沒有閑著。熱情好學的光緒顯然樂於接受並學習這一切。

今天我們從一八九二年二月四日《紐約時報》中可以看到這樣一則消息：

> 清國上海，十二月二十八日訊。從去年十二月份開始，大清國開始發生該國歷史上最大的變化。毫無疑問，這種變化將會在今後若干年對整個帝國產生深刻影響，甚至可能進一步打開封閉

的枷鎖，將大清國帶入人類進步歷史的邊沿。總之，這種進步將超越故去五十年變化的總合。產生這種變化的根本原因，是清國最高統治階層最近發生了重大的政策變化。在數萬萬清國人中，有一個人思想的改變將直接影響國家的每一個人，他就是大清國皇帝陛下。

今年二十歲的大清國皇帝陛下，目前正由兩個受過英美教育的北京國子監學生負責教授英語，而這件事是由光緒皇帝頒佈詔書告知全國的。皇帝陛下學習英語這一消息真讓此間人士感到意外，他們甚至懷疑這是不是真的。

光緒皇帝屈尊學習外語，是因為他和他的政治顧問們都認為，死死保住三千年前就形成的「老規矩」的時代已經過去了，要應付當今列強，必須相應地改變國家制度。他的政治顧問們在這個問題上，顯示了很高的智慧和膽量，而在此之前，沒有人敢苟同類似的想法。皇帝陛下周圍的一些大臣甚至希望，大清國未來應該在文明國家的行列中佔據一個適當的位置。

暴風雨的前夜

一八九五年，就在孫文在香港成立興中會準備用暴力推翻清帝國的時候。這一年，已經是工部主事的康有為在北京成立了強學會。

改良和革命，齊頭並進，一場圍繞大清帝國命運的政治運動展開了競賽。

十一月中旬，強學會成立。又稱譯書局，或強學書局。列名會籍的都是盛名一時的人物，康有為、梁啟超、沈曾植、文廷式、陳熾、丁立鈞、楊銳等，李鴻藻、翁同龢等也予支持，每三天舉行一次例會，相互討論「中國自強之學」，成為改良派和帝黨相結合的政治團體。

更為重要的是，強學會的成立，也得到了洋務派的支持。強學會甫有成議，劉坤一、王文韶等都紛紛解囊支持，就連後來與維新派翻臉的袁世凱也捐金一千兩百兩。

康有為大受振奮，緊接著又南下南京遊說代理兩江總督兼湖廣總督張之洞，擬在「南北之彙」的上海組織學會，得到了張之洞的支持並捐銀五〇〇〇兩。張的兒子張權和自己的親信楊銳一併入會，張之洞向康有為表示：中國如有維新黨，自己願當領頭人，如有維新領袖，自己願跟隨。

這個月底，上海強學會成立，擬定章程，說明「專為中國自強而立」，以通聲氣，聚圖書，講專門，成人才，成「聖教」。

一八九六年一月十二日維新派推出了中國甚至是世界上的第一張官方報紙《強學報》，免費送給朝中三品以上權貴大臣，灌輸改良啟蒙思想。康梁正式提出以孔子紀年，「託古以改今制」維新變法的政治訴求，提出開議院的政治主張。

一八九七年，落榜的梁啟超來到了湖南，擔任時務學堂總教習。在這裏，梁啟超結識了後來慷慨成仁的譚嗣同。

在張之洞的支持下，轄區湖南是當時變法維新的風雲地，也是巡撫陳寶箴所領導而由其子陳三立（大名鼎鼎歷史學家陳寅恪之父）在湖南進行的政治改革，主張漸進徐圖。湖南可以說是清末改革的模範域區，一度聞名中外。

一時，強學會名流雲集，南北遙相呼應，聲勢浩大。當時簽訂《馬關條約》的李鴻章從日本歸來後，也曾以三千兩黃金要求加入強學會，康有為梁啟超等人認為李鴻章是個賣國賊，應該和他劃清界限進行政治切割，於是拒絕了李鴻章入會的要求。李鴻章聽到這個結果，很受傷。這在很大程度上打擊了後來一直以李鴻章嫡系學生自居的袁世凱。

戊戌變法失敗後，梁啟超亡命海外，在李鴻章逝世前夕，完成了《李鴻章傳》。這個曾經不可一世的書生仍然給予李鴻章強烈的批評。

梁氏在文章結尾這樣寫道：李鴻章這麼忠誠，有這麼敏銳的洞察力，他又長時間擔任重要職務，掌握大權，但成就卻僅僅到了今天這個水平，這是為什麼呢？這是因為他只知道有軍事，卻不知道還有民政；知道有外交，卻不知道還有內政；知道有朝廷，卻不知道還有國民。每天責備他人看不清時局，而他自己對時局就沒有弄明白；每天責備他人搞派系，舊習氣難以消除，而他自己的派系、舊習氣跟那些人比起來，也不過是五十步和百步的區別。他不知道今天的國際競爭，不靠國家而靠國民；他不知道西方各國能夠消除派系、消除舊習氣，通過新政而富強的，那種改革的動力都是來自下面而不是上面。

最後梁啟超不無憂慮地說，在晚清政府中李鴻章是最具有世界眼光、最有能力和品格的一個人，尚且不能避免失敗的命運。今後內憂外患的風潮，將要比李鴻章時代還要嚴重數倍，但要想再找一個像李鴻章這樣的人，也幾乎不可能了。想到中國未來的前途，不禁毛骨悚然，不知道最終是什麼局面。

一九〇一年，「眾人皆可殺」的「漢奸」李鴻章走完了他榮辱沉浮的一生，這個曾「一萬年來誰著史，三千里外欲封侯」的夢想，一生自詡為帝國「裱糊匠」的大清重臣留下了這樣一首遺詩：「秋風寶劍孤臣淚，落日旌旗大將壇。海外塵氛猶未息，請君莫作等閒看。」

連同這首遺詩的還有給遠在北京的光緒和慈禧的一封奏摺。摺曰：「多難興邦，殷憂啟聖，舉行新政，力圖自強。」

晚清著名啟蒙思想家嚴復很為李鴻章不平，他給李鴻章的輓聯是這樣寫的：「使先時盡用其謀，知成功必不止此；設晚節無以自見，則士論又當何如？」

輓聯的上聯，是惋惜李鴻章從十九世紀六〇年代開始倡導的各項改革未能真正得到實施。下聯則說，倘若李鴻章不從廣東奉詔赴京，談判議和，知識份子們又要批評他為了自己的名譽，置國家利益於不顧了。

一九五八年，合肥當地挖墳取寶、興辦工廠，李鴻章的遺骸被從墓地掘出。這個在當時仍然被稱為「漢奸賣國賊」的李鴻章穿著皇帝賞賜黃馬褂的遺體保存完好，狂熱的民族主義者們用繩子拴著遺體，掛在拖拉機後面遊街，直到屍骨散盡。

強學會的命運後來也沒有好到哪裡去，由於許多地方大員加入這一組織的目的都是為了撈取政治資本，加之強學會內部一幫書生彼此誰也不服誰，很快鬧起了內訌。兩年後，風雲一時的強學會宣告解散。

一八九八年，康有為給光緒上了道〈應詔統籌全局摺〉，這也是維新派的施政綱領：

夫地方之治，皆起於民，而自縣令之下，僅一二簿尉雜流，未嘗託以民治。縣令任重而選賤，俸薄而官卑，自治獄催科外，餘皆置之度外。其上乃有藩臬道府之轄，經累四重，乃至督撫，而後達於上。藩臬道府，拱手無事，皆為冗員，徒增文書費厚祿而已。一省事權，皆在督撫，然必久累資勞，乃至此位。地大事繁，年老精衰，舊制且望而生畏，望其講求新政而舉行之，必不可得。向者學堂農商之詔累下矣，而各直省多以空文塞責，亦可見矣。日本以知縣上隸於國，漢制百郡以太守上達天子。我地大不能同日本，宜用漢制，每道設一民政局，妙選通才，督辦其事。用南書房及學政例，自一品至七品京朝官，皆可為之，准其專摺奏事，體制與督撫平等。用出使例，聽其自辟參贊隨員，俾其指臂收得人之助。其本道有才者，即可特授。否則開缺另候簡用，即以道缺給之。先撥厘稅，俾其創辦新政。每縣設民政分局督辦，派員會同地方紳士治之，除刑獄賦稅，暫時仍歸知縣外，凡地圖戶口道路山林學校農工商務衛生警捕，皆次第舉行。三月而備其規模，一年而責其成效。如此則內外並舉，臂指靈通。憲章草定，奉行有准，然後爰法可成，新政有效也。

若夫廣遣親王大臣遊歷以通外情，大譯西書，遊學外國，以得新學。厚祿俸以養廉恥，變通科舉以育人才，皆宜先行者。猶慮強鄰四逼，不能容我從容圖治也。且我民窮國匱，新政何以舉行？聞日本之變法也，先行紙幣，立銀行，財泉通流，遂以足維新之用。今宜大籌數萬萬之款，立局以造紙幣，各省分設銀行。用印度田稅之法，仿各國印花之稅。我地大物博，可增十倍。然後郡縣遍立各種學堂，沿海急設武備學院，大購鐵艦五十艘，急練民兵百萬，則氣象丕變，維新有圖。雖不敢望自強，亦庶幾可以自保。

從這份奏章中不難看出，康有為提出「動員基層群眾，虛省強縣，分散地方政府權力，建立國家自主貨幣」的這些建議，打上了一個現代政府治理的烙印，這個打著儒家旗號的士子卻看到了中央政府的真正痼疾——權和錢，也遠遠地超出了那個時代的儒生們所具備的知識架構。即便在今天，也讓那些自以為是的公共知識份子們汗顏。

民國初年，已經退出政治場的康有為甚至在報刊撰文呼籲政府應該儘快放棄幾千年的銀本位思想，而建立起金本位的中央央行體制，這樣國家才有可能避免淪為西方列強的附庸者。

也正因為如此，施行這一偉大的構想，不是一場通過自上而下的改良，而是一場自下而上的革命。無疑於把現有的政治結構全部推翻重來。

戊戌變法失敗後，康有為把這構想帶進了他真正不朽的經典政治著作《大同書》裏，很遺憾，這一直被後來者一再當作一本烏托邦而提及的作品，康有為試圖建立的大同理想，在半個世紀後，被另外一個叫毛澤東的人物改造並實現了。

美國著名學者魏斐德在他的《歷史與意志》中這樣寫道：一個精英發動的改革藍圖，卻將主體落在全世界壓迫的底層身上，康有為這種奇妙的雙重性格，甚至使得他與毛澤東在思想結果上具有了某種相似性——持續的改革和不斷的革命之所以是必要的，關鍵是在於不斷將改革的主體落實到下層最廣大的民眾身上，如此才有可能抵抗人和世界不可抑制的退化本能。

二〇一一年，曾打開中美建交大門的美國前國務卿季辛吉在他的新書《關於中國》中曾一再把毛澤東和康有為一併提及。

他甚至這樣斷言：矛盾論是毛澤東最為出名的戰略理論，但這是為了康有為從孔子那裏演化過來的大同理論，它們都是為終極目標而服務的。

事實上，康有為的大同理想，不僅僅影響了後來締造了新中國的毛澤東，其實也深刻影響了走向革命的孫中山。他們從學理上一脈相承。孫中山提出的「天下為公」便是大同理想的最後注解。孫中山政治主張土地國有，接受資本而反對資本主義。他提出的許多政治設想和早期的康有為與後來的毛澤東不謀而合。正因為如此，才有了他後期在改造國民黨時提出的「聯俄，聯共，扶助農工」的三大政策。

《大同書》裏面描繪了人世的種種苦難，提出大同社會將是無私產、無階級、人人相親、人人平等的人間樂園。這當然是荒謬的，因為康有為寫了《大同書》，他沒有也不可能找到一條到達大同的路。

站在這個角度，康有為無疑還是沒有走出他的書生本色，或許，他的骨子裏留著殷實士紳的血液。正如毛澤東所評價的那樣：一個知道目的卻不知道手段的理想主義者。

一九二七年三月二十一日，那個曾經「眼中戰國成爭鹿，天下英雄孰臥龍」的康有為帶著不甘離開了人世。

幾個月後，曾經和他一起賽跑革命的孫中山創建的國民黨在形式上接過了大清的權杖。也正是在這一年的八月一日，以追求民主自由富強的又一批革命知識青年在南昌發動了旨在推翻剛剛穩定的國民黨政權的第一次武裝暴動，歷史就以這樣看似不可思議卻有規律的起承往復。

在寫作本文時，我曾通過許多歷史典籍和檔案，試圖尋找到光緒和慈禧對當年這份奏章的官方回覆，卻一直未果。當改良和革命交織在一起，康有為和孫中山重疊的的影子在我的腦海裏越來越模糊，我沒有和他們告別。我更願意把這一答案留給未來的歷史來回答。

一八九八年四月十二日，康有為在北京再次拉起改革大旗，在北京成立保國會。

保國會的成立，使頑固派與維新派的鬥爭更加激化。頑固派大罵康有為「僭越妄為，非殺頭不可」。

書生意氣的梁啟超這一次更是宣稱保國會「保中國不保大清」，「名為保國，勢必亂國」。只有光緒帝認為，「會能保國，豈不大善」，所以保國會雖然連遭劾奏，但未被查禁。

最後梁啟超甚至把矛頭對準了洋務派的幾個實權派人物。他說：「中國之改革，三十年於茲矣，然而不見改革之效，而徒增其弊何也？譬之有千歲老屋，瓦墁毀壞，樑棟崩析，將就傾圮，而室中之人，乃或酣嬉鼾臥，漠然無所聞見，或則補苴罅漏，彌縫蟻穴，以冀支持。斯二者用心雖不同，要之風雨一至，則屋必傾圮而人必同歸死亡一也。夫酣嬉鼾臥者，則滿洲黨人是也，補苴彌縫者，則李鴻章、張之洞之流是也。諺所謂室漏而補之，愈補則愈漏，衣敝而結之，愈結則愈破，其勢固非別構新廈，別出新制，烏乎可哉？」

但梁啟超的這一棍子的過激言論，讓害怕失去政權的慈禧開始警惕起來。也讓本來支持聯盟戊戌新政的洋務派老臣也心生寒意。

事實上，康有為和梁啟超都沒有承認這一點，過分地誇大了自己的力量。如果沒有當初的洋務運動，也根本不可能有今天的改良，戊戌新政不過是當年自強運動的一個歷史延續。洋務派和改良派的分裂，直接導致了日後戊戌新政的失敗。任何的改革，離開了權力的支持，都將成為空中樓閣。

一八九八年四月，就在維新派和保守派洋務派爭得面紅耳赤的時候，這時候，老謀深算的張之洞以湖廣總督的身份發表了一篇〈勸學篇〉。詳細說明了洋務派的「中體西用」的改革主張，對保守派和改良派各打五十大板。張之洞認為當時的情勢，不改革，亡滿清，改得太激進，亡國家。

〈勸學篇〉發表後，文章立刻引起了轟動，維新派大驚，立刻宣佈和張之洞斷絕關係。事實上，張之洞也正欲借這樣的一篇文章和維新派正式劃清界限。而另外一方面，那時候的保守派也已意識到，一味地讓康有為他們胡鬧，倒不如請張之洞進京主持大計。於是他們也抓緊了拉攏張之洞的活動。很難說富有政治高層鬥爭經驗的張之洞沒有投機的成分，但這篇文章的出臺，無疑也切合了朝廷當權派的憂慮。

光緒看到張之洞這篇文章後，其實他也明白，如果能夠爭取到張之洞這樣實力派人物的支持，無論對上對下都會有個好的說辭，改革的難度就會減弱許多。

於是在保守派代表人物光緒的老師徐桐的奏請下，經慈禧同意，光緒批准，調任張之洞入京主持大計。

張之洞接到旨意後，立刻向朝廷表示：兩三日裏即可動身，無論病否不敢耽擱。

洋務實權派也開始從當時的熱情支持，到徹底的切割甚至取代，而老謀深算的慈禧在日後的變法期間不得不開始提前佈局，以防不測。

然而，歷史就是這樣的不可思議，就在張之洞動身到達上海之際，張之洞的轄區裏突然爆發了震驚西方列強的「沙市教案」，當地的居民把幾個傳教士給打了，還焚燒了日本領事所，那時清廷一提西方，已成驚弓之鳥。已經看出慈禧政治端倪的翁同龢，趕緊命令張之洞回去處理。

一場改變歷史命運就這樣和帝國連同張之洞一起失之交臂。

改革者提出的改革訴求，在很大程度上決定了在未來的革新運動中，誰是盟友，誰是敵人？梁啟超的這種過激言論，以便改變現存的傳統政治秩序，無異於喚醒和激發了更多反對勢力的團結與覺醒。

美國政治思想家亨廷頓認為：改革的辯證法是，改革的計畫常常使以前對政治冷漠的集團因為看到自己的重要利益現在已受到威脅而活躍起來。

關係帝國未來命運的一場維新的暴雨已成山雨欲來之勢。

光緒帝的百日夢

就在俄國強佔大連的兩天後，光緒帝頒佈上諭，決定國家走自強之路。維新變法正式進入了倒數計時。

一八九八年五月二十九日，一個消息讓康有為和他的維新派群情振奮——洋務運動的首領恭親王奕訢死了。他們知道，權力將會重新洗牌。

一八六一年，咸豐帝過世，奕訢與慈禧太后合謀發動辛酉政變，成功奪取了八位顧命大臣的權力，他也因此被慈禧授予議政王之銜。

這個當時皇室當中最聰明最能幹的人，在他一輩子當中，對於自己皇室的熱愛和責任遠勝於對於天下的熱愛和責任，這樣的動機，使得他最終無法突破自己。

臨死之前，恭親王言之鑿鑿地對光緒說：「聞廣東舉人康有為等主張變法，請皇上慎思，不可輕信小人。」

變法已成達克摩之劍，高懸在帝國的頭上。光緒什麼也沒表示，他已經下定決心這樣幹下去了。奕訢的部分權力隨著他的離去，很快被移植到翁同龢的手中。

一八九八年六月九日，光緒藉著去頤和園向慈禧「請安」的機會，正式向慈禧提出自己的變法計畫，慈禧沒有表示反對。反而對康有為一些主張給予了高度肯定。

六月十日，光緒命令翁同龢依照康有為提供的日本明治維新改革的政治架構，起草〈明定國是詔〉，送給慈禧審查，獲得了慈禧批准。

明治維新其實發端於一場革命。之前的日本和中國一樣，在西方列強的侵佔下，政權風雨飄搖。一八六八年，日本中小級武士以天皇的名義，聯合部分實力派大名（相等於中國的藩王）人士發動武裝奪權，推翻了統治日本兩百八十年的幕府統治。

明治政府經過考察學習，他們最終選擇了德意志帝國的模式。採取「奉還版籍」「廢藩置縣」「建立軍隊和中央銀行」的措施，結束了日本長期以來的封建割據局面。一八八九年，在伊藤博文的主持下，日本通過了國家憲法，正式確認了以天皇為首建立的中央集權的政治制度。經過二十幾年的革新，日本也一躍成為列強的一員。但明治維新也帶來了一個直接的後果，和德國一樣，皇權的歸位，也為後來日本走上一條大肆擴張窮兵黷武的軍國主義掃平了道路。

在沒有經過奪權和忠實於自己軍隊的保護下，六月十一日，光緒貿然發佈了變法詔書，大清帝國變法正式揭開序幕。

在短短的一百〇三天，光緒頒佈了三百多道上諭，涉及新政高達一百餘條，密度如此之大，世屬罕見。光緒和他的變法設計者們試圖在最短的時間裏，用壓縮式發展的方式趕上甚至超越已經強大的日本。戊戌新政具體內容如下：

一、教育改革

舉辦京師大學堂。

所有書院、祠廟、義學、社學一律改為兼習中西學的學堂。

各省會設高等學堂，郡城設中等學堂，州縣設小學。

鼓勵私人開辦學堂。

設立翻譯、醫學、農務、商學、路、礦、茶務、蠶桑速成學堂。

派皇族宗室出國遊歷，挑選學生到日本遊學。

廢八股、鄉會試及生童歲、科考試，改考歷史、政治、時務及四書五經，以及定期舉行經濟特科。

設譯書局。

頒發著書及發明給獎章程，保薦格致人才。

二、經濟改革

康有為強調中國必須以工商立國，才能富國養民；另因為官辦企業多弊病，故也著重鼓勵民辦企業。

設鐵路礦務總局、農工商總局，並在各省設分局。

廣泛開設農會，刊印農報，購買農具，訂立獎勵學藝、農業程式，編譯外國農學書籍，採用中西各法切實開墾。

頒發製器及振興工藝給獎章程。

在各地設立工廠。

在各省設商務局、商會，保護商務，推廣口岸商埠。

開放八旗經商的禁令，命其學習士農工商自謀生計。

倡辦實業，促進生產。

三、軍事改革

改用西洋軍事訓練。

遣散老弱殘兵，削減軍餉須支，實行團練，裁減綠營，舉辦民兵。

頒發興造槍炮特賞章程。

籌設武備大學堂。

武科停試弓箭騎劍，改試槍炮。

四、政治改革

裁減官場冗員。

設置京卿學士，以集思廣益。

准許地方官與士民上書。

改上海《時務報》為官報，創設京師報館。

開放新聞自由。

財政預算按月分類列名每年收支。

這是一場涉及到帝國全方位的改革藍本，有些設想即便放在已經高度開放的今天，也讓人歎為觀止。

對此，美國偉大的政治學家亨廷頓在比較過世界各個國家的改革歷史後作出了如下的結論：改革在理論上有兩大戰略可供選擇。一種是儘早地把所有的目標公諸於眾，然後儘量爭取逐個實現，以圖盡可能有所收穫；另一種是所謂藏而不露的戰略，隱匿自己的目標，把改革分開來實現一事一辦。前者是一種全面的、「斬草除根」的，或曰閃電戰戰略；後者是一種漸進的費邊式戰略。

光緒清醒的意識到，這些看上去很美的藍圖，要變為現實，必須要有強大的政權作為保證，否則，這些動人的上諭只是一道廢紙。

事實上，結果也正如光緒所料，除了張之洞轄區裏湖南巡撫陳寶箴在其轄區力推之外，其他各地的督撫大員們根本沒有拿這個有名無權的皇帝聖旨當回事。他們一邊在虛與委蛇的與光緒周旋，一邊在觀察慈禧的下一步動向。

歷時一百〇三天的一次國家突圍，圍繞帝國最高統治權力MBO的一場爭奪展開了。

六月十五日，慈禧抓住翁同龢分管戶部的一個腐敗案件，勒令光緒下旨免去翁同龢協辦大學士和戶部尚書的職務。翁是光緒的老師，是光緒當朝唯一負責聯繫康梁的人物，他其實是整個維新新政的權力中堅。

翁同龢的突然被罷免，其實是慈禧對光緒的一次政治警告。光緒看到慈禧的這一意旨後，立刻大驚失色。

慈禧同時任命自己的親信榮祿署理（七天後改為實授）直隸總督兼北洋大臣。同時命令袁世凱等三人統帥三軍，直接對自己負責。

京畿安危盡在自己控制之中，軍事指揮權被慈禧牢牢掌控。同時規定，以後凡二品以上官員的任命，都要經過自己的同意方可下旨。

此一役，慈禧先發之人。光緒一時間成了變法的光桿司令。不甘心的光緒，展開了反擊奪權。

第二日，也就是下旨實施變法的第五天，光緒召見康有為。這是他們兩人的第一次見面，也是他們唯一的一次見面。

這一次光緒接見康有為長達兩個小時。見到光緒之後，光緒問：先生有什麼高見？康有為認為，大清已經到了生死存亡的關頭，如果不實行變法，那麼亡國便是眼前之事。

光緒對此表示同意。康有為問：既然皇上明白這些道理，為什麼這麼長時間沒有具體的行動呢？光緒暗示自己目前權力受到許多限制，一切都在等待時機再說。

在這次會面中，康有為給了光緒一個最直接致命的建議：取消八股文。

光緒聽從了這個建議，從童科考試外一律取消。這就帶來了另外一個直接後果，康有為這一提議，直接斷送了統治這個帝國基層政權的士紳階層，一夜之間，他們所有讀書向上奮鬥的政治通道沒有了。

一九〇五年，清政府又取消了千年的科舉考試，無數的士紳夢想破產。他們經過短暫的悲痛後，很快和革命接上了頭。

經過這次召見後，光緒在軍機處上報考慮給康有為六品的官職上批復，康有為被任命為在總理事務衙門章京（一種相等於參謀的虛職）上行走。但有專折（類似於今天新聞單位通過特殊管道給高層的內參）上奏的權力，康有為還是失落。但是他也知道，那時候朝野上下，對他都恨之入骨，光緒不得不考慮慈禧的感受。

光緒皇帝召見康有為後不久，慈禧有一天召見了李鴻章。閒談之際，慈禧問李鴻章那個叫康有為的人到底怎麼樣。

李鴻章對維新人士一直攻擊他賣國行徑的指責早就心生不滿，於是他說：這個人是個書生，也如市井中喜歡爭強好勝打官司的人。

慈禧反問：那麼，洋人為什麼支持他們呢？

李鴻章沒好氣地說：那是洋人們不瞭解中國國情，把中國的知識份子都當成他們的知識份子了。等洋人們瞭解了中國的文人們都是些什麼角色之後，別說支持，就是躲避，怕也來不及了。

深諳官場潛規則的李鴻章，太熟悉中國知識份子了。在李鴻章看來，康有為、梁啟超同樣是書生，只是空談和滿腔熱血，沒有政治謀略和經驗，也缺乏起碼的政治手腕和妥協精神。而依靠著他們進行改革，肯定是絕難成功的。

三年後，因新法失敗亡命日本的梁啟超在寫《南海康先生傳》時不得不承認李鴻章這話有一定的道理。梁氏在此文一開頭就以「先時人物」和「應時人物」來感歎維新人物生不逢時的命運。他結尾這樣寫道：康南海果如何之人物乎？吾以為謂之政治家，不如謂之教育家；謂之實行者，不如謂之理想者。一言以蔽之，則先生者，先時之人物也。

接見過康有為後，當日，光緒又接見了維新派的另一代表人物時任刑部主事（相等於現在的最高法院的司局級官員）張元濟，這個人頗受李鴻章的賞識。

隨後，根據光緒的安排，張從刑部調任總理衙門，負責新法對外的聯絡事宜。就是這個一介書生，政治上極其幼稚，九月二十一日，慈禧再度垂簾，光緒被軟禁，變法失敗。張元濟居然又去見了李鴻章，聲稱：如今太后和皇上意見不合，或許會對皇上別有舉動，此非社稷之福，中堂大人一身繫天下之重，若能說句話，或可有轉變希望。老謀深算的李中堂被驚呆了，睜大眼睛看著張元濟，什麼話也說不出。

張元濟戊戌變法失敗後離開政治，一心專注於出版事業。創辦了大名鼎鼎的商務印書館。他晚年曾對兒子說，自己一生見到過五位第一號人物：光緒、孫中山、袁世凱、蔣介石和毛澤東。當然這已經是後話了。

七月三日，光緒帝下詔，授予連面都沒有見過的梁啟超六品官銜，軍機處章京行走。

光緒抓緊安排自己的接班團隊時，那邊的慈禧當然也不甘示弱。

六月二十三日，已經是直隸總督兼北洋大臣的榮祿，再次被加封為文淵閣大學士。

六月二十四日，慈禧的另一親信接替翁同龢之前留下的戶部尚書一職，正式接管了國家的經濟命脈。

一場圍繞著帝國統治產權界定的拉鋸戰在緊繃著。誰也不想輕易的放棄這場事關國家所有權的爭奪。雙方都卯足了勁。

這個時候，維新派一個頗有政治頭腦的小人物禮部主事王照看出了其中的端倪。這樣下去，兩方的政治勢力將會兩敗俱傷。

王照提出了一個頗有現代政治意識的絕妙方案。他向禮部領導班子打報告。要求以禮部的名義打報告給光緒和慈禧，請求慈禧下懿旨給光緒，讓光緒出國訪問日本學習新政事宜。這是一石四鳥的政治謀略。

第一：這將大大打破光緒和慈禧目前的政治僵局，營造出一幅以慈禧為領袖的改革態勢，把慈禧捧上改革教父的高臺。

第二：這將大大的緩和了光緒和慈禧因為權力爭奪而帶來的個人恩怨。

第三：利用這次出國考察機會，讓光緒充分瞭解西方的世界，從而增加對改革的支持力度。

第四：讓西方世界明白大清帝國上下要求一致改革的決心並期冀獲得援助。

王照的這一方案，遭到了禮部尚書懷搭布等六位正副領導的一致抗拒。他們的理由似乎也合理：日本暗殺不斷，出了安全問題誰負責。

事實上，王照的這個提議就連康有為等維新派人士也不認可。他們認為慈禧已經保守的無可救藥，只有光緒才是拯救這個帝國的唯一希望。

但禮部壓下王照的上書這一舉動顯然惹惱了光緒。光緒認為這是對他權威的公然冒犯。在康有為等人的建議下，九月四日，在沒有請示慈禧後，光緒擅自將禮部六位正副高級官員即行革職，破格提拔王照為四品官員。

維新新政失敗後，王照亡命日本。後來這個頗有政治智慧的前清官員對政治再也沒有興趣，多次拒絕出仕，和張元濟一樣，走上了一條教育救國的道路。他仿日文假名，採取漢字偏旁或字體的一部分，制訂了一種漢字拼音方案，名為「官話合聲字母」。

一九〇〇年回國後在天津創制的「官話字母」，寫成《官話合聲字母》一書，立刻在全國掀起浪潮。王照也因此成為中國現代漢語拼音的先驅者。

九月五日，光緒再出重手，把那些手握實權的元老們晾在一邊。安排自己的親信出任要職。下旨提拔維新派人士楊銳、劉光第、林旭、譚嗣同四人四品官位，以章京身份上在軍機處行走。名為章京，實為宰相，負責新政的具體事宜。

這四人幾乎都是二三十歲剛出頭的小青年，根本沒有實際的行政經驗。讓林旭譚嗣同兩人大受鼓舞，於是也更加賣力地活躍在政壇。

這一切讓康有為這個六品章京也嗅到了不爽和危險。後來康有為用略帶些妒忌的口吻對梁啟超說：這兩個小子太年輕了，毛毛躁躁。他們不同於開國重臣，今天的維新大業，是幾千年沒有過的事情，壓力非常大，而他們從普通人一下子提拔為宰相，恐怕大禍就要來臨了。

光緒沒有聽到康有為這聲憤懣和擔憂的歎息，因為政權鬥爭已劍拔弩張。大有即刻攤牌之態。

一場本來精心準備的政治和平演變開始調轉槍口，改良在現實取捨下開始跑調，圍繞政權的一場政變與反政變的暴力流血開始了。

流血奪權開始了

九月七日，已經徹底失去政治判斷力的光緒犯下了他後來一生都無法原諒自己的錯誤決定。走上了和慈禧極端抵抗的道路。在維新派的慫恿下，光緒極不冷靜的罷免了李鴻章的總理衙門一職。

李是晚清時期的第一重臣，極受慈禧的重用與信任。事實上，李鴻章應是維新派首要爭取的對象。李早年是洋務運動的積極倡導者，思想在當時的執政集團算是比較開放務實的，傾向於變法。還曾舉薦過康有為當京師大學堂的總教習，李鴻章還是當時一手提拔北洋新軍袁世凱的老師，既有提拔之功，又有師生之宜。

光緒對李鴻章的打擊，一個直接的後果導致了袁世凱對維新派的極端不信任。最後他到天津向榮祿告密，一方面是出於自保，另一方面不過是替自己老師李鴻章舊賬重提罷了。

就在李鴻章被罷免的同一天，被光緒罷免的禮部尚書懷塔布跑到慈禧面前，要求老佛爺訓政，慈禧拒絕了這個保守派的提議。不甘心的懷塔布又跑到了天津面見榮祿，抓緊了倒戈光緒的策劃。

九月十一日，已經風聲鶴唳的康有為代為草擬的〈密保袁世凱摺〉再次送到了光緒帝的御前，密摺請求光緒批准袁世凱為新法保駕護航。

這是一個非常低劣的錯誤。當四品章京王照得知這個消息後，大呼不妥。這個有天才政治嗅覺的小人物一席話讓所有人打了寒顫。王照說，你們這樣做，這不是等於提前告訴榮祿皇上要收買袁世凱了，榮祿肯定會提前佈局。

情勢後來的發展正如王照所料。但一切都已經太遲。九月十二日，光緒命令榮祿通知袁世凱到京覲見。

榮祿得知袁世凱被光緒召見後，立刻做出軍事部署：第二天調聶士成部進駐天津，以斷袁世凱回京之路。另調董福祥部秘密入京，控制局勢，以備舉大事。

榮祿這一切，無疑逼迫袁世凱作出告密合作的選擇。

一九〇八年，美國《紐約時報》記者米拉得專訪了袁世凱。這個曾在譚嗣同口中的「賊子」談到改革時說：我們內部的管理體制必須從根本上加以改革，但這卻是一件說起來容易做起來非常難的事情。因為它牽涉到要徹底改變甚至推翻現存體制的某些方面。而這個體制已經存在了許多個世紀，諸多因素盤根錯節地緊緊交織在一起。就民意支持的狀況而論，我感到可以肯定的是，如果給我們時間再加上機遇，我們無論如何都能夠實現改革的大部分目標。

對政治有著極其清醒認識的袁世凱，一九一二年，二月十二日，逼清帝遜位。正是這個「治世之能臣，亂世之梟雄」之人一手終結了這個帝國。

一場精心準備的變法，到最後打開底牌時，卻讓人啞然失笑。幾個抱著理念而根本不懂政治操練的書生，和一個有名無權的皇帝，意氣用事，妄圖憑藉一腔熱血，進行一次帝國權力的控股嫁接。失敗是他們唯一的結局。墨守成規的拿來主義，是一場政治天花。改革是一場智力與實力的角逐，一場合縱連橫，一錯而失萬機的政治遊戲。

九月十三日，已經草木皆兵的光緒聽從了康有為的建議，決定孤注一擲，準備成立以維新派人士為主的懋勤殿，以議新政國是。

這是對慈禧權力的一次嚴重挑戰，懋勤殿的開設，等於拋開了原來以慈禧為首的國家權力機構，從制度上和慈禧代表的元老政治集團劃清了界限，重新界定了國家的產權，另外組成了一個由光緒自己控制的國家董事會。

那些帝國的政治大老們被無情的阻擋在這個政權集團之外，這些維新新貴們搖身一變，輕易的以章京低廉的身份登堂入室，成為這個帝國的真正權力股東。以專摺的特權堂而皇之地出入於廟堂之上。只是在這些嫻熟老練政治莊家的面前，這些政治新貴們表現的卻是那麼的幼稚與低劣。於是我們看到了中國書生問政改革中最哭笑不得的一幕，以正劇開幕，以鬧劇休場，以悲劇收尾。

光緒也知道，這是政治上一個你死我活的對賭協議。為了增加在這次政治股權鬥爭的籌碼，光緒和維新派冒險採取了幾步險棋，後來事實證明，這些舉措後來都是死棋。維新政變進入最後倒數計時。

九月十五日，光緒賜給楊銳密詔，讓他想出辦法應對可能發生的政變危機。

九月十六日，光緒召見從天津趕來的袁世凱，袁被迅速提拔為兵部侍郎，袁世凱的官階從三品升到了二品，從地方官升到了京官。可以不受榮祿的節制，專職練兵。以備將來不時之需。

這時候，有一個基本的事實是，在袁世凱北上必經之路，有忠於慈禧聶士成的部隊一萬七千人，北京城裏董福祥的部隊一萬三千人，北京之山海關沿線清軍七十多個營十三萬人，所有這些兵力，加在一起絕對是袁世凱部隊的二十倍。如果袁世凱想要有所行動，無疑是以卵擊石。

這個時候，慈禧儘管多次接到密報光緒可能要採取極端行動，但是慈禧仍然沒有下定最後決心來發動政變，囚禁光緒。

畢竟光緒是名義上的最高統帥，得到了地方有些督撫和洋人的支持，加之畢竟是自己親姐姐的兒子，這麼多年相處，也有了血濃於水的情份。

慈禧明白，要想最後挽救光緒的瘋狂行動，必須先除去光緒身邊的康有為。

九月十七日，在慈禧的壓力下，光緒不得不下令康有為立刻離開京城，前去上海，督辦報紙。康有為拒絕了這一命令。

這時候，袁世凱和保守派人物又想到了請張之洞出山，當遠在武漢的這位總督通過京城的耳目聽到這個消息後大驚失色。他立刻電告朝中老友請求幫忙：如擬召不才入京，務望力阻止，才具不勝，性情不宜，精神不支，萬萬不可。

這個老謀深算的政治大老深知，政治就是迂回把握時機的藝術。這個時候，他已經探知慈禧要對光緒動手。自己如果去淌這混水，無疑要在光緒和慈禧這兩者都不能夠得罪的人之間做出必輸的選擇。

九月十八日，風聞日本前首相伊藤博文已經來京的慈禧由頤和園回到紫禁城。據監察御史楊崇伊等人給慈禧的密報稱，伊藤博文即將來京，將與維新派合流，結成政治聯盟，以專政柄。

這一消息如果屬實的話，無疑是要一生弄權的慈禧的命。一個自己控制的國家董事會，突然被一個職業經理人光緒引進了國外戰略投資者，來稀釋自己的權力。驚恐萬分的慈禧按捺不住自己的憤怒，決定離開回宮控制政局。

這一天，得到慈禧回到慈寧宮的消息後，譚嗣同連夜拜訪袁世凱，請求袁世凱保衛皇帝，起兵殺死榮祿，包圍慈寧宮，保護新政。袁世凱假意應允。

改革的成敗與軍隊的支持休戚相關，光緒的失敗，很大程度上源於對軍隊的失控。每一次的改革，都會伴隨著社會暴力的氾濫和政權震盪。一部美國改革史，從傑弗遜的民主興起到林肯廢奴法案的背後，充滿著層出不窮的社會混亂和突發事件。軍事是一個國家所有政治權力的基石，也是各個階層分野爭奪的焦點。保持對軍隊的控制權，有利於對反對派進行足夠的政治威懾，從而達到關鍵時刻為改革保駕護航。歷史上，沒有一次失去軍隊支持的改革可以成功。

九月十九日，一直和維新派暗中來往的伊藤博文來到了北京，康有為這一天拜見了伊藤博文，請求相助新政，出任新政的顧問。

伊藤博文是以革命起家，明治維新湧現出來一個活躍的政治人物。他曾四次出任日本首相，是日本憲法的締造者。一八九四年，正是在伊藤博文的主導下，發動了甲午中日戰爭並脅迫清政府簽定喪權辱國的《馬關條約》。

康有為這時候求救於伊藤博文，無疑於在輿論上處於不利的影響。當年正是他打著反對李鴻章和這位日本政客簽定條約而發起公車上書。如果當初李鴻章算是賣國，那麼現在他求救於這個國家公敵無疑於更是沾染上了賣國的嫌疑。也使得戊戌改革的正當性減弱。慈禧後來處理維新派多少也拿這事當了藉口。

一九一三年，孫中山領導二次革命時，也差點向日本借兵抗袁，那時日本早已對山東虎視眈眈，幸虧部下勸阻，才沒釀成惡果，否則孫先生革命得來一生英明，在民族大義關頭也會被毀於一旦。

九月二十日，光緒接見了這個曾經想彼此打一仗的對手伊藤博文。在會見中光緒請教了日本變法的一些經驗教訓。

這一日，思量再三的袁世凱回到天津，向榮祿告密自保，消息迅速傳給了慈禧。

袁世凱知道茲事體大，搞不好就是滿門抄斬的大事。在當天送走了譚嗣同後，這個武人出身的將軍把這件事的來龍去脈用日記記錄了下來，密封後交給自己的兒子和一個親信保管。一旦他哪天不測，把這日記拿出來可算是個憑證。

九月二十一日，慈禧連夜趕回紫禁城，決定提前動手，發動政變，光緒被囚於瀛台。自己再次訓政。

不出幾日，維新派人物康廣仁、劉光第、林旭、楊銳、楊深秀隨後相繼被捉拿。康有為梁啟超等人提前得知消息，連夜逃走，後來一直漂泊海外。

九月二十四日，在獄中，這個昔日政壇的得意青年給尚在外面的譚嗣同留下了這樣的一首維新派政治策略檢討的絕命詩：青蒲飲泣知何補，慷慨難酬國士恩。欲為君歌千里草，本初健者莫輕言。

殊不知，當日，譚嗣同被捕。他沒有聽從友人的勸告，決定以身獻法。在獄中，他意態從容，鎮定自若，寫下了這樣一首詩：「望門投止思張儉，忍死須臾待杜根。我自橫刀向天笑，去留肝膽兩昆侖。」

九月二十八日，六人被處決於北京菜市口，史稱「戊戌六君子」。譚嗣同臨刑絕命詞有：「有心殺賊，無力回天；死得其所，快哉快哉！」

慈禧隨即下令除京師大學堂等新式學校保留外，其餘新法一律予以停止。那些參與這一辦法的現有官員一律革職。

一年後，林旭年輕的妻子，曾是晚晴洋務派重臣兩江總督沈葆楨的孫女沈鵲應殉夫身亡。而譚嗣同父親譚繼洵從湖北巡撫任上也被革職遣鄉。

一場圍繞帝國最高權力的MBO爭奪落下帷幕，歷時一百〇三天的體制裏自救的戊戌新政宣告破產。

執政集團要通過改革來實現其領導權，儘管中國的進步力量在崛起。但一個基本事實是，要想使得改革得以進行下去，那時候還沒有任何一個政治勢力可以替代體制裏的力量。政權上的安全，說白了，就是最高權力產權的絕對控股，這也因此成為中國歷代改革者們首要考慮的問題，否則一切改革都將面臨保守勢力最為猛烈反撲的命運。

治國不同於單純的學理論述，也不僅僅是憑一時的熱血。它更多的來自於政治權力的實踐經驗。

辛亥成功後，袁世凱知道孫中山一直念念不忘他二十萬公里的鐵路計畫，於是便委任孫為全國鐵路督辦，月薪三萬。這個工資在當時是個絕對天文數字。那時政府規定貪污五百兩銀子就可判死刑。

袁世凱這是一石二鳥之計。一是杯酒釋兵權，以肥缺瓦解孫中山的革命鬥志，二是也是給孫中山提前下套，一旦以後翻臉，好抓小辮子。袁大頭以豐富的行政經驗早就知道這完全是放炮行為，孫中山根本不可能完成他對外宣稱的二十萬公里鐵路。孫中山從來沒有實際的行政經驗，僅僅是掛了四十五天有名無錢無權的第一任臨時大總統。

待到二次革命孫再次起兵討袁時，袁開始舊賬重提，孫中山花了一百多萬銀子，鐵路一公里都沒有建，加之孫根本不懂財務預算等，導致鐵路辦賬目混亂不堪。袁遂以貪污罪通緝孫中山。被國民黨控制的議會也傻了眼，事實擺在那，只得一致表決通過。這一搞，讓孫中山很被動，成了貪污通緝犯。「孫大炮」這一外號由此而傳開。

康有為也對鐵路感興趣。這個有過幾個月行政經歷的工部主事就比孫中山聰明多了。當光緒問他國家未來如何發展時，他只說可以花兩個億白銀來修鐵路，至於能夠修多少，他是一概模糊了事。

二〇〇五年十一月十九日，一代企業領袖三九集團趙新先正在北京的頤和園裏遊玩，被突然而至的員警拘捕。之前一直向國資委叫板要求MBO的他，這個曾掀起國有企業改革狂潮的昔日英雄，不得不面臨國家司法的指控。

二〇〇七年六月二十七日上午，趙新先因「國有公司人員濫用職權罪」，被深圳市羅湖區法院一審判處有期徒刑一年零十個月。這大概算是這篇文章結束的一個意外注解吧。

歷史學家克羅齊說，一切歷史都是當代史。

中國千年的歷史表明：知識份子在強大的官僚面前，常常頭破血流。獨立問政改革需要一段漫長的道路要走，在這條崎嶇的路上，他們應該跨越過時代的荒原，堅持合作而不抵抗，補充而不僭越，聯盟而不孤絕，批評而不殺戮的政治立場。這樣他們才能夠安全著落，進退有保。戊戌新政的失敗，也是光緒和一幫知識份子對政治常識無知導致的一場悲劇。

政府也應該盡可能的善待知識份子。需要給這個特殊的群體一個政治的通道。寬容而不壓制，糾正而不圍剿。作為既得利益集團，沒有一點動機和誠意來做改革的妥協與調和，如果一味反對任何形式的改革，社會大眾的激進化只會把自身和國家拖入動盪的絕境。

戊戌新政是這個帝國的一個分界點。它宣告了一個體制裏改良國家到達了終點。這是一個兩敗俱傷的結果。

在譚嗣同仰天長歎的悲情聲中，改良的基因開始變異，一場更加漫長更加激進以革命暴力血腥的手段走上了歷史的前臺。

正如美國著名歷史學家C. P.費斯傑拉德所寫：中國對西方錯誤的神靈們失去了最後的幻想，他們沒有停歇，馬上去尋找其他的途徑，一場以革命奪取政權的大變革開始了。

在慈禧離開人世的第三個年頭，大清帝國在一場漫不經心的武昌起義的炮聲中宣告覆滅。

【知古鑑今】

劉日：一個被廢黜的改革者

似乎是個宿命，扯起改革的大旗越早，所處的地區越落後，改革者越具悲劇性。在中國河北無極縣掀起改革大浪的劉日就是個典型的例子。

苦幹實幹的八年

這個已消失在大眾視野之外的劉日，一九八五年擔任無極縣委書記的時候年僅三十七歲，是河北省最年輕的縣委書記之一。因為真抓實幹、工作出色，贏得了全縣廣大群眾的熱烈稱讚。一九九〇年，著名作家王宏甲的長篇報告文學《無極之路》使劉日成為家喻戶曉的中國明星官員。一九九一年，中共河北省委發出文件，稱劉日「以自己的實際行動贏得了廣大幹部群眾的讚揚和愛戴，群眾稱他是焦裕祿式的幹部，這不僅是他的光榮，也是河北人民的光榮」。同年，中共中央組織部授予他「全國優秀領導幹部」稱號。一九九二年，中華全國總工會授予他全國優秀政治工作者稱號和全國「五一」勞動獎章，同年他被評為全球十七名新聞人物之一。

在無極工作的八年，是劉日至今仍然引以為自豪的八年。如今的劉日仍然清晰的記得，當年在無極發生的一件事。

「有一個星期天，我正在辦公室辦公，忽聽外面有吵嚷聲，我向窗外一看，大約幾百人圍在縣委門前，門衛把鐵門鎖住不讓他們進。我立即告訴辦公室值班人員：『縣委是老百姓的，為什麼不讓他們進來，趕快把門開開！』我隨即下樓，問大家有什麼事。有人說是果園承包糾紛。我說請大家推選十個代表來會議室先談談好不好？大家說好！十個農民代表坐在縣委常委會議室，值班人員給他們倒上茶水。我聽了他們講的簡要情況和要求之後告訴他們，請你們做好大家的工作，馬上回家，三天之內給你們解決問題！代表們立即鼓掌致謝，院內等待的群眾得知後，高興地歡呼著離去。第二天下午我就和縣鄉有關幹部到了那個村子，看了現場，聽了鄉村幹部彙報和糾紛雙方的意見，還聽了部分老幹部和群眾的意見，之後討論了解決方案，進行了反覆協商、修改。由於矛盾複雜、分歧較大，一直到次日凌晨四點多，各方才最終達成一致，大家熱烈鼓掌，糾紛解決了。」

劉日感慨的說，老百姓是通情達理的。只要誠懇地對待他們，方法得當，處事一碗水端平，盡可能公正，沒有什麼問題解決不了。

被聯名狀告的悲哀

其實，這只是劉日工作中一個小細節，在無極日子，劉日做了一系列驚動上下左右的事蹟，如制止了當時層層佈置推廣，老百姓卻怨聲載道的大拆大蓋的「村鎮規劃」，劉日要求當地把主要的人力、物力首先用於發展生產，為了此事，劉日甚至驚動國家城建部。又如劉日利用農村承包制，率眾開發近十萬畝荒灘種果地。當地民謠稱：「三省三高六配套，六縱六橫修大道。開荒種果十萬畝，日光溫室老鼠藥。」所傳頌的都是劉日率領百姓幹的一樁樁實事。

據當地人介紹，為發展本縣經濟，劉日甚至到監獄去物色具有「一技之長」者，在他們刑滿獲釋成為公民之時，即聘來無極使用，此舉在劉日致力於解放生產力的業績中成為又一個令人驚歎之事。

與此同時，劉日還同幹部隊伍中的腐敗現象做了不肯同流合污的鬥爭，也正因為反腐敗，劉日觸怒了「關係網」，雖深受百姓擁護，卻遭來一群幹部聯名告狀。

一九八八年七月十一日，河北省發生了本省無極縣十三名科局級幹部集體上省紀委聯名狀告縣委書記劉日「收受賄賂，貪贓枉法」的事件。全省詫然。省委立即派聯合調查組赴無極縣調查，內查外調數月後，調查組向省委報告：「我們終於查獲了一個廉潔的好書記！」

「告狀事件」最終算有了公正的結果。「十三名科局級幹部」也只是活動於前臺者，另有幕後操縱者受到了黨紀處分。但作為一個反腐者，劉日日後會不會遭到腐敗現象圍剿而消亡，我們就不得而知了。

而耐人尋味的是，和無極老百姓期望相反的是，榮耀和支持雖然為劉日贏得了巨大聲譽，卻沒有為他帶來坦蕩的仕途。當榮耀降臨劉日身上，他也被迫站在很多人的對立面。

一九九三年劉日離開無極，調任石家莊地區行署副專員。

同年，在地市合併中，具有年齡優勢的劉日成為八個正副專員中唯獨一個未進入石家莊市新班子的人。之後，劉日被調到省農業開發辦公室副主任。期間，中央一度建議河北重用劉日，但劉日未改變其旁觀者的寂寞身份。

「坐而寫」的結局

二〇〇三年起，劉日調任河北行政學院任黨委書記、常務副院長，正式進入教育戰線。劉日從一九九三年的副地廳級到二〇〇三年任正廳級幹部，整整十年。

有人去過劉日在河北行政學院的辦公室，辦公室很簡陋，地面是陳舊的水磨石，沙發是用過多年的舊沙發。辦公室茶几上堆滿了書籍，地上是一堆堆的建議稿印刷品，有的稿子上都寫著「供領導參考，請勿外傳」。

原來，劉日在處理河北行政學院日常行政工作之餘，還潛心研究公共管理改革，撰寫了大量建議，寄給各級領導和有關部門，包括縣委書記縣長、市委書記市長、省委書記省長和中央部長，甚至更高層的領導。其中有完善幹部選拔任用制度的建議；進行直接選舉縣長試點工作的建議；我國死刑的適用仍應堅持「少殺慎殺」原則的建議；以「少殺慎殺」為突破口解決死刑核准權收回中的問題的建議；修改我國刑法的建議；平反冤假錯案的建議；河北省水資源狀況分析及節水的建議；節約資源的建議；實行「獎一、放二、禁三」的生育政策的建議等，最多的是法律方面的。

和一些人的建議動輒引用領導人言論不同，劉日關於法律的每一份建議都像是一篇學術文章，其中引用的孟德斯鳩、格勞秀斯、培根、貝卡利亞、博登海默、高銘暄、馬克昌、趙秉志、陳興良等法學家的論述非常貼切。他的一些建議不乏創新。例如，在修改刑法的建議中，他建議將刑法第三百九十五條巨額財產來源不明罪「處五年以下有期徒刑或者拘役」改為「巨額財產折半後參照貪污賄賂罪量刑」。

失去舞臺的劉日「位卑不敢忘憂國」，他說「我雖然沒有了舞臺，但還應盡匹夫之責。我能做的就是把自己從政的體會和對一些問題的看法寫出來，送給各級領導幹部參考，希望他們把事情做得更好，讓老百姓多多受益。」

許多建議泥牛入海。但也有讓劉日感到欣慰的，他的有些建議引起了強烈反響，一些部門給他來信表示感謝，包括一些高層領導對他的建議也有批示。南方週末對他的一篇採訪，曾引起轟動效應。在採訪中，劉日呼籲，為了解決人才浪費、人口老齡化和養老金嚴重不足等問題，建議將幹部退休年齡由六十歲推遲到六十五歲至六十七歲，擔任省部級及以上領導職務的、有突出貢獻的專家和特殊人才，年齡還可以適當放寬一些。

而劉日在二〇〇九年撰寫的〈「新後備幹部」「新提拔幹部」應率先公示財產〉一文再次引起了社會各界的關注，文章甫一刊登，立即被各大媒體和網站轉載，圍繞著官員財產公示的爭論也隨之展開，迄今沒有止息的跡象，劉日也因此再次成為輿論關注的焦點。

但這仍然沒有改變他被廢黜的命運。如今的劉日，因為「年齡原因」，已被免去河北行政學院（河北管理幹部學院）黨委委員、書記、常務副院長職務，現任河北省政協常委、社會和法制委員會副主任、河北行政學院教授。

改革無意是成功的，但「坐而寫」卻是改革者劉日得到的結局。

鄧小平：國家突圍

在深圳三十歲生日之際，寫一段鄧小平關於中國改革的故事是最恰當不過的時候了。

事實上，在九百六十萬平方公里的中國國土上，沒有哪一個城市的命運會如深圳一樣，和鄧小平這個名字緊緊相連。

三十年一覺改革夢。

短短三十年的歲月裏，滄海巨變。當年關於鄧小平改革的一段段歷史已經被演繹成一個個精彩的篇章，至今被人們所樂道，說來依然可見那份驚心動魄。

鄧小平復出

最早觀察到鄧小平復出的是那些西方在華的記者們。他們憑藉著職業的高度敏感，像獵狗一樣嗅著發生在北京的每一個細節。

一九七七年一月上旬，北京李冬民等青年用在牆上寫大標語的方式公開要求鄧小平出來工作。這無疑是一聲驚雷，觸及了當時的政治底線。很快，大字報當夜就被人清除。李等人以「反革命罪」被逮捕。

但鄧小平第三次復出已經勢不可擋，在元老們的支持下，六個月後，在召開的中共十屆三中全會上，鄧小平恢復了中共中央副主席，中央軍委副主席，國務院副總理，解放軍總參謀長職位。

這一年的七月三十日，鄧小平突然出現在北京國際足球邀請賽的主席臺上。這是鄧小平復出後的第一次公開露面，台下歡聲雷動。

這一年，鄧小平七十三歲。從此，這個名字和中國國家的命運緊緊聯繫在一起。歷史把這個已經千瘡百孔的大國重擔一起交給這個文革中被打倒兩次的老人手上。

美國國務卿基辛格回憶了一九七五年前見到時任國務院副總理時鄧小平時的場景說，他是一個很難對付的小個子，很有能力，也很強硬。他在解決官僚機制方面很有技巧，鄧是一個不可小視的人物。

在八月二十五日召開的會議上，產生了新一屆的中共中央軍事委員會。華國鋒當選為中央軍委主席。

而在實際主持軍委日常工作的葉劍英、鄧小平、劉伯承、徐向前、聶榮臻五位副主席中，則無一例外的全部是支援鄧小平的中共元老們，他們牢牢地控制著軍隊的指揮權。

改革的成敗與軍隊的支持休戚相關。一八九八年的戊戌變法的失敗，很大程度上源於對軍隊的失控。每一次的改革，都會伴隨著社會暴力的氾濫和政權震盪，一部美國改革史，從傑弗遜的民主興起到林肯的廢奴法案的背後，充滿著層出不窮的社會混亂和突發事件。軍事是一個國家所有政治權力的基石，也是各個階層分野爭奪的焦點。保持對軍隊的控制權，有利於對反對派進行足夠的政治威懾，從而達到在關鍵時刻為改革保駕護航。歷史上，沒有一次失去軍隊支持的改革可以成功。

在隨後鄧小平發動的「真理大討論」中，正是軍隊給予了率先支援，一場關係到國家大轉折的大爭論才得以起航。

一九七八年五月十一日，這一天，南京大學的青年教師胡福明將終生銘記。這一天，中國頗具官方政治色彩的《光明日報》發表了由他主寫的「實踐是檢驗真理的唯一標準」。

當天新華社全文刊發，第二日，《人民日報》也在頭版全文轉載。年輕的胡福明最後在文章勇敢地宣稱：凡是有超越於實踐並自奉為絕對禁區的地方，就沒有科學，沒有真正的馬列主義，而只有愚昧主義，唯心主義，文化專制主義。

這篇由鄧小平授意，胡耀邦最終拍板發表的著名政論文章，深刻的影響了中國現代化的進程。

「實踐才是檢驗真理的標準」的發表，像是宣言書，徹底地摧毀了「兩個凡是」的政治路線，像一聲驚雷，宣告了一個時代的結束和另外一個即將變革的大時代的到來。

同年的五月十九日，鄧小平在接見文化部代表時認為這篇文章引發整個社會大討論很有必要。他最後號召「打破精神枷鎖，來一個思想大解放」。

這一次，一直對中國比較感冒的美國《新聞週刊》在這篇「鄧小平能救中國嗎」的文章中提出了一個當時十億中國人想問又不敢問的問題：我們看到了一個被喚醒的中國，但它面臨許多問題，文革破壞的生產秩序和工作環境，大量返程知青等，鄧小平的問題是，如何在不變動中國社會主義制度的情況下，拯救這一切。

小崗村打響改革第一槍

這一年的二月，二十一歲的蘇北農民仇和踩著改革解凍的步伐，在恢復高考的第一個年頭，告別了農村，來到了省城南京，開始了他即將四年的寶貴大學生涯。

一個月後，遠在山西鄉下的呂日周也告別了他的農村工作，隻身調任省城太原，也開始了他對中國農村改革的理念探索。

若干年後，「南仇北呂」正式走上權力的前臺，在中國地方上掀起了一股改革的旋風。

也就在這一年，因為寫了「中國往何處去」的這篇文章，而鋃鐺入獄十年的一個叫楊曦光的小青年，在中央組織部長胡耀邦的直接過問下，平反回家。這個小青年日後有了一個更為顯赫的名字——楊小凱。這位後來中國最為著名的經濟學家一直為改革奔走呼喊。在他忙碌疲憊的身影裏，他時刻感念到國家和個人命運的交錯。

十二月，在安徽鳳陽一個叫小崗村的地方，二十個農民，因為忍受不了極度的貧困，以托孤的方式，冒險在土地承包責任書按下鮮紅手印，實施了「大包幹」。這一「按」竟成了中國農村改革的第一份宣言，它改變了中國農村發展史，率先掀開了中國改革的序幕。成為中國第二次革命的第一聲槍響。

這一本屬偶然的事件，迅速的演變為一場政治事件，在鄧小平和胡耀邦的強力支持下，相關的當事人才沒有遭到清算。後來主政安徽的萬里也被調進北京，負責農村家庭聯產承包責任制的具體實施。

美國著名的政治學家亨廷頓在他的《變化中的社會秩序》一書中這樣分析道：沒有哪一個社會集團會比擁有土地的農民更加保守，也沒有哪一個社會集團會比失去賴以生存的土地更敢於革命。

因此在某種意義上說，一個處於現代化之中的國家政府的穩定，依賴於它在農村推行改革的能力。一個政府能否長治久安，在很大程度上取決於這個政府是否有足夠的誠意善待農民。農村大力推行工業化，不遺餘力地推動農民進城，也許會是一個日後才能夠發現的危險錯誤。

鄧小平在一九八四年就對此有清醒的認識並發出過這樣的警告：如果我們像今天這樣，至少能使百分之八十的人穩定在農村，我們也許就解決了百分之八十的問題。我們必須設法防止他們流入城市。

當年那個摁滿紅手印的契約，如今安靜的躺在中國革命博物館裏。在這裏，它寂靜無聲的向每一個前來的參考者們，訴說著曾經發生在皖北大地上的那一段非凡往事。

歷史步入鄧小平時代

美國《新聞週刊》提出的這個問題，在這一年的年底，鄧小平給出了答案。一場影響了後來改革開放的偉大進程的十一屆三中全會，在北京召開了。全會宣佈：中國將實行重大改革。

全會指出：一個黨，一個國家，一個民族，如果一切從教條出發，思想僵化，那它就不能前進，它是生機就停止了，就要亡黨亡國。

後來著名歷史學家胡繩對此評論說，這是新時代的遵義會議。

鄧小平依靠他的政治智慧最終贏得這場大討論的勝利。在鄧小平的支持下，中國開始了迄今影響最深遠，最為系統的一次現代化的改革。

一位詩人後來這樣回憶結束十年浩劫的這一幕：

懷著同一秘密
我頭髮白了
退休——倒退著
離開我的崗位
只退了一步
不，整整十年
我的時代在背後
突然敲響大鼓

一九七九年一月一日，兩個因為意識形態對峙了三十年的大國建交了。儘管這是眾多政治觀察家們意料之中的結果，但中美建交消息一披露，還是讓整個世界為之震驚。

在遙遠的大洋彼岸，卡特政府正在緊張地忙碌著。他們即將迎來一位重要的貴賓，時任國務院副總理鄧小平。

一個月後，鄧小平開始了他復出之後的第一次美國之行。在白宮的草坪上，在一千位重要嘉賓的見證下，中美兩個大國的政治領袖把手緊緊地握在了一起。

就在卡特致辭到「現在到了忘記我們吵架的時候」時，一個令人哭笑不得別有意味的場面出現了。一個男記者突然上臺，面對電視鏡頭高喊毛澤東語錄「將革命進行到底」。

要改革，國家不僅要面對一定的內部環境的改造，專心於國內反改革勢力的聯盟與分化，還要具備一個相對平穩的外部環境，爭取外面的和平，避免捲入國家與地區之間的衝突，甚至戰爭，當心國內反改革勢力與國外敵對集團結盟，成為改革中不可忽視的重要因素。在前蘇聯的覬覦下，中美的建交，無疑給當時的中國構築了一道防火牆。

美國著名的《時代》週刊的封面，毫不吝嗇的把上一年年度的世界政治風雲人物給了這個貌不驚人的東方小個子。

後來的《時代》週刊的總編在三十年回憶這一幕寫到：在一九七八年，鄧小平是一位偉大的倖存者。他入黨近六十年，所經歷的清洗頻率比超級模特的消化道更甚，然而他努力爬回領導層。那時的中國是絕望的。文革的恐怖仍是鮮活的記憶。

同樣在這一年，美國《時代》週刊記者伯恩斯用他那細緻入微的筆，為我們描述了他那時候眼中的廣西南寧街頭的一幕：

> 一條不知名的小街到處都散佈著鏽跡斑斑的廢棄煤油罐和碎瓦片。人行道上放著一排用繩子束著的柴火捆。紅磚塊、馬口鐵澡盆和木水桶散落在硬土路上。幾輛緊鎖的自行車斜靠在一座三層摟的外面。三隻小雞待在一個木板條籠子裏低聲咯咯地叫著。孩子們串來串去，還有的在跳繩玩，而他們的父母們則在利用週末時間來洗洗衣服，用的是從街邊水龍頭打來的冷水。

眼前髒亂、貧窮的街景與掛曆畫裏中國的形象截然不同：一幫臉蛋紅撲撲的小女孩在一個伊甸園似的果園裏收摘著成熟的水果；明亮的工廠裏，衣裝整潔的工人正在勞作，臉上還掛著笑容。這是與越南北部接壤的廣西壯族自治區的省會南寧市（人口五十萬）的一條小街，也是中國總體景貌的縮影。

最後伯恩斯以無比肯定的語氣告訴美國的讀者：中國確實有富麗堂皇的工廠和欣欣向榮的公社來向遊客展示，給人留下深刻的印象，但要發現與中國現狀最接近的景象，還是要到小城市的街區或小鄉村裏轉一下才能瞭解。中國要走的路還長著呢！

目睹中國不堪的現狀，朦朧派著名女詩人舒婷再也壓抑不住內心的情感，寫下了後來飲譽詩壇的政治抒情詩〈祖國啊，我親愛的祖國〉。

那是整整一代人迷惘的記憶與淚水。糾結著悲愴、憂患、熾烈，失望與希望，歎息與追求等多種複雜而凝重的感情。

我是你河邊上破舊的老水車
數百年來紡著疲憊的歌
我是你額上熏黑的礦燈
照你在歷史的隧洞裏蝸行摸索

我是乾癟的稻穗；是失修的路基
是淤灘上的駁船
把纖繩深深
勒進你的肩膊
——祖國啊！
我是貧困
我是悲哀
我是你祖祖輩輩
痛苦的希望啊
是「飛天」袖間
千百年來未落到地面的花朵
——祖國啊
我是你簇新的理想
剛從神話的蛛網裏掙脫
我是你雪被下古蓮的胚芽
我是你掛著眼淚的笑窩
我是新刷出的雪白的起跑線

是緋紅的黎明
正在噴薄
——祖國啊
我是你十億分之一
是你九百六十萬平方的總和
你以傷痕累累的乳房
餵養了
迷惘的我，深思的我，沸騰的我
那就從我的血肉之軀上
去取得
你的富繞，你的榮光，你的自由
——祖國啊
我親愛的祖國！

誠如二〇〇七年九月三日總理溫家寶在天津的世界經濟論壇會議上所言，在一九七八年，國家處於落後狀態，「國民經濟走到了崩潰的邊緣」。

改革先鋒胡耀邦

一九七九年的一個春天，一個叫張五常年輕的經濟學者從香港來到了中國經濟前沿——廣州。經過一個多月的調研後，這個小夥子得出了如下的的結論：中國的現代化改革不管選擇哪一條路，都會遇到一個極大的障礙。整個中國找不到幾個四十五歲以下、有改革開放意識的官員。幾年後，這個年輕的經濟學者，後來依據自己的見聞寫了一本《中國的前途》。這本封面上印有「秘密」字樣的小冊子，通過地下渠道的傳播，很快風靡全中國。

改革人才的問題，不僅僅是張五常的擔憂。也是鄧小平一直思考的問題。其實早在一九七七年初，經過和黨內傾向於改革派元老們的協商後，他充分利用自己過去積累起來的政治人脈資源和充沛的威望，曾任共青團第一書記的富有開創精神的胡耀邦，最終進入了他的視野。

這位無論在官方還是民間一直頗有改革思想的清廉平民政治家，出身在湖南瀏陽一個農民家庭裏，十四歲加入共青團。文革中被打倒，曾在鄧小平領導下工作過。在鄧小平的鼎力支持下，從一九七七年三月起先後任中共中央黨校副校長、中央組織部部長。一九七七年八月在中共第十一次全國代表大會上重新被選為中央委員。一九七八年十二月在中共十一屆三中全會上被選為中央政治局委員，隨後兼任中央宣傳部部長、中央秘書長等職。

這一特殊期間，胡組織和推動了關於真理標準問題的討論，為重新確立中共的馬克思主義思想路線做了理論準備；組織和領導了平反冤假錯案、落實幹部政策的大量工作，使大批遭受冤屈和迫害的領導幹部、知識份子和人民群眾得到平反昭雪、恢復名譽。為使鄧小平作出改革開放的偉大決定，掃清了周邊障礙。

這一年的最後一天，一個叫牟其中的四川萬縣小夥子也被平反回家。這個對政治改革有著狂熱熱情的小夥子入獄罪名和楊小凱竟然如出一轍。他也因為寫了同樣的一篇〈中國往何處去〉的文章而被捕。這個後來在改革經濟大潮中搏得大名的企業家慢慢喪失了自己，以自己的誠信透支了改革賦予他的榮耀，他也再次鋃鐺入獄。

楊小凱和牟其中的個人經歷，似乎正是鄧小平發動這場改革的最好隱喻。改革是一場生產力的重新洗牌。被駛向快車道的見證與推動者們，有的被歷史銘記，有的半途被拋棄。每個人的遭際，令人深思唏噓。

儘管如此，如今已經身在武漢監獄的牟其中談到往昔時，他說這輩子他只佩服一個人，那就是鄧小平。

一九八〇年，義大利著名記者法拉奇發表了〈鄧小平說要清除毛的封建主義錯誤〉的文章，題目引起了巨大反響，世界各大報紙紛紛全文轉載。

西方有報社評論稱「這是鄧小平歷史性的出色的答記者問」。國際輿論都給予鄧小平極高的評價，中國架起了與世界溝通的新橋，這次談話在國內也產生了巨大反響。

一九八〇年九月，法拉奇寫信感謝鄧小平接受採訪。信末，她寫道：「這次採訪是我的夙願。我曾擔心語言障礙會妨礙我實現這一夢想，後來我發現擔心是多餘的。」

這是一次具有歷史意義的訪談，它標示著一個記者所能達到的空前的事業高度，昭示著一位偉大政治改革家應如何面對媒體和公眾。

也就在這一年，經鄧小平同意，項南和任仲夷兩位改革的大將分別來到了南中國的福建與廣東，擔負起改革試驗，開疆拓土的重任。

八月二十六日，中國全國人大常委會批准建立深圳、珠海、汕頭、廈門四個經濟特區。特區一詞開始正式進入中國人的視野，成為對外改革的視窗。

九月，時任國家進出口管理委員會副主任江澤民率領中國代表團，開始了長達兩個月的六國考察活動，吸收國外自由貿易區和出口加工區的經驗，為中國的特區尋找力量。

正是江澤民早期的務實開放的政治經歷，在隨後的改革大業中，他也走上了中國政治舞臺的中央，相繼出任上海市委書記和中共中央總書記職務。

這一年的八月十八日，鄧小平在中央政治局擴大會議上發表了〈黨和國家領導制度的改革〉的著名講話。

鄧小平說，我們所有的改革最終能不能成功，還是決定於政治體制的改革。

這篇講話為中國的政治體制改革指明了方向。由於中國特殊的國情，加之體制改革複雜多變，到目前為止，政治體制改革一直未能有大的突破，當前中國面臨的許多問題都無法繞過這一三十年前就提上議事日程的話題。

二〇一〇年八月，國家總理溫家寶來到深圳，躬身四十五度向鄧小平塑像獻花。

溫家寶在慶祝中國特區成立三十周年這樣一個特殊時刻發表了講話，他重溫了三十年前鄧小平關於政治體制改革的這一講話。

他其中特別表示，「不僅要推進經濟體制改革，還要推進政治體制改革。沒有政治體制改革的保障，經濟體制改革的成果就會得而復失，現代化建設的目標就不可能實現。」

溫家寶還說，「我們站在一個新的偉大的歷史起點上，要繼續解放思想，大膽探索，不能停滯，更不能倒退。停滯和倒退不僅會葬送三十多年改革開放的成果和寶貴的發展機遇，窒息中國特色社會主義事業的勃勃生機，而且違背人民的意志，最終只會是死路一條。在這個關乎國家前途和命運的大事上，我們不能有絲毫的動搖。」

在近兩年內地的政治經濟舞臺上，高層領導者對政治體制改革做此高調表態並不多見，尤其是把阻礙改革提到「違背人民意志」「死路一條」的高度，可算是呼喚中國深化改革的強音。

這一年，朦朧派著名詩人顧城在《星星詩刊》上，發表了他不朽的名作〈一代人〉：「黑夜給了黑色的眼睛，我卻用它來尋找光明。」

全詩只有兩句，它是宣言，是口號，是壯志凌雲的豪邁。文學與改革從未如此緊緊相擁。歷史的洪流席捲而來。

一九八一年六月，胡耀邦在中共十一屆六中全會上當選為中央委員會主席。正式取代了華國鋒。成為體制裏的最高領袖。

鄧小平接任華國鋒，成為新的中共中央軍委主席。

九月，華國鋒辭去國務院總理。來自四川的趙紫陽接任了這一職務。

黨政軍主要領導的更替，掙脫了權力制衡上的羈絆，中國的改革開放也由此步入了一個快車道。胡耀邦當然不讓地成為鄧小平實施改革戰略的先鋒大將。

美國著名的中國問題研究專家費正清選擇這一年出版了他最富盛名的著作《美國與中國》，其中裏面這樣寫道：中國可能選擇的道路，各種事件必須流經的渠道，比我們能夠想像得到是更窄。

一九八二年，面對窮得討飯成風的內蒙古卓資縣，縣長張楚決意背水一戰：破天荒地把商業部門、糧站、供銷社、食品店等國營單位由政府統一改為推向市場，個人承包，職工分流。最終體制沒有能夠承受住改革帶來的壓力，滿懷理想的張楚只得告別這片他深愛的草原，黯然離去。

這大概算是中國最早的地方政府啟動的改革了，如今，沒有多少人還能夠記得上世紀八十年代的這個風雲人物。

正如一位英國歷史學家說過：「歷史涉及的只是一個民族生活的極小部分。過去和未來都不會有文字記載。」

向腐敗開戰

這一年三月的《人民日報》上，一條觸目驚心的新聞標題挑逗著人們的神經。標題是〈一個汽車大亨的垮臺〉，黨報極其罕見地用了一個整版篇幅報導了河南省的兩個官員是如何通過詐騙和賄賂非法倒賣汽車彩電等稀缺產品而牟利一百一十萬美元，這在當時簡直是個天文數字。

一個改革的副產品腐敗出現了。權利通過地下尋租，搖身成為權貴資本的代言人。人們在驚愕之餘，開始對剛剛進行三年的改革結果產生了懷疑。官倒成為他們茶餘飯後發洩詛咒的對象。

鄧小平沒有動搖繼續改革的決心。敏銳的鄧小平及早的捕獲了這一資訊，他給胡耀邦做出了最及時的指示：打擊腐敗，中國不能夠走兩極化的道路。在改革的同時，另外一場為其刮骨療傷的運動轟轟烈烈開始了。在隨後的兩年間，思想政治建設被提高了一個相當的高度。

隨後在一九八四年十月召開的十二屆三中全會上，胡耀邦推動了廣泛的城市經濟改革。它指出的道路是鄧小平支持的沿著市場路線對城市經濟進行激進的市場重組。

這一年，西德前總理赫爾默特・施密特訪華見到了鄧小平。後來他在《偉人與偉國》一書中這樣寫道：一九八四年我們幾乎壓倒一切的感覺到，每個人把改善生活的希望寄託於誰？第一位是鄧，第二位還是鄧，第三位還是鄧。

鄧小平也在十月展開的中顧委會議上對老同志發表了談話。他直截了當地向一些還心存顧慮的老同志喊話：我們老同志恐怕有這個擔心，搞了一輩子社會主義，突然來了個資本主義，這個受不了，怕啊。影響不了的，影響不了的。

這個內部講話在一九八五年的元旦，以獻辭的方式刊在當天的《人民日報》頭版上。

這一年，被寄予厚望四十三歲的時任共青團中央書記處第一書記胡錦濤離開北京，出任貴州省委書記，開始了他正式治理地方的政治生涯。胡也成為當時最年輕的省委書記。

一九八五年五月，鄧小平持續發動了「價格闖關」，這意味著，原來業已形成的價格雙軌制，將放開由市場來決定，

這時候眾人在心裏擔憂，嘴上又不能公開談論的一個公開的秘密是：此前的共產黨政權營裏的波蘭，因為放開食品價格導致了波蘭共產黨執政的垮臺。

這一年底，美國的《時代》週刊的年度人物評選的目光再次投給了東方，投向了那位「矮小的、愛打橋牌的、煙癮很大的、大方地使用痰盂的、偏愛羊角麵包的人」。

一九八六年一月出版的《時代》年度風雲人物的長篇報導中，援引了中美建交時美國國務院擔任負責東亞事務的助理國務卿理查・霍爾布魯克的話說，「鄧小平正在做的事情，世界上沒有任何其他的領導人能夠望其項背」。

週刊繼續毫不吝嗇用溢美語氣寫道：鄧小平大膽的嘗試改革可能會導致一場經濟混亂，也可能將中國帶到一個也許即將到來的輝煌世紀。但是，一九八五年鄧小平再一次表示出他要把改革進行到底的決心。

不管黑貓白貓，抓住老鼠就是好貓。鄧小平五〇年代的語錄，第一次被摘登在這一期的《時代》週刊上。

一九八六年八月三日。在時任瀋陽市市長李長春的直接建議下，中國國有企業的改革迎來了歷史的莊嚴時刻。

許多年後，一家媒體回憶了當時一幕：瀋陽市迎賓館北苑會議廳。會議廳裏坐滿了人，大多是瀋陽市防爆器械廠的工人，他們每個人身上都帶著白紙花，神情像白花一樣肅穆。

會議由時任瀋陽市政府副秘書長的周勇順主持。滿面莊嚴的瀋陽市工商行政管理局局長宣佈破產通告：瀋陽市防爆器械廠從即日起破產倒閉，收繳營業執照，取消銀行帳號。這也是一九四九年建國後第一家破產的國有企業。

短短兩百餘字的通告讀了不過三分鐘，然而時間卻像是停滯了一般。很長一段時間，會場裏沒有人說話，在場的每一個人似乎都在反覆咀嚼掂量著這個通告裏每個句子、每個辭彙，甚至是每個字的份量。

改革是一把犀利的刀，把時間一劈兩半，一邊是曾經，一邊是將來。這些曾經驕傲的工人們的命運也被也被劈兩半，突然被拋向了一個不可知的惶恐未來。在日後的歲月裏，他們擁有了一個類似於西方失業工人的名稱，叫下崗工人。

當年十二月三十一日，以這家企業為藍本的《國有企業破產法》在全國實施了，無數個這樣的企業，更多人的命運被迫登上了這趟改革的列車。有陣痛，也有歡笑。

當年的國外媒體獲悉這一消息時，他們驚呆了。他們發出了這樣的消息稿：這是西方極具典型性的一幕：成千上萬的工人被警告說，他們的公司處於困境中，他們的工作面臨危險。但是這一幕不是出現在底特律，曼徹斯特，而是中國的瀋陽。

對於當年這份稱得上是「石破天驚」的「破產倒閉規定」，在當時計劃經濟的時代，這樣的一種改革嘗試，無疑為中國今後的改革作了大量的探索，積累了寶貴的經驗，增強了更多企業的活力、動力。

這個在改革開放前往往被解釋為「某個陰謀的破產」的詞語，由此被時代賦予了新的含義。

這一年，以哈耶克為代表了自由派經濟學家開始佔據了西方政府的財政政策，凱恩斯高度集中的經濟政策的技巧開始消退。

在經過各自的經濟挫折後，中國和西方都開始冷靜的審視了自己的財經政策。曾經兩個敵對的陣營，小心翼翼地越過意識形態上的錯位對壘，哈耶克和鄧小平，基於對市場的共同認識，他們隔空找到了交集。

十二年後，一手主導破產的李長春被派往了中國改革開放的最前沿，出任廣東省委書記。之後，李被調任北京，出任中共中央政治局常委，分管意識形態工作。

這一年，富有改革意識的江澤民來到上海，出任上海市市長一職。此刻的上海，改革的步伐明顯落後於廣東等地。曾經有東方巴黎之稱的這座城市，昔日風華已經褪色。

江澤民在這個時候上任，任重道遠。他在接受一家國外媒體記者時說：遇到困難時，一個富有進取心的人應該勇往直前，毫不退卻。

改革也是革命。這是鄧小平發動改革後的深切體驗。一九八六年的九月，鄧小平得出了一個結論：不改革政治體制，就不能夠保證經濟改革的成果。不能夠使得經濟改革繼續前進。

在第二年召開的中共十三大上，通過了醞釀已久的政治體制改革的綱領。還沒有等到切實實施，價格闖關失敗的消息傳來。政治體制改革無奈一直擱淺。政治體制改革，是鄧小平一生未竟的事業。

這一年，主政福建的改革大將項南在因假藥案牽連而遭到保守派的強烈攻擊下，被免去福建省委書記。

項南學識超群，見解超凡，談吐精闢風趣，折服了許多海內外眾多有識之士，生前被許多人尊稱為「項公」。

當時還是中共中央總書記的胡耀邦後來說：「我沒有保護好項南，這是我經常感到不安的一件事。」胡耀邦談及此事，內心的痛苦和歉疚溢於言表。

項南苦笑著說：「這也不能全怪他。他有什麼辦法？那時候，他自身還難保呢。」還說，「耀邦是個好人，就是太軟了。」

在項南被免職不到一年的時間，一九八七年一月，中共中央召開政治局擴大會議，胡耀邦被迫辭去中共中央總書記職務。

接替胡耀邦職務的是趙紫陽，兩年後，他也被免去了總書記職務。

二〇〇四年，在項南離開人世的第七個年頭，一個叫胡少安的作家，在香港出版了他的傳記。書名叫《敬畏人民》。

一九八九年，東歐國家共產黨政權的解體，它引起了中國部分政治勢力的憂慮。一個新的政治挑戰出現了。

十年的改革，在一九八九年的那個夏天，終於把改革帶來的負作用力量一一放大，彙聚成一場危機。

鄧小平這個中國現代改革的總設計師，再次利用自己特有的威望與政治謀略回擊了挑戰。

這一年的四月十五日，一代改革先鋒胡耀邦悵然離開人世。

二〇一〇年四月十五日，現任的國務院總理溫家寶在《人民日報》發表了一篇深情懷念胡耀邦的文章，已經離開二十一年的胡耀邦，就這樣再次走進了中國人的視野裏。

誰不改革誰下臺

經過了十年突飛猛進的一路高歌，中國的改革在一九八九年的那個夏天，似乎陷入了一種停止不前的徘徊。改革步入了相持階段。

時任中國國務院副總理田紀雲後來回憶道：一九八九年的政治風波過後，有人甚至想把農民拉回到過去的「一大二公」的道路上去，並重新制定了《合作社章程（草案）》。

於是國外的一些敏銳的政治觀察家們，開始猜測，中國的改革開放是否還能夠繼續堅持下去？但是改革已經沒有回頭路，只能夠摸著石頭繼續過河。

六月二十四日，六十二歲的江澤民臨危受命，離開上海，赴京正式擔任中共中央總書記。江澤民海派開放的從政背景，又讓那些擔憂的人們多了些許期待，他也理所當然的成為中共新一代領導的核心。

沒有人知道那一刻江澤民的心情，但是後來的事實證明，他出色的完成歷史賦予他的使命。他和他後來上海市委書記的繼任者朱鎔基一道領跑了中國經濟的加速度。

十一月十三日，八十五歲的鄧小平在北京人民大會堂接見日中經濟協會訪問團，並藉此告別他的政治生涯。

此後的兩年間，這位政治強人幾乎從官方的報導中消失了。沒有人知道這位老人究竟在做些什麼？想些什麼？

那些精明的商人們似乎在一九九一年的那個春天找到了謎底。這一次，輿論再次充當了中國第二次改革的號角。

二月十五日起，春節剛過，上海市委機關報《解放日報》連續發表〈改革開放要有新思路〉等四篇署名「皇甫平」的系列評論員文章，提出要繼續解放思想，大膽改革，不要再姓社還是資的問題上猶豫不決。

輿論甫一刊出，立刻在全國引起了巨大的反響。伴隨著爭議的還有反擊。北京的保守勢力立即組織力量進行集中批判。

負責系列文章的時任解放日報副總編周瑞金說：那一刻，他遭受到了強大的壓力，北京許多重要人士都向上海施壓，要求調查他寫這組文章的真正目的。

時任市委書記兼市長的朱鎔基幫他頂住了來自各方面的壓力，周瑞金涉險過關。朱鎔基不久調任北京，出任國務院副總理。

兩年後，周瑞金調任人民日報副總編。二〇〇六年年初，這位一心為改革鼓與呼的老報人，他再次以「皇甫平」的筆名，發表〈改革不可動搖〉。二〇〇八年提出「新一輪思想解放的重心是還權於民」，引起反響。

這一年，年僅三十五歲的陳光來到了諸城，出任市長，這個極富改革超前意識的年輕人捕捉到了久違繼續改革的資訊，上任沒有多久，便大刀闊斧的把轄區裏的國有企業賣光。社會一片譁然，他很快得到了一個新的名字「陳賣光」。

此後，這個有著二十年改革歷程的官員的政治仕途的幾經起伏，讓人感慨唏噓。

也是這一年，在另外一個地方，三十六歲的「娃娃市長」汪洋，在銅陵也發起了一場聲勢浩大的改革動員令。

在當時這個全國最年輕的市長授意下。十一月十四日，〈醒來，銅陵！〉在《銅陵日報》頭版頭條刊發，有「十年磨『劍』鋒自出」、「同處一江景不同」、「剔膚見骨找病根」、「解放思想是先導」四個小標題。

這種一針見血，毫不掩飾地揭露自己的問題和差距，是過去國內所沒有過的。以往，都是大講成績，談問題時就輕描淡寫地講幾句空泛的原則話。

這種深刻地自我批評和自我批判，刀刀見骨，也是過去所沒有的。

文章最後說：「每一個有社會責任感的銅陵人，都不應諱疾忌醫，而應當勇敢地拿起時代的解剖刀，割除自己靈魂深處的一切毒瘤和病根。如果我們繼續抱著僵化的思想、陳腐的觀念、封閉的意識、萎靡的士氣，那麼不是危言聳聽，在迎接新世紀到來的十年接力賽中，銅陵將被別人拋得更遠。」

〈醒來，銅陵！〉一刊出，立即引來巨大反響。一種意見，此文敢於揭短亮醜，振聾發聵，另一種意見，「大棒朝下打」未免不公。一場大討論在各個層面深入開展起來，新舊思想觀念激烈碰撞。

兩個多月後，剛剛發表著名南巡講話的鄧小平特意繞道安徽，見到了這個貌不驚人，一臉稚氣一心求改革的汪洋。

幾個月後，汪洋升任安徽省長助理，正式開始了他的高層政治生涯。

相同的事件，不一樣的結局，由此可以折射出中國改革的特殊與複雜。

一九九一年十二月二十五日，蘇聯最高蘇維埃主席團主席戈巴契夫宣佈辭職，立國六十九年的蘇聯正式劃上句號。

老大哥倒臺了。世界一片譁然，驚恐過後，西方的目光開始鎖定了中國這個昔日的盟國。

中國究竟向何處去？改革會不會因此退回到一九七八年前？這成為那個年頭所有人的疑問。

鄧小平用一次看似漫不經心的南方旅行給予回答。

「姓社姓資的爭論」，終於在一九九二年的春天劃上了休止符號。

這一年的春天，在南中國，人們發現了已經久未露面的八十八歲鄧小平的身影。鄧在南方的講話，迅速被整理成文，這便是後來眾所周知的「南巡講話」。

這一看似平常的講話，鄧小平再一次利用自己的政治威望，給已經陷入停滯不前的改革注入了新的引擎。以往的改革成果得以鞏固。它也因此成為了中國現代改革開放的一個歷史分節點。

在這次著名的講話中，鄧小平給那些保守勢力進行了警告：誰不改革，誰就下臺。

此刻，人們才恍然明白，解放日報發表的系列評論的背後，是根據鄧小平其間兩年在上海過年的講話精神整理而成。它成了南巡講話最好的注解。

那一年的秋天，中共十四大在北京召開。它的重大經濟的規劃，給了以市場為方向的改革派毫無保留的支持。

政治上的妥協，換來的是建立社會主義經濟體制被莊嚴地寫進了國家未來發展的綱領。政治體制改革成為鄧小平一生未竟的事業。

這次重要的會議，選舉了新一屆的中共領導人，江澤民當選為總書記，朱鎔基則當選為中共中央政治局常委，進入中共決策機構的最高層。

一九九三年七月一日，朱鎔基罕見地以國務院常務副總理身份兼任中國人民銀行行長。開始他後來十年的中國經濟舵手的生涯。

而此時一個顯著的背景是，通貨膨脹日益加劇。人民幣暴跌，國內經濟遭遇空前危機。以往數十年的改革成果很可能毀於一旦。

在這緊急關口，這位被西方媒體稱為中國「經濟沙皇」的朱鎔基展現了他智慧果敢的一面，迅速建立了中國貨幣制度的架構：把部分行政審批權力下放，斬斷權力借貸，控制消費市場，人民幣與美元掛鈎。

朱的方案一出臺，便遭到了包括經濟學界的一片反對。但朱鎔基力排眾議，依然用「獨裁者」的行政手段來推行他的金融新政。

緊接著，朱鎔基親自帶隊進行十七個省市的密集調研即將他力推動的分稅制改革。

一九九四年一月一日，經過和地方政府的討價還價後，影響深遠的分稅制改革正式實施。這不僅僅是一場單純的財政改革制度，其實更是一場中央和地方政治結構的一次重大調整，朱鎔基的苦心孤詣可見一斑。

中央財政吃緊，甚至到了跟地方政府借錢還不起的地步。財政收入占GDP比重和中央財政收入占整個財政收入的比重迅速下降，中央政府面臨前所未有的「弱中央」的狀態。這是一個非常危險的政治信號。正是這場財政危機，讓黨中央、國務院痛下決心——一九九四年，一場具有深遠影響的分稅制改革在中國拉開了序幕。分稅制的實行，使中國的財政秩序為之大改，中央財政重獲活力。

按照分稅制改革方案，中央將稅收體制變為生產性的稅收體制，通過徵收增值稅，將百分之七十五的增值稅收歸中央，而地方只能獲得百分之二十五的收益。中央政府負責國防、外交、轉移支付、戰略性開發等預算開支，而地方政府則負責提供普通教育、醫療等公共服務。

到二〇〇三年，朱鎔基卸任國務院總理，分稅制實施十年，財政從一九九三年的四千三百四十九億元到兩萬一千七百一十五億元，增加了近四倍。

這一年，安徽文學院的一對夫妻作家出版了一部轟動全國的《中國農民調查報告》。文中以安徽為例，直指剛剛卸任的朱鎔基力推的分稅制度，書中認為，正是分稅制度的改革，使得中央財政集權加大，而造成地方政府弱勢，最後地方政府乾脆把負擔在轉移到農民頭上。

經過了八年的沈默後，二〇一一年四月二十二日，朱鎔基選擇在清華大學百年之際帶著這本備受爭議的書來到了自己的母校給予了批駁。這位昔日的大國總理用二〇一〇年的財政資料做了解釋。他說：二〇一〇年全國財政收入八萬三千億，其中地方直接收入四萬億，中央返回給地方財政三萬三千億，算下來中央財政收入也就是一萬五千九百億。中央只占到總財政的百分之二十左右，而在九二年和九三年，中央財政還占到總財政的百分之二十八和百分之二十七。無論怎麼算，還是地方占大頭。

改革者的功績不能單純的依據當時時人的言論與行為來評判，只能交給結果與歷史。

歷史後來給了這位大國「經濟舵手」新政最公正的檢驗。

一九九七年，亞洲金融風暴呼嘯而至，整個亞洲哀鴻遍野，唯獨中國避開了這場金融災難。

那些當初反對者們後來不得不面對這樣一個事實，正是在朱鎔基主政經濟時期，中國創造了多項經濟奇蹟。

「他對了。我錯了。」當初批評朱的人們，紛紛以這樣的開場白向為中國經濟嘔心瀝血的這位總理致敬。

他改變了中國

一九九七年二月十九日，九十三高齡中國社會主義改革開放和現代化建設的總設計師鄧小平在北京逝世。

一九九七年三月三日。《時代》週刊再次選擇了鄧小平一張年輕時期的照片，作為向這位尊敬的一代政治家告別。

封面上的標題是：「下一個中國」。鄧的繼任者能否把中國變成一個為世界所接受或喜歡的超級力量。

中國的老朋友兼老對手美國前總統克林頓說：鄧小平是世界舞臺上的傑出人物，中國今天在國際事務中發揮著重要作用，在很大程度上是因為鄧先生決定使他的國家對外部世界開放。他推動實行了中國具有歷史意義的經濟改革計畫，從而大大提高了中國人的生活水平，並使這個國家在很多方面實現了現代化。

一個時代終結了。

二〇〇八年的七月，一直關注鄧小平發動的這場偉大改革的美國著名經濟學家諾貝爾經濟學獎得主科斯，在芝加哥大學召集了一個世界級的關於「中國改革開放三十周年的研討會」。

改革也是一次重大利益的調整，也是交易成本與產權的重新界定。按照科斯的理論，鄧小平成功的把科斯定律，創造性的運用到中國特色的改革大業中。

也就在這一次的論壇上，當年在廣州研究中國的那個年輕人，已經是著名學者的張五常在他提交的《中國的經濟制度》一書中這樣宣稱：中國人在改革開放以來創立了「人類歷史上最好的經濟制度」。

九十八歲高齡的科斯在論壇結束時，用他那微弱的聲音這樣說到：我將長眠，深深的祝福中國。

這一天，所有人把讚譽都給了已經離世十一年的「人民的兒子鄧小平」。

【知古鑑今】

呂日周：沒有一把手幹不了

自從風起雲湧的改革一線舞臺上退下後，呂日周這個名字就很少再見諸報端了。

這不是媒體的喜新厭舊，而是呂日周的政治智慧。

縱觀呂日周所攪起的改革風雲，都是他在地方任「一把手」的位置上發動的。他有一句著名的話：「沒有一把手幹不了。」

但是，在太原，無論是在經濟體制改革委員會的十年，還是到了政協後，呂日周都主動「冷卻」了。

改革在中國始終是一個熱點話題，因此，呂日周從來不缺媒體的追訪。但是，他卻極力避開媒體。

用他的說法，他從不公開抱怨。他深知，離開了「一把手」位置，離開了權力的中心，已經沒有了施展抱負的平臺，任何抱怨都不會對改革產生影響，反而會惹禍上身。

當然，呂日周並沒有閒著，現任山西省改革創新研究會會長、山西省政協原副主席的他，每時每刻都在觀察著中國的改革動向。「我以前是參與、推動改革，現在是研究改革，給改革實際操作者提供一些支持和參考。」「有實權幹大事，有虛權幹實事，沒權幹好事。我現在幹的是實事和好事。」

對於中國另一位極具爭議的改革人物——現在昆明主政的仇和，呂日周十分關注，已多次造訪昆明。而對於其他一些在改革中具有爭議的地方，呂日周也是十分地關注，往往是親赴此地進行調研。

然而，由他依靠輿論而在長治發動的一場影響深遠的改革，他卻在一份總結仇和昆明新政中，對媒體提出了異乎尋常的批判。他究竟怎麼了？

沒有見過呂日周的人，很難想像，他只是一介尋常書生。

二〇〇三年二月二十六日下午，在全國「兩會」召開之前，《南風窗》雜誌社與北京大學政府管理學院聯合主辦的「黨的執政方式轉變研討會暨『長治實踐』座談會」在北京大學英傑學術交流中心召開。

無論是在與會者高度讚揚他的勤政親民舉措的時候，還是在專家就呂日周式「人治」之得失、「管官」與「管民」孰輕孰重等問題展開激烈爭論的時候，已經離開長治、升任山西省政協副主席的呂日周都默默無語，寵辱不驚。輪到他發言時，他立論的平和、態度的謙遜，很難讓人把這個戴著厚眼鏡的老實人與那個在長治叱吒風雲的改革官吏聯繫起來。

轉眼到了二〇〇九年。這年十月十四日，呂日周在昆明飯店丹霞宮講課。貴賓席上的中國風水協會主席陳帥問呂日周：你對人生有遺恨麼？

呂日周沒有正面回答，他知道陳帥想問什麼。

事實上，自離開長治後，呂日周就很少在公開場合談論他的改革，更從不談自己的仕途。

原平縣縣委書記；朔州市市長；長治市市委書記。

這是呂日周仕途生涯中擔任過的三個重要職位。巧的是，呂日周赴任時分別為一九八〇年代、一九九〇年代與二十一世紀，貫穿於中國改革開放三十年中最重要的三個時間節點。

在這起伏的人生旅程裏，圍繞他所引發的話題，似乎也折射出中國改革開放歷程的一個縮影。

原平一顆耀眼的改革新星

一九六九年，正值新中國動盪激烈的時候，從山西大學中文系畢業的呂日周放棄了省重工業廳當領導秘書的機會，被分配到了工廠，當普通工人。

放棄這樣的仕途之路，呂日周並不後悔：「我這個人，當秘書不行，當秘書我就要聽別人的話，不能發揮我自己的大腦了。」

從一開始，呂日周就給自己的人生定了目標：無論幹什麼，都首先要做一個堂堂正正的人。

一九七八年是二十世紀七〇年代的第九年，屬於七〇年代末期。這一年對於中國具有劃時代意義的轉捩點。中國在這年成功撥亂反正，舉行了十一屆三中全會，並且開始了改革開放和社會主義現代化建設的新時期。堪稱是二十世紀中國第三次歷史劇變發生的一年。

也就是在一年，呂日周被調到省委農工部。就是在這個崗位上的出色表現，為呂日周的脫穎而出奠定了基礎。他每年有三分之二的時間沉在基層，最多的一年下鄉三百二十天。

就是在這樣的大背景下，一九八三年，已經積聚眾多農村經驗的呂日周被破格安排到全省惟一的改革試點縣、也是當時最為貧困的縣份之一的原平縣當縣委書記。

這一年，呂日周三十八歲。

到任伊始，呂日周就按照在山西省委農工部養成的老習慣，開始了調查研究。他下工廠，去企業，走訪學校，並跑遍全縣六百二十五個村子。這些扎實的調查讓他摸清了基層的情況，接下來就是發力了。

原平縣一九八四的「三幹會」（每年春節後召開的縣、鄉鎮、村三級幹部會）被叫作「發財大會」。這個看似「很俗」的名字在當時的語境下也是不可想像的，但它對一直過著苦日子的人們來說，無疑又有著很強的現實吸引力。

會議以自費、自願、自便的改革方法吸引了大批工人、農民參會，也就是在這次會上，原平縣委縣政府做了「政府搭台，群眾唱戲」的決定。

他如履薄冰，因為他明白一個道理：在中國，最難當的是模範。

當原平縣的改革一出名，很多人前來參觀學習時，他就非常害怕，在縣招待所門口貼了幾句話：山西省的典型都經過這樣三部曲：一是自生自長，樹立榜樣；第二是隱惡揚善，大力宣傳；第三步是問題成堆，牆倒眾人推。比如大寨、西溝都是這樣。

事實也證明，呂日周的擔心並非空穴來風。他火熱的改革，不但沒有帶來飛黃騰達的官運，反而遭受前後六次、長達五百多天、級別甚至直達中央的調查。

就在他大刀闊斧改革的同時，揭發材料和信件雪花般送往上級部門。

在《長治，長治》一書中，呂日周說：「有人開始挑撥地委主要領導和我的關係……後來因為改革的衝突和種種複雜原因，先後派出一百來人開始查我……」

最終，中央工作組下了文件，對呂日周的工作給予肯定，呂日周避免了下臺的尷尬。

可以說，呂日周在原平的幾年，正是中國改革開放爭論最為激烈的幾年。呂日周的最終涉險過關，也是中國改革開放事業的涉險過關。

意外折戟朔州

一九八〇年代中期，在中國改革開放總設計師鄧小平的親自撮合下，由阿曼德・哈默所領導的美國西方石油公司，在山西省平魯縣和朔縣境內開發一座年開採能力為一千五百萬噸的露天煤礦，稱「平朔安太堡露天礦」。之後，隨著露天礦的建成投產和廣大建設者的生活需要，經國務院批准，一九八九年一月，朔州市正式成立。

新建的朔州擔負著內地改革開放試點的重要任務，需要一批具有改革開放意識的幹部。在這樣的背景下，已在山西省忻州地委委員、原平縣委書記任上的六年的呂日周進入組織部門的視線。

一九八九年初，呂日周調任朔州市委副書記、朔州市政府籌備組組長。

對於新崗位，他躊躇滿志：「說心裏話，朔縣，平魯，山陰，這三個小縣對我是陌生的。但我無法忘記小平同志批建朔州時指出的宏圖大略。我們不能不看到，在全國改革開放的大局上，這不僅僅是黨中央對一個內陸地方的關注，更重要的是給了這個塞外地方一個重大機遇呀。」

一月九日，朔縣政府的東配樓上，十三位幹部聚在這裏開會。他們就是新建市朔州市市委常委成員，這個會就是朔州市的第一個會議。在這個會上，呂日周第一次發表了他的建市理想。

在原平「政府搭台、群眾唱戲」的基礎上，呂日周提出了「小政府、大社會」建市模式。他說，作為新建市要有好的開端，別的市幹部就有一萬多人，朔州想用一百幹部就把活都幹了，這樣大大提高政府的辦事效率，避免人浮於事。

其實在原平任職時，呂日周就致力於精簡黨政機關人員，在這個擁有四十多萬人口的縣，到一九八九年初他離開時，縣級黨政機關幹部已精簡為五百三十人。

他還提出了「治市五策」：改革治市、廉政治市、民主治市、文明治市、從嚴治市。

而這一切，要數更新人們的觀念為最要緊！

呂日周呼應鄧小平「中國內地要再建一個香港」的號召，提出「這個第二香港要建在朔州」的口號。

為了建設一個「至少二十年不後悔」的新市，呂日周與哈默經過磋商，形成一個約定：美國西方石油公司捐資一千萬美元，建設朔州市區；朔州市在中心位置為哈默塑一座銅像。呂日周還多次表示，要把那能夠激發巨大力量的「事在人為，市在人為」八個字，刻在一塊石頭的正背兩面，和哈默的銅像一併豎立在新建市區。

呂日周的「香港呼應」和「銅像約定」，引起朔州人民最大的期望與興奮。

但就在這個時候，一道調令從古城太原發到新建市朔州：呂日周在張莊鄉的下鄉路途中被撤去朔州市長一職。

在此後的不久，由於中國改革開放氣候的變化，中美合作平朔安太堡露天煤礦也一度陷入僵局。

呂日周在朔州工作僅十四個月就被調離，成為他個人和朔州乃至山西政治史上的一個特例，被稱為「雁門懸念」。

長治再掀風暴

連呂日周自己都沒有能夠想到，他還有再次出山的機會。

二〇〇〇年的初春，長治街頭還是一片冬日的蕭條，已經在官場沉寂十年之久的呂日周上任。

屈原在名著《離騷》中有一段令人心碎的感慨：

> 汨余若將不及兮，恐年歲之不吾與。朝搴阰之木蘭兮，夕攬洲之宿莽。
>
> 日月忽其不淹兮，春與秋其代序。惟草木之零落兮，恐美人之遲暮。

與屈原相比，呂日周無疑要幸運得多，但從他那種把自己「豁出去」也在所不惜的非常心態中，人們還是分明看到了他的幾分「英雄遲暮」之氣。

十年時間雖然沒能磨平這位業已面臨退休年齡官員的改革志向，但留給他的時間已經不多。於是，從上任始，他就在長治颳起一場「一星期太久，只爭朝夕」式的改革之風。

最終，呂日周行走出一條令人難以置信的政治之路：以「壓縮餅乾式」的硬性方式強行變革，留下了整治官吏的官場「惡人」形象；塑造了毫不手軟的為官、治民形象。

從上任第一天起，呂日周就以慣有的「呂氏風格」在長治市發動了一場前所未有的變革「實驗」，而呂日周本人，則走出一條令人難以置信的政治之路，一份《長治日報》把「呂式」輿論監督發揮得淋漓盡致，也把呂日周推到了爭議的浪尖峰頂。而長治，則在這種持續的爭議底下，「大部分工作在全省都是第一」。

然而，現實中的呂日周充滿爭議。「得了民心失去了官心」、「呂日周是個人英雄主義」、「已過知天命之年，仍然是個不成熟的政治家」。

當然，並非呂日周「政治不成熟」。正是因為他太「成熟」了，所以知道留給自己施展抱負的時間已經不多。對他而言，既然以前就不憚於為改革付出代價，現在反正快到「五十九歲」了，再不奮力一搏更待何時？再付一次代價又何懼之有？

外界對呂日周的改革有兩條很大的意見：一個是急躁，一條是批評人很嚴厲，不講究方法。

事實上，呂日周知道自己有這兩條缺點，也知道自己還有別的缺點。「我有時候確實很著急，但我覺得中國不著急的人是太多了，你不急辦不成事，所以我常急；我批評人不講究方法的時候很多吧，你看現在該批評的問題、該批評的對象有多少？別人又都不去批評……」

呂日周一急，十幾年辦不成的事情，他三天就辦成了。

這就是一把手的威力，呂日周深諳此道，而不是急與不急的問題。

呂日周在長治的改革，出手最重的依舊是他拿手的好戲：治吏。

他首先撤掉市委把門的警衛，把市委機關建成一個公園，任何人都能夠自由進出。

其次是公開。在山西，呂日周有一個響噹噹的稱謂：「呂公開」。因為他在長治提出了一個響噹噹的口號：「縣、鄉、村書記抓公開，誰不公開誰下臺！」「所有幹部，特別是處級以上黨員幹部，都要自覺地向人民群眾交賬，主動讓人民群眾來評判你、裁判你、選擇你。」

對於治吏，呂日周曾杜撰了一句話：「人之初，性本私；人之初，性本懶。」所以，對於黨員幹部，呂日周的做法就是，提更高的要求，讓他過關。如果他達不到要求，不能過關，就不能當幹部。

因此，有人批評說，呂日周最擅長的就是「人治」。

但呂日周不這麼認為：民主集中制是黨的生活制度，我們特別強調一把手的率先垂範，在推進民主法治的過程中，也要強調一把手的帶頭作用。我特別強調不能把領導幹部的帶頭作用和「人治」混為一談。重要的是避免「不治」和「沒治」。我認為只要一把手想解決的問題，沒有解決不了的。

事實也證實，呂日周的所作所為，都符合黨和國家對幹部的要求，都沒有超越法律的界限。呂日周的改革既沒有離經叛道，更沒有另起爐灶，他不過是捅破了一層「窗戶紙」，做了許多官員該做而沒做的事情。那些官員如果還承認自己是在共產黨執政的黨政機關裏為官作宰，就應該懂得呂日周改革的「原教旨意義」（用呂日周的話說，是要「解決幹部脫離群眾的最大危險，帶領幹部重新回到人民中去，發揮中國共產黨最大的政治優勢」），就不應當對他的做法產生什麼公開性非議。

這就不難理解：為什麼那麼多「一把手」在搞「人治」，卻為何偏偏讓呂日周成了「出頭的椽子」，成了「備受爭議」的人物。

也正是這一點，將呂日周與那些嚴格恪守所謂「官場遊戲規則」的人區分開來，使他成為官場中的一個「異類」。

呂日周明白，在中國的現實中，「有爭議往往就是一種否定，『太平官』什麼事都不幹，反而往往能夠升遷」；因此他雖然相信也希望自己的改革「能夠被上面認同，但是也做好了萬一不被認同」的準備。

從這裏也能看出，呂日周並不是「政治不成熟」。

事實是，和他在原平時一樣，從一開始，就陷入被舉報的漩渦，打擊可謂方方面面，甚至有人在美國的網站上撰文攻擊他，內容更是五花八門。

對於呂日周來說，二〇〇一年的春天就是一個坎。這是黨內的一次考察，對於某些耿耿於懷的人來說，這自然就是個機會了。所幸的是這一次呂日周沒有半途而廢——呂日周承認，當年在朔州被免職，就是受到了官場「潛規則」的懲罰。

此時的改革氣候已經完全不同，從中央到地方，改革成為一個共識。

二〇〇三年一月二十五日，呂日周當選為山西省政協副主席，這樣的結果出乎許多人的意料。

在長治的時候，呂日周並沒有想自己的退路。他很清楚，以他的做法，得到提拔的機會微乎其微。

對此，呂日周認為自己是幸運的。

呂日周不是唯一受爭議的官員，但下場算是比較好的。

原湖北省黃石市河口鎮黨委書記董陽、原安徽省利辛縣委書記夏一松、原湖北省監利縣棋盤鄉黨委書記李昌平等，也都被冠以「改革英雄」的稱號，但他們最終卻在重重阻力之下或調離、或免職、或辭職。

與他們相比，呂日周的下場應該說是最好的。

分析原因，可以發現，呂日周雖然深諳「一把手」的權力之道，但卻並不是一個蠻幹的官員。

中國的改革者要想不被打倒，至少必須同時具備三個條件：

第一，自己的屁股絕對乾淨，不占不貪，不犯生活作風錯誤，讓人抓不著一絲一毫的把柄；

第二，要有自我犧牲精神，要捨得頭上的烏紗帽；

第三，改革態度要堅決，但具體做法要穩健，要努力爭取群眾和社會的支持。

董陽、夏一松、李昌平等人具備了前兩個條件，但在第三個條件顯然注意不夠。

無論是在原平，還是在長治，呂日周治吏都很嚴，但他並未發動大規模的反腐敗鬥爭，也從來沒有超越「一把手」的範圍，以「非常規手段」（如上書中央領導）招致上級不滿。

呂日周剛到長治時，也碰到很多「跑官」的人。對於這些人，呂日周不是直接喊紀委直接審查這些官員，而是拒絕後了事。他說：他們這樣做，也是某種不良風氣薰陶的結果。有時候，還是「逼良為娼」，給逼出來的。

這些官場「潛規則」，非呂日周能力所及，他不想把過多的精力放到不能辦的改革上去。

呂日周只是最大限度地發揮了屬於他的「一把手權利」。

從另外一個方面，也可以看到呂日周的政治智慧。在原平、在長治，呂日周敢說敢當。但是，在太原，無論是在經濟體制改革委員會的十年，還是到了政協後，呂日周都主動「冷卻」了。

他深知，離開了「一把手」位置，已經沒有了施展抱負的平臺，任何抱怨都不會對改革產生影響，反而會惹禍上身。

二〇〇五年三月二十九日下午，山西省長治市政協成立五十周年慶祝大會隆重開幕，呂日周與會。這是他在調任省政協副主席後首度在長治市公開露面。但在開會期間，呂日周沒有任何發言。在長治新聞網上有一張照片，呂日周只是在主席臺上靜靜地坐著，沒有喜，也沒有哀。

長治顯然在他的從政生涯裏有著銘心刻骨的位置，但是，他知道，此時自己已經不再是可以改變這裏的「一把手」。

呂日周要做的不是「海瑞」般的清官，而是「張居正」般的實權改革家。

呂日周說，人人都說他是李向南，但並不認同這種見解。

他曾跟《新星》一書作者討論過，李向南好的一面是深入基層，深入群眾，給老百姓解決實際問題；不足的是，他觸動機制、觸動體制的活動少。光當清官，解決不了當代中國的現實問題，所以註定了李向南的改革是以悲劇收場。所以，包括現在的電視劇，光從「反腐」方面來塑造黨員幹部形象，這是不夠全面的。「反腐」只是黨員幹部工作的一個方面，他最主要的工作是解決體制、機制問題。因為，一個地區的「窮病」和「懶病」主要就是由「體制病」和「機制病」造成的。

對於有人擔心呂日周離開長治後，他的改革成果將付之東流。呂日周有自己的見解：也許會有些反彈，但不會回到老路上去的。我相信，長治的變化就是人心的變化，是體制、機制、作風的變化，這是最根本的。長治改革的方向是不會變的。

對於自己的改革，呂日周這樣說：

> 一次，在棒槌島上看海潮，潮水湧上來，看起來那個力量似乎能改變一切，但是退下去以後呢，什麼變了？什麼都沒有變，但是你能說什麼都沒變就不要海潮了嗎？正是千百年來海潮一浪一浪地推動，海岸線變了，石頭變了，一切都變了。但必須是千百次地、成千上萬次地衝擊、不斷地衝擊。那我就願意作為一個浪頭，寧可碰得粉身碎骨，我就這麼衝它一下子。

二〇〇六年一月二十日，江蘇省人大十屆四次會議閉幕，四十七歲的中共宿遷市委書記仇和以五百四十一張的高票，當選為江蘇省人民政府副省長。

一月二十五日，時任山西省政協副主席呂日周向仇和發出賀電：

「從網上得知您榮升副省長，我們十分高興」；「您的榮升，是敢於吃苦、能幹事情、自主創新的結晶；是時代進步、認識提高的標誌；是人民支援、組織認同的成果」。

此時，距呂日周離開長治已近三年。

呂日周給仇和發去的賀電，凝聚了極為複雜的情感。

現在，一位幾乎同樣毀譽參半的市委書記可以當選副省長，在呂日周看來，這實在是一件值得慶賀的事情。

二〇〇四年七月十四日，呂日周曾趕赴宿遷會晤仇和，兩位「改革明星」做了深入交談。呂日周看到了江蘇省委為這個年輕地級市提供的特殊政策環境，他對仇和說，你的運氣比我好。

在呂日周發出賀電的第二天——二〇〇六年一月二十六日——仇和就給予了回覆。電文很長，措辭認真。當時，仇和還沒有到省裏工作，所以，他一方面以個人名義，一方面「代表中共宿遷市委、宿遷市人民政府」，對「長期關注宿遷、關心宿遷、關愛宿遷，給了我們巨大的鼓舞和鞭策」的呂日周表示了「誠摯的謝意」。

在離開長治去省城赴任的那一晚。

曾經有著作家夢的呂日周寫了一首〈十六字令・雪〉：

雪，
空中亂舞想成鐵。
聞雞啼，
電線排麻雀。
雪，
枝條斜掛冰淩結。
傷蓓蕾，
花開要帶血。
雪，
落到沃野蹤跡滅，
蒼白處，
山道彎如月。

附錄

與吳思對話

中國五千年歷史其實就是一部改革史。

古往今來，無數的改革者在改革的道路上前仆後繼。

且不說中國歷史早期那些不自覺的社會變革和後來數以百計的中小型改革，僅是那些影響巨大的改革運動就有十幾次。

在春秋戰國時期，各國的變法運動此伏彼起，一浪高過一浪。秦始皇統一後的革故鼎新，氣魄大、影響更大，以郡縣制取代分封制，澤被千秋。漢武帝的「罷黜百家，獨尊儒術」以及鹽鐵專賣等舉措，影響之深遠何止一二千年？王莽改制，本擬挽救社會危機，卻以轟轟烈烈始，以身敗名裂終。北魏孝文帝改革，既顯示出少數民族出身的改革家的卓越風采，又反映出即使帝王帶頭棄舊納新也會碰到層層阻力。北宋的「慶曆新政」，透露出一家哭還是萬家哭的矛盾與隱秘；王安石變法，其是非功過至今眾說紛紜。當封建帝國的君臣們驕傲自滿、閉關鎖國之時，世界風雲卻在不斷變幻，西方資本主義列強的大炮一次又一次地轟擊進來。於是，被動挨打的古老帝國踏上艱難曲折的近代化改革歷程，神州大地出現了前所未有的「洋務運動」、「戊戌變法」等等。

一部中國改革史，既有成功的歡呼，又有失敗的慘痛，無論何時何地，改革、變法都不是一件輕而易舉的事情，除舊佈新往往需要克服各種阻力，要經過艱苦的鬥爭，甚至要付出巨大代價。

但是，究竟怎樣改革才能成功，怎樣改革會導致失敗？

這是人們竭力探求而又不易搞清的大問題。為此，才有了和著名歷史學者吳思先生的這次對話。

傅野：縱觀中國歷史上的改革，我們發現，無論是從商鞅到王安石，還是到張居正，亦或是戊戌變法，這些改革大多失敗了。而伴隨著失敗而來的改朝換代，最終卻成功了。是否可以這樣理解，在中國歷史上，要創新制度是不行的，推翻卻是可以的。接受推翻而不接受改革，是什麼原因呢？

吳思：我們不能簡單的用「成功」或「失敗」來評斷這些改革的成效。比如張居正，他在位時推出的「一條鞭法」等改革措施，當時是很受君主的推崇，而張居正本人也因此獲得了君主的重用，位高權重。雖然張居正身亡之後，其改革措施（除「一條鞭法」外）被明神宗廢而不用，他本人也遭誣劾而被削官奪爵，但到萬曆末年，人們依然認識到改革的益處。因此，可以說張居正的改革非常成功，我們不能簡單的因為改革者個人受到不公正待遇，而將其改革評價為失敗。王安石變法和戊戌變法等也是如此。

而朝代的更換，可以看著是一個暴力集團打天下的過程。

事實上，中國歷史上打天下爭江山取勝的，往往是具有血緣集團優勢的。麻煩的是，血緣集團一旦取得了江山，一代一代的向下分封，越往後血緣關係就越來越鬆散，而且人也越來越窩囊，因為不是淘汰競爭出來的，而是按照血緣繼承下來的。

商鞅變法立了二十等爵位，可以清晰地看出來是一個暴力激勵機制。從一等升到二十等，斬敵一個首級，爵位升一級、分田一百畝、宅基地五畝。到第二十級的時候就是封侯，就是一個小君了。這種制度同時規定，以前所有的封建貴族爵位無法往下一代傳，必須有功才能繼承，無功無法繼承。

但是，原本封建制度下就是要世襲的，如果說不許、禁止，會遭來多大的反對意見？能不能活著出來得享天年都很成問題。商鞅就是這個結果，被車裂而死。誰擋這條路是要冒很大的風險的。最明顯的例子就是吳起，吳起說咱們別一代一代往下傳，三代終止行不行？不行，有的已經傳到第三代了，這等於奪了人家的爵位，這不就得罪了整個楚國的貴族？所以王一死，吳起立刻就被追殺了，伏在王屍上被人用亂箭射成刺蝟。

所以，簡而言之，封建主義是暴力集團打天下的激勵機制，一旦成功了也按照這個來分配財富。但是分配下去也有長期的弊病，一代不如一代，還有一個大弊病，分封的王和侯都有自己的軍隊，標準的封建制度是上面有一個王，王下面有大批的公，每個公都有自己的軍事體系、行政體系、稅收體系，是一個完整的體系，它下面再細分。比如說三家分晉，晉侯本來就已經很牛氣了，有自己的一套體系，但是他下面的三個大夫，每個都有自己的行政體系、軍事體系和稅收體系。三家分晉就是《資治通鑒》第一篇的第一個紀事，從此中國進入一個新時代。原來的規則體系改了，周王居然承認了他們，封他們為侯，分三個大夫為侯，整個規則體系就破壞了，進入了暴力競爭的時代。下面小的暴力體系的實力一旦超過了上面的暴力體系，就有可能推翻上面的暴力體系。就是說封建體系內部有一個暴力均衡，這個暴力均衡一旦破壞，天下就會很亂。春秋戰國就是暴力集團的均衡不斷破壞不斷重建的結果。

傅野：當代也有不少改革者，但這些改革派官員的結局往往令人惋惜。如曾是內蒙古卓資縣縣長張楚、河北無極縣縣委書記劉日、山西原平縣委書記、長治市委書記呂日周，如今都已被廢黜；現山東省省長助理陳光、中共綿陽市委副書記張錦明、湖北社會科學院院長宋亞平，是因當初的基層改革而得到保護性提拔，但歷經「險惡」他們有種疲憊和淡然；而剩餘一批如仇和、王曉樺等改革的堅守者們，也依然頂著很多壓力，帶著「爭議」的帽子。您如何看待這些當代改革者遭遇的命運？這是種必然嗎？

吳思：他們都是改革浪潮中的個案，我們不能因為他們的個人命運，而歸納出「所有改革者都沒有好下場」這個結論。事實上，只要我們找到一個成功的改革者，這個結論也會不攻自破的。

而一個改革者在決定是否進行改革之前，其自身也是經過利害計算的，比如改革的成本、改革可能遇到的阻力、改革後的收益、自身的名譽等等。

傅野：失敗的改革，是否都存在某些共同的原因呢？這是否與改革者必須擁有絕對權力有關？而改革者的身份，對改革是否成功，是不是也有著一定的影響？

吳思：改革失敗的原因，包括很多因素。比如改革的策略、改革的步驟、改革者的地位與許可權等等。其中，還有重要的一點是當權者對改革的利害考量，如果當權者認為改革是利大於弊，那麼改革措施就可能會順利的實行下去，反之亦然。而成功的改革，必須是自上而下的，即便改革措施是從下面徵集上來的，最終實施依然需要自上而下。

由於中國的歷史特點，中國改革主導者始終是官方，未來的改革要繼續推進，就需要執政者有大擔當。如果中國政權自上而下都勇敢地為國家做出這個擔當，中國未來會有一個非常喜人的變化，我希望這種局面出現。

傅野：您在〈論中國政治體制改革的動力〉一文中指出，溫和而平穩的政治體制改革是可期的，關鍵在於向民間借力。您覺得這種借力，應該走哪些具體的途徑？

吳思：首先要拓寬基層、民間和弱勢群體的表達通道。網路和各種媒體不僅可能，而且應當滿足人民群眾的聲音。在世界媒體峰會開幕式上，胡錦濤主席強調，中國政府鼓勵和支持中國媒體貼近實際、貼近生活、貼近群眾，在弘揚社會正氣、通達社情民意、引導社會熱點、疏導公眾情緒、搞好輿論監督和保障人民知情權、參與權、表達權、監督權等方面發揮重要作用。這正是媒體管理改革的方向。

近幾年，在很多人的印象中，與政治有關的各種媒體，卻是越來越成為體現領導意圖和下達上級指令的單聲道。輿論營造至此，真正想推進黨內民主的領導人，恐怕也會產生孤立無援之感。當然，發表言論必須要有規範，對改革者要給予一定的寬容。多理解，多換位。但規範必須有法，法律必須保障民眾的知情權、表達權和監督權。

其次是放寬對民間組織的限制。一盤散沙固然不能成事，但也難以進行低成本的有效自治，難以開展建設性的對話和互動，難以抵抗腐敗。一旦有事，人人都可以不負責任，容易過激，變本加厲地破壞秩序和穩定。

再次是擴大基層選舉。村級選舉已經推行十多年，鄉鎮和縣級也該開始試點了。如果進展順利，可以繼續推進。如果進展受挫，可以及時總結經驗教訓。想像起來，局部基層的試點無關大局穩定，來自既得利益集團的阻力也比較有限，應該是碎步前進的理想起點。

另外，還有司法，司法怎麼擺脫行政的約束，相對地獨立於行政等等。

溫和而平穩的政治體制改革是可期的，因此，應該有一個日程表，這樣就可以讓全國人民團結在一個新的目標之下，在一個新的旗幟之下，同心同德，建立一個新的公民權利社會。

傅野：一八四〇年以降，中國遇到了千年未遇的大變局。一個現象則是知識份子參與社會變革幾乎都以失敗而告終，這當然有體制的原因，但知識份子本身是否也存在一定的局限？一方面，經過了洋務運動，戊戌變法，辛亥革命，五四運動等，知識份子已經退守到了中國傳統文化思想的邊緣，失去了具有民族特質思想的土壤，遠離了傳統的政治話語權，另外又一方面，他們又無法真正突破進入西方主流政治思想的陣地，從而從週邊來真正影響中國的政治生態。兩邊都不靠，導致了知識份子在國家政治生態建設上面高不成，低不就的尷尬處境。

吳思：作為知識份子，既要保持獨立性和批判性，更應當有建設性。要盡可能從現有體制內部實現和平轉型。既要大膽揭露和批判公權的腐敗方面，也要善意維護政府善治的權威。政府和民間良性互動，穩步演進，是建立新的政治體制的最好途徑。

在中國這樣的大國，進行政治體制改革是有風險的。為了把改革造成的震動控制在社會可以承受的限度以內，必須穩妥。

所謂穩妥，就是不能過於激進，不能過於急切。所謂激進，就是改革方案脫離現實太遠；所謂急切，就是改革的時間表安排得過於緊迫。

中國近百年來吃激進和急切的虧太多了。激進和急切可能使社會失控。一旦社會失去控制，處於無政府狀態，專制者就會應運而生。因為專制是結束混亂、建立秩序最有效的手段。那些不堪忍受無政府狀態的老百姓，就會像歡迎救世主一樣歡迎專制者。

如果是這樣，中國就會墮入暴民和暴政相互交替的惡性循環。

在當下，知識份子應當更多地擔負起啟蒙者的角色，而不是破壞者的角色，只有這樣，官方和民間的良性互動，才有可能建設成一個民主的憲政理想國。

（感謝徐陽協助整理本稿）

吳思：學者，媒體人。著有《潛規則》、《血酬定律》等。

傅野：學者，媒體人。著有《大危局》、《民國情事》等。

主要參考書目

《中國人史綱》，柏楊著，山西人民出版社。
《王安石》，鄧廣銘著，陝西師範大學出版社。
《中國改革30年》，張維迎主編，上海人民出版社。
《歷史的拐點》，馬立誠著，浙江人民出版社。
《蘇東坡傳》，林語堂著，百花文藝出版社。
《王安石傳》，梁啟超著，陝西師範大學出版社。
《中國大歷史》，黃仁宇著，三聯書店。
《張居正大傳》，朱東潤著，東方出版社。
《萬曆十五年》，黃仁宇著，中華書局。
《鐵血首輔張居正》，樊樹志等著，上海文化出版社。
《明朝帝王師》，熊召政著，紫金城出版社。
《袁崇煥傳》，閻崇年著，中華書局。
《美國與中國》，〔美〕費正清著，世界知識出版社。
《變化社會中的政治秩序》，〔美〕亨廷頓著，上海人民出版社。

《偉人與偉國》，〔德〕赫爾默特・施密特著，海南出版社。
《中國的經濟制度》，張五常著，中信出版社。
《鄧小平最後一次南行決斷》，田炳信著，新華出版社。
《中國做對了什麼》，周其仁著，北京大學出版社。
《改革開放的偉大實踐》，田紀雲著，新華出版社。
《帝國的回憶》修訂本，鄭曦原編，當代中國出版社。
《治理中國》，〔美〕李侃如著，胡國成、趙梅譯，中國社會科學出版社。
《法拉奇：向世界投不信任票》，羅海岩著，新華出版社。
《朱鎔基答記者問》，人民出版社。
《鄧小平文選》三卷本，人民出版社。
《知識份子與現代中國》，〔美〕格里德爾著，廣西師範大學出版社。
《大國悲劇》，〔俄〕雷日科夫著，新華出版社。
《咸安政改》，宋亞平著，湖北人民出版社。
《交鋒》，淩志軍等著，湖北人民出版社。
《法治理想國》，〔美〕周天瑋著，商務印書館。
《通往奴役之路》，〔英〕哈耶克著，中國社會科學出版社。
《國富論》，〔英〕亞當・斯密著，上海三聯書店。

《貨幣通論》，〔英〕凱恩斯著，人民日報出版社。
《人類群星閃耀時刻》，〔奧〕茨威格著，武漢出版社。
《大國的興衰》，〔美〕甘迺迪著，國際文化出版公司。
《大國興亡錄》，〔美〕愛米蔡著，新世界出版社。
《幽暗意識與民主傳統》，〔美〕張灝著，新星出版社。
《資治通鑒》四卷本，司馬光著，岳麓書社。
《資治通鑒續編》四卷本，岳麓書社。
《山雨欲來》，許紀霖等著，上海書店出版社。
《1898》，馬勇著，江蘇人民出版社。
《當知識份子遇到政治》，〔美〕馬克里拉著，新星出版社。
《自由及其背叛》，〔英〕伯林著，譯林出版社。
《中國政治思想史》，蕭公權著，新星出版社。
《論革命》，〔美〕阿倫特著，譯林出版社。
《該中國哲學登場了》，李澤厚等著，上海譯文出版社。
《行為糟糕的哲學家》，〔英〕羅傑斯等著，新星出版社。
《蘇共亡黨十年祭》，黃葦町著，江西高校出版社。。
《李鴻章與晚清四十年》，雷頤著，山西人民出版社。

《走向革命》，雷頤著，山西人民出版社。
《李鴻章傳》，趙焰著，廣西師大出版社。
《辛亥：搖晃的中國》，張鳴著，廣西師大出版社。
《歷史何以自此》，雷頤著，山西人民出版社。
《袁氏當國》，〔美〕唐德剛著，廣西師大出版社。
《一個日本記者筆下的袁世凱》，清史編撰委員會，天津古籍出版社。
《華爾街》，中央電視臺主編，中國商業出版社。
《公司的力量》，中央電視臺主編，山西人民出版社。
《晚清變局與民國亂象》，南方週末主編，北京工業大學出版社。
《激蕩三十年》（上下冊），吳曉頗著，中信出版社。
《中國時代1900－2000》，師永剛主編，作家出版社。
《中國文化的重建》，余英時著，中信出版社。
《宋史十五講》，遊彪著，鳳凰出版社。
《孫中山非常言》，孫中山著，人民日報出版社。
《五百年來誰著史》，韓毓海著，九州出版社。
《文人論政》，李金銓主編，廣西師大出版社。
《晚清盡頭是民國》，思公著，廣西師大出版社。

《現代中國的歷程》，〔美〕黃仁宇著，中華書局。
《天下——包納四夷的中國》，韓毓海，九州出版社。
《日本的起起落落》，〔美〕戈登著，廣西師大出版社。
《中國大歷史》，〔美〕黃仁宇著，三聯出版社。
《王莽新政》，葛承雍著，三秦出版社。
《中國為什麼要改革——思憶父親胡耀邦》，胡德平著，人民出版社。
《十六世紀明代中國之財政與稅收》，〔美〕黃仁宇著，三聯出版社。
《明代的漕運》，〔美〕黃仁宇著，三聯出版社。
《史記》，司馬遷著，中華書局。
《論語今讀》，李澤厚著，三聯出版社。

史地傳記類　PC0177

改革
——中國的重生之路

作　　者／傅　野
主　　編／蔡登山
責任編輯／鄭伊庭
圖文排版／王思敏
封面設計／陳佩蓉

發 行 人／宋政坤
法律顧問／毛國樑　律師
印製出版／秀威資訊科技股份有限公司
114台北市內湖區瑞光路76巷65號1樓
電話：+886-2-2796-3638　傳真：+886-2-2796-1377
http://www.showwe.com.tw
劃撥帳號／19563868　戶名：秀威資訊科技股份有限公司
讀者服務信箱：service@showwe.com.tw
展售門市／國家書店（松江門市）
104台北市中山區松江路209號1樓
電話：+886-2-2518-0207　傳真：+886-2-2518-0778
網路訂購／秀威網路書店：http://www.bodbooks.com.tw
國家網路書店：http://www.govbooks.com.tw
圖書經銷／紅螞蟻圖書有限公司
114台北市內湖區舊宗路二段121巷28、32號4樓
電話：+886-2-2795-3656　傳真：+886-2-2795-4100

2011年11月BOD一版
定價：400元

國家圖書館出版品預行編目

改革：中國的重生之路 / 傅野著. -- 一版. -- 臺
北市 : 秀威資訊科技, 2011.11
面； 公分. -- (史地傳記類 ; PC0177)
BOD版
ISBN 978-986-221-822-8(平裝)

1. 傳記 2. 中國

782.21　　100015831

讀者回函卡

感謝您購買本書，為提升服務品質，請填妥以下資料，將讀者回函卡直接寄回或傳真本公司，收到您的寶貴意見後，我們會收藏記錄及檢討，謝謝！
如您需要了解本公司最新出版書目、購書優惠或企劃活動，歡迎您上網查詢或下載相關資料：http:// www.showwe.com.tw

您購買的書名：______________________________

出生日期：_______年_______月_______日

學歷：□高中（含）以下　□大專　□研究所（含）以上

職業：□製造業　□金融業　□資訊業　□軍警　□傳播業　□自由業
　　　□服務業　□公務員　□教職　□學生　□家管　□其它_____

購書地點：□網路書店　□實體書店　□書展　□郵購　□贈閱　□其他

您從何得知本書的消息？

□網路書店　□實體書店　□網路搜尋　□電子報　□書訊　□雜誌
□傳播媒體　□親友推薦　□網站推薦　□部落格　□其他__________

您對本書的評價：（請填代號　1.非常滿意　2.滿意　3.尚可　4.再改進）

封面設計____　版面編排____　內容____　文／譯筆____　價格____

讀完書後您覺得：

□很有收穫　□有收穫　□收穫不多　□沒收穫

對我們的建議：______________________________

____

____

____

請貼
郵票

11466
台北市內湖區瑞光路 76 巷 65 號 1 樓
秀威資訊科技股份有限公司 收
BOD 數位出版事業部

（請沿線對折寄回，謝謝！）

姓　　名：＿＿＿＿＿＿＿＿　年齡：＿＿＿＿　性別：□女　□男

郵遞區號：□□□□□

地　　址：＿＿＿＿＿＿＿＿＿＿＿＿＿＿＿＿

聯絡電話：（日）＿＿＿＿＿＿＿＿（夜）＿＿＿＿＿＿＿＿

E-mail：＿＿＿＿＿＿＿＿＿＿＿＿＿＿＿＿